省钱王

省钱又体面1000招

牛博士◎著

南方日报出版社
NANFANG DAILY PRESS

图书在版编目（CIP）数据

省钱王：省钱又体面1000招 / 牛博士著. —广州：南方日报出版社，2009.3
ISBN 978-7-80652-838-9

Ⅰ. 省… Ⅱ. 牛… Ⅲ. 家庭理财：财务管理—通俗读物
Ⅳ. TS976.15-49

中国版本图书馆 CIP 数据核字（2009）第 014835 号

省钱王——省钱又体面 1000 招 牛博士 著

出版发行：南方日报出版社
地 址：广州市广州大道中 289 号
电 话：（020）87373998-8502
经 销：全国新华书店
印 刷：佛山市浩文彩色印刷有限公司
开 本：889mm×1194mm 1/16
印 张：16.75
字 数：280 千字
印 数：1-6000 册
版 次：2009 年 4 月第 1 版
印 次：2009 年 4 月第 1 次印刷
定 价：32.00 元

投稿热线：（020）87373998-8503 读者热线：（020）87373998-8502
网址：http://www.nanfangdaily.com.cn/press http://www.southcn.com/ebook

目 录

前 言 / 1

第一章 购物省钱

——一分钱买两分货

1 提前预算不立危墙 / 2

2 制订一个全年购物计划表 / 2

3 设定好最佳购物时段 / 3

4 将购物时间缩减一半 / 4

5 抑制购物冲动 / 6

6 省钱是“拼”出来的 / 7

7 小件商品团购省钱又流行 / 8

8 做“抢抢族”，试用品走潮流前端 / 9

9 做“抠抠族”，网购更省钱 / 11

10 尝试手机购物便捷又实惠 / 11

11 批发市场逛一逛 / 12

12 只购买打折商品，优惠实惠多 / 13

13 积攒折扣券，打折送礼 / 13

14 注重实惠至上，等待特卖 / 14

15 多方掌握促销信息 / 15

16 尽量少刷信用卡，坚持现金购物 / 16

17 网上购物省钱路径大搜索 / 17

18 精明购物省钱的小绝招 / 18

19 购物砍价有诀窍 / 19

第二章 饮食养生省钱
——花得少，吃得好

1 巧买菜可以更省钱 / 22
2 学会饮食DIY，把自己培养成厨师 / 23
3 多吃天然彩色食物既省钱又健康 / 24
4 养成素食主义的习惯 / 25
5 实用素食养生守则 / 26
6 素食族补充营养备忘录 / 27
7 秋季养生多吃排毒素食类食物 / 28
8 省钱又减肥的豆腐餐 / 29
9 巧用西瓜皮制作养生餐 / 30
10 绿豆芽做菜，便宜又减肥 / 31
11 苦瓜可以做成长寿菜 / 31
12 抗衰养颜的蜂蜜番茄 / 32
13 南瓜养生法 / 33
14 养血健脾的胡萝卜 / 34
15 黄瓜——清热养生菜 / 35
16 含碘冠军海带 / 36
17 芹菜养生美食 / 37
18 茄子是心血管病人的食疗佳品 / 38
19 保健美颜吃大枣 / 39
20 初春吃韭菜可提高免疫力 / 40
21 夏季养生粥 / 41
22 秋天健身粥 / 42
23 冬季巧食汤粥滋阴补肾 / 43
24 有抗癌功效的药粥 / 43
25 经济易制又具有排毒功效的蔬菜汁 / 44
26 两汤一粥可以“吃掉”黑眼圈 / 45
27 特效养生保健药茶 / 46

第三章 健康保养省钱
——省钱保养两不误

1 厨房取材美容省钱又省时 / 49

2 巧用茶美丽简单还省钱 / 49
3 美丽又省钱的自制眼膜 / 50
4 省钱又高效的橄榄油时尚美容大法 / 51
5 既省钱又简单的美白秘方 / 52
6 最抠门、最省钱的瘦腹方法 / 53
7 最省钱又有效果的除皱美容品 / 54
8 最省钱的全套环保护肤法 / 55
9 减肥省钱不须节食的自制茶 / 56
10 经济省钱的天然沐浴法 / 56
11 自制的柚子皮沐浴露 / 57
12 当前十分流行的啤酒护肤法 / 58
13 巧用柠檬美容 / 60
14 时尚的细盐美容法 / 61
15 粗盐美腿法 / 62
16 三种超简单去角质法 / 62
17 超简单去黑头方法 / 63
18 涂抹柠檬汁去斑 / 63
19 快速除掉黑眼圈 / 64
20 简单便捷除去眼部细纹 / 64
21 食醋泡脚睡得香 / 65
22 番茄做面膜天然又去油 / 65
23 砂糖可以去死皮 / 66
24 柚子茶加蜂蜜是最强去斑组合 / 66
25 超简易方法消灭恼人痘印 / 67
26 美容“神豆”—— 红豆 / 68
27 新鲜蔬果护发秘方 / 69
28 苹果美味又美容 / 70
29 橙子美颜新招式 / 71
30 神奇美肤的洗米水 / 72
31 超级洗脸水配方洗得更美丽 / 74
32 五种超级秘方让你拥有迷人体香 / 75
33 简便易行的室内减肥运动法 / 76
34 实用四招保护好男人的“面子” / 77

35 男性干性肌肤过冬经济简单五法 / 79
36 男性抗衰老经济又实惠的方法 / 80
37 男性自我按摩保健省钱法 / 81
38 简单有效留住男人的肌肉 / 81
39 看病找准窍门可以省钱 / 82
40 这样看病能省钱 / 83
41 看病省钱防宰五大法则 / 85
42 医改后省钱的四大要诀 / 86
43 走出体检的误区，做到有病早治早省钱 / 87

第四章 水电气省钱

——省钱从省小钱开始

1 一水多用省水省钱 / 90
2 洗澡节水 / 90
3 厕所节水 / 90
4 厨房节水 / 91
5 其他方面洗涤时节水小窍门 / 91
6 洗衣机省电节水诀窍 / 92
7 如何让家用空调更省电 / 93
8 如何使电冰箱更省电 / 95
9 电脑省电技巧 / 97
10 电视机省电窍门 / 98
11 如何使照明灯更省电 / 99
12 如何使电热水器更省电 / 100
13 常用小家电省电技巧 / 101
14 家庭日常用电的误区 / 103
15 如何省气省钱 / 103

第五章 买房房贷省钱

——买楼省钱按揭有妙招

1 买房须先多考量 / 106
2 买房先掂掂钱袋 / 107
3 利用楼盘打折信息以及推介会 / 109

4 团购买房更省钱 / 109
5 选准好时机，买房得实惠 / 111
6 观望期买房，获得意想不到的优惠 / 112
7 岁末购房便宜多 / 112
8 挑个尾房捡个便宜 / 113
9 淘二手房实惠多多 / 114
10 买拍卖房，享受优惠价 / 117
11 一次性付款，得付款折扣 / 118
12 用足政策上限，购买普通住房优惠多多 / 119
13 公积金贷款买房，享受低利息 / 120
14 购房砍价有绝招 / 123
15 慎选还款方式，省贷款利息 / 124
16 提前还贷，省钱有秘诀 / 125

第六章 家装省钱

——明明白白装修，轻轻松松省钱

1 合理安排是装修省钱的前提 / 128
2 预防装修预算超支有秘方 / 129
3 装修省钱要把好设计关 / 131
4 装修省钱，量房也是十分重要的 / 132
5 节能装修，花小钱省大钱 / 132
6 装修省钱是从选购材料开始的 / 133
7 装修省钱，不该省的地方不能省 / 135
8 装修过程中省钱的几个窍门 / 137
9 装修别浪费，省钱有良方 / 138

第七章 开车修车省钱

——有车族也要算经济账

1 买车省钱的方案 / 142
2 汽车保险省钱的招数 / 143
3 开车省油的招数 / 145
4 加油省钱的小窍门 / 148
5 养车也要精打细算 / 149

6 简单实用的汽车保养技巧 / 150
7 养护汽车利用生活用品省钱的小窍门 / 151
8 修车省钱的绝招 / 152
9 如何避免维修陷阱 / 154

第八章 教育留学省钱
——精打细算、巧用留学资金进行理财

1 提早规划教育资金 / 157
2 为教育勿盲目投资 / 157
3 让子女的学习成绩好，家长省钱省力 / 158
4 针对孩子的特长培养是最省钱的教育 / 159
5 巧用教育助学贷款省钱 / 160
6 留学成本如何核算最划算 / 160
7 巧用留学金融进行理财 / 161
8 留学如何选择中介省心又省钱 / 162
9 金融危机下，到哪国留学最省钱 / 163
10 办留学护照怎样最简单 / 166
11 留学费用节省的法则 / 166
12 留学换汇省钱的技巧 / 168
13 办理留学汇款怎样更划算 / 170
14 留学托运行李省钱方法 / 171
15 留学要注意的事项及其省钱方略 / 172

第九章 上网省钱
——网络是最省钱利器

1 网上冲浪省钱的秘诀 / 178
2 无线上网省钱提速的窍门 / 179
3 网上购物省钱的绝招 / 180
4 省钱购物网站推荐 / 182
5 网上拼车省时省钱 / 185
6 网上“拼婚”省钱法 / 186
7 网上购书省钱技巧 / 187
8 网上理财省心又省钱 / 188

9 登录网上银行省钱省事 / 190
10 网上开店最省钱 / 192

第十章 话费省钱

——节省到家，省钱一大把

1 固定电话话费省钱方案 / 194
2 如何判断哪款手机资费套餐最省钱、最实用 / 195
3 手机节省话费的方法 / 199
4 手机上网的省钱方法 / 200
5 出游话费省钱攻略 / 201
6 移动手机省钱六个小窍门 / 202

第十一章 旅游省钱

——花最少的钱，看最好的景

1 换房旅游——新潮时尚又省钱的旅游方式 / 205
2 “投奔游”既省钱又联络感情 / 206
3 互助游是最省钱的深度游 / 207
4 充分享受自助游，自助游省钱有绝招 / 208
5 “无景点游”更省钱又自在 / 211
6 自驾游省钱攻略 / 212
7 团队游省钱的秘诀 / 213
8 旅游省钱四大细节 / 214
9 出境游省钱的妙招 / 215
10 境外旅游刷银联卡更省钱 / 218
11 出境购物退税省钱方法 / 218
12 出境购物省钱的招数 / 219

第十二章 金融省钱

——赚一把同时省一把

1 巧买债券基金，选对收费模式更省钱 / 222
2 怎样买基金最省钱 / 222
3 如何节约炒股成本 / 224
4 炒股巧用银证通省佣金 / 225

5 购买保险的省钱招数 / 226
6 购买寿险的省钱招数 / 227
7 投保省钱，别忘了团险 / 228
8 如何购买医疗险省钱 / 229
9 买外汇省钱三大招法 / 229
10 怎样利用信用卡省钱 / 230
11 投资避免利息税的方法 / 231
12 对付银行的省钱小诀窍 / 233
13 善于向银行“借”款 / 234
14 灵活使用保单借款功能 / 234
15 借款省钱的六大招数 / 235
16 省钱的还款方式 / 237

第十三章　其他方面省钱

——时尚省钱大串联

1 名人省钱的秘诀 / 239
2 好莱坞明星省钱的怪招 / 240
3 一个富翁家庭——适当的方法等于体面加省钱 / 241
4 超级省钱迷希丝实现百万之路 / 242
5 全美最省钱家庭的省钱经 / 244
6 家庭新好主妇省钱圣经 / 246
7 时尚女人超级省钱法 / 248
8 白领丽人过冬省钱的招数 / 248
9 经济不景气的时期，主妇快乐省钱计策 / 250
10 六大时尚省钱招数 / 250

前 言

现在最流行的一句话就是："你可以跑不赢刘翔，但一定要跑赢CPI！"可是工资不涨，我们拿什么跑赢CPI？金融海啸愈演愈烈，裁员、减薪也成为近期关注的热点词语，金融风暴渐渐影响到了中国老百姓的生活。

股市暴跌，企业关门，收入缩水严重……大家遭受全球金融危机的影响已无可避免，可再怎么样也得活下去。

那么，如何应对通胀的压力？如何在经济下行的环境下，既维持我们的生活水准，又可以留有一定的节余为将来作储备？也许省钱并不是唯一的一招，然而不可否认的是，它是十分管用的一招。

在这种局面下，对于普通家庭来说，节约开支是最重要的。

美国经济学家乔治•泰勒曾提出一个观点：经济增长时，女人会穿短裙，因为要炫耀里面的丝袜；而当经济不景气时，女人买不起丝袜，只好把裙边放长。这个著名的"裙边"理论每到经济危机时都会被人拿出来反复强调。

受经济形势恶化影响，美国消费者对节俭生活方式表现出近年来少有的热情。他们不仅购物时注意控制开支，还把节俭作为一种"文化"加以推崇。如今在美国，打开电视，翻看杂志，总能看到某个呆头呆脑的所谓经济专家在传授着省钱大法。有位叫Suze Orman的理财顾问在金融危机爆发后大红大紫，常常骂人败家，建议大家不要发短信、自制蜡烛过圣诞或者改用不那么高档的厕所手纸云云。

金融危机，人人有份。如今也轮到我们要节俭了。从这一步起，步入新节俭主义殿堂。

新节俭主义是近年来渐渐流行起来的一种生活方式，就是收入虽然不菲，却精打细算，该奢侈时奢侈，该节省时节省，将日子过得五彩缤纷，健康舒适。

俗话说：赚钱不如省钱快。用心生活的你，一定会找到更多省钱的妙招。日常生活中，我们一定要坚持的原则是：能免就免，该省则省；若非实在需要，再便宜也不得浪费。

打开生活的盒子，透过智慧之光，我们便会发现只要调整一些生活习惯，学习少许省钱技巧，当好家里的“省长”，对抗危机并不难。而且，这个“省长”人人可当。

在“省长”的职责中，在一定的范围内对下一阶段工作作出规划和安排，制定并控制预算，是一项基本内容；当家庭“省长”，也是如此。对财务进行规划，有节制地合理开支，是家庭理财的一项基本准则。而在CPI不断升温，财富呈现负效应以后，“省”便显得更加重要。

我们不仅要努力赚钱，还要努力省钱。省钱，本来就是理财的一种大智慧。好的理财像魔术，不同的是，魔术用纸变钱，理财用钱变钱。省钱就是给自己制造变魔术的工具。

生活中许多人将注意力放在收入这个源头上，总认为钱挣得越多就越富有。其实节流也很重要。一个家庭的理财就像给水池蓄水一样，水龙头的水量大小固然重要，但是下水管道的管理也非常关键。如果水龙头大，但是下水漏斗任水流失，那水池子里很快就会没有水；反之，池子里的水就会越蓄越多。

如果消费的速度大于收入的速度，就如英国历史学家巴金森提出过的巴金森定律所描述的那样——赚越多，花越多，最后财富还是无法增加，更谈不上理财了。

事实上，在我们身边，同样有很多人，为了过所谓的品质生活，陷入“拼命挣钱——奢侈消费——再拼命挣钱维持奢侈消费”的怪圈，在外人羡慕的光鲜外表下，有说不出的烦恼。

因为名牌，因为时尚，因为品位，把自己拖进了物欲的怪圈——收入越来越高，生活压力却越来越大，离快乐也越来越远。

最近在网络上盛行的《做低成本女人》的帖子，感叹在中国做女人成本太高，整天都因讲究外表的完美放弃精神的飘逸。

不是不可以消费。但消费的目的，是精神的愉悦。如果消费压迫了快乐，不是花钱买痛苦吗？

生活中，有些人对于“省钱”有着天生的排斥，觉得省钱是一件“放不上台面”的事情。实际上，省钱并不是吝啬和小气，而是通过各种资源的巧妙运用，减少支出与成本，对个人而言可以加速财富的积累；对于社会而言，则是减少了对资源的浪费，又何乐而不为呢？

省钱并不是“抠门儿”的代名词，它是对消费行为的理性规划。会省钱的人，才会更好地赚钱。真正意义上的富人，他们用更多的时间理财，他们的钱也是省出来的。

每年选出的台湾前十大富豪中，“台湾经营之神”王永庆生前始终位居前三名。虽然拥有世人称羡的财富，王永庆却是台湾真正少见的“刻苦耐劳、超级勤俭”的大老板，一生以工作为重、鲜少玩乐，节省出了名，直到后来退居二线，才在三娘李宝珠的“怂恿”下参观中国内地、越南、吴哥窟等地，犒赏一生的辛劳。

王永庆早年曾上电视接受访问，亲自讲他节省的小秘方，例如家中肥皂用到最后时，只要加点水还可贴在新肥皂上一起使用，完全不浪费。

王永庆擦澡的毛巾破烂了仍舍不得更换，他还有利用纸张背面甚至四边留白处写作的小习惯。一次，有人见他沏咖啡时，竟然用水涮残留的咖啡，以免浪费那点残留物。他有一句名言：省一元钱就是多赚一元钱。但是，他绝对不吝啬。汶川大地震后，他一下捐了一亿元。

所以学习投资理财应该从学会省钱开始。我们要时刻提醒自己：“会赚钱的是徒弟，会省钱的是师傅，而会理财的是掌门。”万丈高楼从地起，赚钱的本领人人不同，不过省钱的方法却有很多共同之处，让我们从现在起学会省钱，因为这是在保护我们的财产。

好莱坞女星朱丽娅•罗伯茨有次在一家二手店里看上一件有点贵的套装，竟然跟店员商量说：“既然你们是二手衣店，那我拿身上穿的这件牛仔外套，跟你们交换好不好？”歌坛天后麦当娜也爱买二手衣服，话说有一天这位歌坛大姐大到伦敦城里逛街，她一家家店逛下来，结果最后只买了一件5美元的旧衣。

如此节俭，这的确不太好受。表面上明星赚钱容易，花钱豪爽，事实上，不少明星虽然家有豪宅、身价不菲，但是仍然保持着省钱习惯。

在我们身边，也不乏崇尚低成本生活的女性。当我们感慨潮流的脚步总是匆匆难追时，她们却气定神闲，享受别人难以体会的幸福。低成本生活，并不是拒绝物质，而是有智慧地选择生活方式和消费行为。

所以说，省钱不抠门，节俭又时尚，这就是我们提倡的新节俭主义。所谓新节俭主义，不再是过去“新三年，旧三年，缝缝补补又三年”的对付物质贫乏的口号，而是对过度奢华过度繁琐的摒弃，过一种简洁通畅、追求自然的世俗生活。简言之，就是——理性消费、简约生活。

在节俭风潮席卷全球的大环境下，学着做个低成本女人，是理性的主张。做女人，要懂得用智慧把传统的节俭和现代时尚思维结合，使生活变得如鱼得水。

为此，我们为你收集了日常生活省钱技巧，或许你可以从中得到一些启发。这些生活中的点点滴滴，积攒起来也能够汇聚成财富的河流。

现在来和你的亲朋好友一起分享这个省钱宝典吧，它将帮你做个会过日子的好女人、好男人。

让我们来实践这些省钱方法吧，把省钱进行到底！

第一章

购物省钱

——一分钱买两分货

买东西省钱才是硬道理。一提起购物，女人们的眼睛就会发亮。的确，大多数女性是天生购物狂，并在节假日的购物消费中占据着绝对主力的地位。对于女人来说，首先要有钱，节俭又体面精致地生活同样是头等要事。节俭不是抠门，节俭也可以活得有面子。下文就告诉你，如何把钱花在刀刃上。

1 提前预算不立危墙

如果你不提前作预算，你就很可能从一个财政危机进入另一个经济困境。一旦家中经济拮据并最终导致负债，那么接下来整个生活都是一种危机了。

要弄清楚你的钱每天、每周、每月流向哪里，也就是要详细地列出预算。支出表列出须要购买物品的清单与总预算，根据清单购物，可以避免你一时兴起在购物时大大超支。

首先要做的就是弄清楚自己的财务到底是一个什么状况，对已有的资产加以盘点，同时，还要对自己的收入与支出情况加以分析，并要分清楚哪些收入是固定的，比如工资等，哪些收入是非固定的；还要分清支出情况，哪些是固定支出，哪些是不必要支出，哪些是意外支出等等。

为了使分析一目了然，并且有记录可循，最好的方式是做一个账本，以便明确收支情况。这个账本，可以是手写的，可以是用电脑的Excel表格来制作的，也可以用专门的理财软件来做。

除此之外，还要对将来收支作一个预算，给自己确定一个目标，给自己花钱立一个规范，这样花起钱来才心里有谱，也就是说要给自己建立一个收支预算表。

收支预算表，也就是下个月大体会收入多少钱，允许花掉多少钱，应该余下多少钱。其中花销的部分，哪些是应当保证有钱供花费的，哪些是应该限制花费额度的，当然还有一些意外的支出，也得给个估算。

这种“先算后花”的原则不但能够保证个人或者家庭收支基本平衡，还可以防止陷入前吃后空、入不敷出的窘境，而且如此长期坚持下去，一笔价值可观的钱便省了下来，积累资本得以实现。

2 制订一个全年购物计划表

购物一定要有计划，购物无计划就等于给存款判死刑。在理性的商业社会里，冲动无计划的消费只会让你陷入财务不自由的状态。

让我们制订一份“全年购物计划表”吧！将你真正的需要以及不能抑制的欲望，统统纳入。全年购物计划表是横在源头与支流之间的水库，适当的开源节流能让水周围的土地更加肥沃。

（1）统筹安排，淡季购买

任何商品，均有一个对立的状态，比如旺季淡季，必需无需，物美价廉或者价格偏贵等等。因此，在一年之初做出一个全年购物的计划表，越详细越好，列出一年当中的大笔消费和必要消费：房子、须要添置的家电、进修学费、买车换车等。甚至计算出自己可能的冲动消费额——半夜K歌、礼物大小、人情红包、计划出游等。做到心中有数，避免黑洞，不给赤字以喘息的空间。

（2）全年计划，钱财有数

制订全年购物计划表能够让你在宏观上对全年的开支作出整体规划，以免年中年底作无谓的心理和财务重建。

全年购物计划表使你从制订之初的全盘考虑到执行之间更细节化地了解自己，让你清楚地知道缓急关系，帮助你整体性阶段性地为生活状态作出理性评价。列出全年的大致支出，让自己对自己一年的支出数额心中有底。在列计划表的同时，列出每件商品的预算值，也是对自己的财务状况有预算的一种方式。

全年计划表能够帮助你克服购买前思量的惰性，压制企图放纵的倦怠，特别是当它配合一个自我奖励制度时会更加有效。例如，买完必需品之后还有多少空间，若必需品的价格使你获得比较大的消费满足，也就是说比你预期的要便宜，那么你能够允许自己在低于原来预算的空间内再添置点其他的东西。

你不用在“今天买这件衣服”还是“下个月的新款手机要上市”之间再犹豫，权衡两件心爱之物的优劣，权衡的过程要比最后的选择痛苦得多。

全年购物计划能够确保你不会浪费时间和金钱，使你情绪愉悦地有时间去想办法挣更多的钱，或者有钱去轻松地把握时间。如果你能够依照表内计划按部就班、循序渐进地完成你的必需品购置，在每一件商品最适合的时候精明购买，那么生活的压力也就同时被压缩，从容的状态也自然地被挤了出来。

全年计划表制订好之后，考验你的便是你的执行力。计划表不是你朝九晚五的打卡机，若不挂在墙上，就得随时用点脑子提醒自己——没有计划是混乱的，订了计划不遵守的是骗自己。

3 设定好最佳购物时段

有计划地提前购买暂不使用的物品。如2008年的通胀率在8%左右，这意味着年初标价100元的物品，不考虑其他因素，到年底时就要涨到108元。若选择年初的时候就买进，虽然一段时间内可能还不须要使用，但是节省了8元的支出。所以，聪明的消费者要学会冷眼观潮，判断一下商品的市场走势，再决定购买时间。那么，如何设好最佳购物时段呢？

（1）列清单，提前选择购物时间

在春节来临前一个月就作好购物准备，也就是巧妙应用“提前消费”的办法，所购物品要列清单并设定消费额度，尽早进行价格比较，选择真正符合需求的年货。像米、面、食用油等，这些易保存的年货，遇到“特卖”和“不可思议”价时，一般来讲，价格就是底线了，完全可以早点购买。

（2）巧妙地利用时间差，反季节购买

反季节商品往往价格便宜又能从容地挑选。比如空调，每年年初各个空调企业都会推出十款甚或数十款新品，同时停止生产被淘汰的型号。每年进入4月，厂家便开始清理库存来为新品的上市作准备，所以价格上会有一定的优惠。进入5月、6月的空调消费高潮的时候，消费者所选择的产品有可能就是当年的新品了，价格自然会比春季有所提高。另一方面，空调与其他家电产品不同，它有一个随着气温变动而上下浮动的价位。据了解，每年的5～9月是旺季，而旺季中的6～8月又是旺中之旺。旺季和淡季的价差在7%～10%之间，一台空调在淡季可便宜几百元甚至上千元。

（3）学会找时间差，在促销时段消费

现在很多消费场所都打出一些促销信息，比如超市里每到晚上8时以后，很多食品类的东西就开始打折销售；电影院也推出一些时间段，看电影只需要半价；KTV也固定一些时段不收或者少收包房费。

其实这些都是时间差的问题，利用好这些时间，有规划一点，很多钱是可以省下来的。

4 将购物时间缩减一半

逛街购物是大多数女人喜欢的一件事。闲时，约上几个要好的朋友，去超市，去时装店，看见美丽的衣服，渴望据为己有，遇到促销打折的活动，迫不及待地抢购。或者在情绪低落的时候，一些女人也会选择去购物，买一大堆有用或无用的东西，直到精疲力竭。事后才发现，买回来的很多东西，根本用不上穿不着，还白白浪费了大量的时间与金钱。

假如你一个月消遣时间的1/2是在商场徜徉，假如你多次为自己买的东西而后悔，假如你认为购物是慰劳自己的最好方法，假如你经常在不需要某种商品时也非要购买它，假如你买不到想要的某种商品就难以忍受，假如你有多次薪水入不敷出的情况，假如你经常发现自己购买的东西被你置之不理……

如果真是这样的话，你基本上已经成了购物狂。你将很不幸地为此付出大量的金钱以及自己的沮丧情绪，你将很不幸地成为购物的奴隶。

女人天生爱购物，女人也是主要的消费对象。有些女人虽然经常购物，却经常发现买回来的好多是无用的或者可买可不买的东西。

她们一个星期要跑超级市场两三次，有的人还要更多。持续不停地花掉更多的时间、金钱和精力去买那些远超过她们所需要的东西，而她们最后也丢弃了很多的东西，原因是她们常在行动之中，买了很多她们不需要的东西。

此外，因为没把金钱安排好，因此她们的经济很拮据，虽然收入颇丰，却往往没有多少积蓄。

其实，发现自己有这种盲目购物的倾向时，不用着急，你可以做的是：

在商店里闲逛时，不要无购买目的，要在走出家门之前，压抑购买欲，把所需的东西列好购物单之后，到商店迅速找到目标购买。

如果说，广告是女人的购物导向，这一点都不过分，因为女士从买化妆品到日常用品都爱跟着广告走。要改变这个习惯也很容易，但先要改变你的购物习惯。

对许多人来说，购物根本是个没什么大不了的习惯。不过，要改变一个习惯，最好的方法，还是要用另一个行为来代替才行。打个比方，去散步、找朋友聚会、去图书馆或冲个冷水澡，任何可以阻止你冲动购买的事情，都是有效的方法。或许，刚开始时你会有一种被剥夺了逛街乐趣的感觉，但最后，当你不再被自己强迫着要去逛街、购物，你一定会有一种无法形容的解脱感。

让同伴来帮助你。如果有些东西，是你真正觉得必须买的，找一个了解你购物习惯的朋友与你一起去，最好这个朋友可以体谅你的购买欲，而且可以帮助你改变购买习惯。当你们逛街时，让你的朋友随时对你的购买行为进行提醒，因此，你只能买你真正需要的东西。不过，要确定的一点是：你要挑对朋友。互相注意彼此的购买行为，避免买到一些本来不需要的东西。

练习用一种挑剔、偏激的眼光，来看待任何广告。这是对购物狂的最好训练，一旦这种训练在生活中渐渐淡去时，你必须重新开始，让自己对广告保持敌意。否则，你又要中广告商的计了。

除了购物，你可以做的事情还有很多。你可以重拾那被遗忘在角落里的书籍，再次领略文化的魅力。你可以约几个朋友，喝一杯随意的下午茶，聊聊工作，想想往事，为往事干杯，为明天祝福。

在心情不好的时候，你可以买一张火车票，到附近的农庄去散散心，远一点的，你可以去爬爬山，既锻炼身体，又可以发泄郁闷，还可以扩大自己的视野，何乐而不为？

将购物时间削减一半，你真的还有许多更好的事情可以做，这样既不会浪费时间，又可以陶冶性情。

5 抑制购物冲动

在逛街回来后，检查自己所购物品，经常发现很多只是因为打折就冲动地买回来，生活中根本就用不到。也有很多当时看着那么喜欢，买回来就开始后悔。

90多年前，德国精神病学家克雷佩林将“过度购物”视为一种疾病，该病症在拉丁文中的意思为“价格狂热”。澳大利亚阿得雷大学的心理学专家布莱克解释，购物令部分女性感到亢奋，购物行为令脑部分泌血清素，使人产生快感。

购物狂是指不假思索地购买各种生活所需的物品，这种现象较常出现于女性，这些人常会在各大商场掀起打折狂潮的时候疯狂购物。近年来，购物狂渐渐被认为是一种心理疾病。

如何减低过于强烈的购物欲望？在这里给大家提供一些建议：

（1）要尽量摆脱“诱因”，让自己远离各种外部刺激和诱惑。例如，当有购买冲动时，转移注意力，可选择运动、看电影、看书等你感兴趣的活动。要是实在忍不住想买点什么，不如去逛书店。仔细阅读和选择图书的过程既满足购买欲，又不会花费太多。克制不住来到了商场，也一定要让自己只看不摸。眼球吸引后的触摸欲常常诱使我们买一些不太需要的东西，只看不摸，购买的欲望就不太容易被激发。

（2）当内心觉得空虚或烦躁，很想去购物时，可以先打电话或当面向朋友倾诉，这样可以让自己不安的情绪得到缓解。实在要去也最好请个参谋陪着一块去，倾听别人建议的过程可帮助自己抑制不理性的购物冲动。

（3）购物时养成“就重避轻”的习惯。出门前将必须买的东西写在小纸条上随身携带。每次被其他物品吸引时就告诫自己“先买有用的东西，然后再回来逛”，这样可以有效地克制购买欲。

（4）购物之前先吃饭。最新一项研究发现，饥饿时人的购物欲望会大大增加，不仅觉得食物更加诱人，对其他商品也更容易动心。研究人员发现，人在饥饿的时候会分泌一种“饥饿激素”，而这种激素会提高人们对食物的注意力，同时会影响大脑。

研究结果发现，食物、服饰等日用品都会让大脑中负责快乐的区域更加活跃。研究人员指出，“饥饿激素”在就餐前升高，餐后回落。所以，如果不想由于饥饿变成购物狂，在逛街之前最好先填饱肚子。研究者说：“这不仅能减少你购买各种食物的兴趣，也能让你面对其他商品时更加理智。”

6 省钱是“拼”出来的

拼衣、拼鞋、拼车、拼房、拼机票，甚至拼婚礼，只有你想不到，没有你“拼”不到。“拼客”们极尽智慧，“人多折扣大”，充分利用了商家们“薄利多销”的经营理念。俗话说，花钱容易挣钱难，居家过日子若能在购物方面多花些心思，把有限的钱合理运用，不仅能减轻家庭经济压力，还可以提高你的生活质量。

（1）拼卡结伴消费

在“拼车族”、“拼吃族”这类普通“拼客”不断增加的同时，很多“拼卡族”也在经济不景气的情况下不断涌现。

近期网站统计的“拼卡”信息每周都有超过20%的增长。“一些网友在网上主动寻找持卡者，可以合伙在购物或其他消费时打折优惠。”

“每到年底公司都会发些消费卡，大家的需求不一样，找些志同道合的‘拼卡族’，在不同的商场购买最划算的年货，可以省下不小的一笔开支。”作为白领的张小姐高兴地打着如意算盘。

“拼卡族”将自己的会员卡号“晒”在网上，其他人通过“报卡号”的方式可以在消费场所使用同一张卡。普通卡没有优惠，办一张购物积分卡，大家“拼”一张卡，很快就可以升为金卡，可以享受更大幅度的优惠。网友晓菲在一家大型“拼客”网站上“晒”了多个卡号后，通过商家的积分查询，在很短的时间内，几张会员卡的积分几乎增长了一倍。卡主靠积分赚了礼品，“报卡号”者享受到了优惠，商家销售掉了商品。这是“一举三得”的好事。而一些商家对于消费者“拼卡”共享优惠的方式并不反对，有些甚至还持欢迎态度。一家首饰专卖店的导购小姐就向两位挑选首饰的顾客建议：“你们两个如果都买这款项链，消费总金额就够办一张VIP卡了，可以打88折。”

（2）购物“拼单”领优惠券

临近年底时，不少商场超市都会推出购物满多少元就送多少元的活动，为了获得这个优惠，不少消费者就选择与别人“拼单”。在某商场选购衣服的刘女士说，虽然商场推出了“满就送”政策，但她自己购物的金额往往要么接近优惠的边缘，要么高出许多。在这种情况下，不参加优惠活动感觉可惜，参加的话又得买更多东西凑数。相比之下，与其他顾客“拼单”购物，则是享受优惠的好办法。于是她就和另外一个消费者拼单子，然后再按照消费金额的比例分配优惠券。

这种“拼单”消费方式，确实能给消费者带来实惠。但“拼单”消费时，“拼单族”之间互不相识，从而使问题商品的退换成了很大的问题。因此，消费者在“拼单”后最好要求商场分开来开发票，如果商场拒绝，那也一定要留好购物小票。

7 小件商品团购省钱又流行

团购不是汽车、房产的专利，众人拾柴火焰高，团结就是力量，以网络为平台的团购方式，改变了人们传统的购物习惯，涉及消费投资的方方面面，为你精明理财加油助威。团购不是一个新鲜事物了，自团购进入人们的视野以来，这种靠“团结就是力量”获取价格折扣的购物方式，就赢得了众多消费者的欢心。不过，如果你以为只有购房、买车、装修这些大宗消费才用得上团购的话，你就错了。团购这种方式已经渗透到了消费的方方面面，从化妆品、数码产品到婚纱照拍摄，甚至基金投资都可以通过团购节省不少开销——小件团购也疯狂。

团购，说到底就是以前的“批发”。到商场买衣服，买一件200元，买10件就可以打9折，买100件就可以打8折……最早出现的团购是商家的一种促销手段，而消费者从中尝到“甜头”后，开始热衷于这种消费方式，其中以容易接受新事物的年轻人为主。

这几年来，各种新的购物方式正逐步走进我们的生活，因之简便、快捷、低价的优势，吸引着人们。“与电视、网络上的商品‘看得见，摸不着’不同，现在许多团购与走进商场买东西一样，你可以亲手挑选。”陈小姐说，实际上，在这些新型购物方式中，团购带给消费者的风险最小。

“现在许多团购信息都通过网络发布，我们获取这些信息的方式特别简单，只要登录一些专业网站或者论坛就可以看到各种各样的团购信息。”市民张先生说，许多团购的发起人同时也是自身迫切需要这些商品的消费者，这些发起人早就对某款商品作了一定“研究”，甚至与商家进行了沟通，然后再通过网络发起团购，招募“志同道合”的消费者一起购买，不仅可以保证品质，还可以省下不少钱。

虽然许多商品的价格低于市场价，但消费者还是要多长个心眼——选择一些知名度高、信誉好的团购网站和商家，在参加团购前，要认真了解市场行情，搞清楚价格，一些有售后服务的团购商品，事先就要谈好售后服务，购物后一定记得索要发票，因为这是维权的重要凭证。

除了自己结交团购伙伴，通过和商户谈判获得团购的价格折扣外，不少团购中介或是网站还会为消费者直接提供折扣数码产品。从抵御交易风险的角度出发，在这样的团购中要坚持“货到付款”的原则，以免遭受欺诈。

团购中所涉及的通信费、交通费等成本，应当由各个团购伙伴来分担。

想要团购的方式有很多。较常用的是在淘宝、易趣等购物网站上约好熟人一同砍价，也就是“凑团来购”。还有就是上专门的团购网站，注册登录后直接享受团购价。这些团购网站有的是按照地域分类，如上海团购网www.shtuangou.com，北京团购网www.tuangouba.com，广州团购网020.teambuy.com.cn；而有的是根据商品分类，例如专门的建材团购网www.wzcbd.com，化妆品团购网www.feitianmao.com，www.52tuangouwang.com，还有一些地域性的食品团购网。总之，只要你想得到，几乎什么都可以团购。

8 做“抢抢族”，试用品走潮流前端

试吃试用已经成为商家推广的重要手段。而Web2.0促进的网民在线互动体制的发展，却无意中催生了“抢抢族”。对于“抢抢族”来说，最大的乐趣就是发现各类商品的免费赠送信息，并通过网友合作“抢”到手。

各类护肤品试用装、猫粮、迪斯尼饭盒3件套、免费品尝咖啡、免费试吃甚至还有手机，这些都是被称为“抢抢族”的网友在网上免费“抢”来的宝贝。为了得到这些东西，这群“抢抢族”每天都会在网上收集商品免费赠送信息，并参加抢先注册、玩游戏、发帖子、竞猜等各种活动。这类“免费试用”活动每次都吸引了不下百人，甚至超过2000人参加。现在，“抢抢族”正在各大城市迅速扩展，“把喜欢的东西抢回来！”就是他们的口号。

“抢抢族”一般会长期泡在人气较旺的城市消费网站、时尚论坛以及“试客”官方网站上获取各类免费优惠信息。他们在网上不仅交换优惠信息、展示抢来的宝贝、分享“抢宝”攻略、举报虚假信息，甚至还发展线下交易，互换宝贝。

你也可以做一个“抢抢族”，当然还不止吃饭而已，现在人气较旺的城市消费网站、时尚论坛以及“试客”官方网站，到处都有免费试吃、试用和试学的机会。

手机、MP3、大餐、化妆品、汽车和电视节目，你能想到的新鲜玩意儿，都有机会免费获得，只要不怕就此成了小白鼠。当免费试用的“抢抢族”，还是需要点技术功底和运气的。首先，要有足够的耐心和时间，没事就泡在各种试用网站上，抢先注册，玩游戏、答题、发帖子。以试车为例，参与新车评价一次，就可以获得至少200元的鼓励。一些“抢抢族”成为骨灰级试客后，每个月不仅能白吃白用，还可以拿到1000元左右的收入。

当然，试用产品也是有风险的，得不怕浪费时间，不怕各种过敏反应，也不怕信息被泄露。但只要养成以不变应万变的忍耐，皮肤和个人隐私受点损失也算不了什么。而且，试客也是一个江湖，也可以借由试用的机会扩大社交网。做“抢抢族”，总比跑到超市里狂吃免费品尝的水果香肠有面子。

不过，“抢抢族”在利用网络的同时，应该注意调整自己的心理状态，避免形成过度依赖网络的心理。专家还建议，对于免费赠送的护肤品、食品等应持谨慎态度，小心使用。参与网络活动的时候，网民也应该谨慎小心，应注意个人隐私被泄露的风险，因为大部分活动都会要求网友提供真实的个人信息。

最常见的试用品就是在超市试吃的某些食品，不过这有个缺点——所有的东西都是小份装，现场解决，不能带走不能分享。而且，尽管促销员不会翻脸，但是为了吃点东西在超市转悠半天也实在是得不偿失，所以这种“试用”还是以自然为妙，太过强求和刻意就失去很多乐趣了。

除此之外，一种专业的试用品领取渠道也在日益流行，比如专业的试用品领取网站万试网以及实体的白领样品的百领馆等等。除了百领馆以外，大部分试用渠道都依托网络，用户登记注册之后就可以领取一些商品的试用装。和超市提供的免费派发相比，这些网站提供的商品档次要高不少，很多都是知名化妆品牌，有些还是国内不太常见的牌子。不过，这类网站有的须要填写个人资料，有的须要参加活动换取积分，其中得失就需要你自己把握了。

目前比较成熟的适用网站有万试网www.10000try.com以及试尚网www.17try.cn。

9 做“抠抠族”，网购更省钱

“抠抠族”是指在城市里悄然崛起的年轻一族，这些小白领拒绝“月光”，提倡物尽其用。他们的消费观念超前，省钱方法时尚。最受“抠抠族”推崇的购物方式就是网络购物了。

随着“SOHO族”、“月光族”、“乐活族”、“飞特族”等族群的相继出现，不知从什么时候开始，“抠抠族”也开始在网上活跃起来。他们精打细算只是为了转移消费重点，更好地生活。

淘宝网正在帮助“抠抠族”改变从前的消费习惯，他们开始采用更加时尚的省钱方法。现在越来越多的人意识到经济寒冬，开始在淘宝网上购物。

据调查，将近60%的人通过网上购物来节约开支。网购，自然也成了精明家庭的典型特征。“便宜，而且送货上门，多方便啊。”小到毛绒玩具、防晒霜、书本、鞋子，大到床单、被子等床上用品一并购自网络。据悉，“网上网下两手都要抓”，“商场试穿网店购”是省钱的必杀绝招。据介绍，在诸如淘宝、当当、卓越等大家耳熟能详的网店上购物，平均价格较市面上便宜了30%，再加上大多数购买者免去逛街环节而节省下来的路费、冷饮费、劳苦费，难怪网购如此受宠了。

10 尝试手机购物便捷又实惠

3G业务的开通，对血拼一族来说可是个天大的好消息。再也不用奔波去挑选上架的新款，不用在人群中挤破头抢购打折的超值货品，随时随地轻触手机屏幕、点击几个按键，便可静等心仪商品送货上门了。到国外出差给家人买礼物，也不需要打N个国际长途，用手机的视频分享功能就能搞清尺码、颜色。乘公交或地铁时，只要拿出手机在收款机上挥一下，便完成了付费过程。

2008年3月，淘宝网正式进军移动零售领域，推出手机版的同时，旗下的支付宝亦开通了移动支付业务。此前，用友移动已推出了移动商街，春秋航空公司也推出了移动票务服务。

随着支付宝在手机平台上的成功移植，移动支付技术成熟度和安全性日趋完善；手机功能越来越强，价格却越来越便宜；运营商为提升数据业务的竞争力不断推出套餐，手机购物发展中支付、用户、费用三大制约因素都得到有效解决。

在IT公司工作的小王是位典型的网络青年。最近几天出差，正巧他在淘宝网上竞拍的一件商品即将结束竞拍，在火车上无法上网的他打开手机，输入“http://wap.taobao.com”，直接进入淘宝网。很快，他通过手机操作报价，他的报价超过了其他网民的出价，顺利拍下了自己心仪已久的商品。

试想一下，当你在商场购物想要比价，掏出手机就能查出某款手机的最新报价；当你身在异地手机即将欠费，而附近又找不到充值点时，掏出手机就能在淘宝购买一张手机充值卡完成充值；当你在户外无法上网时，掏出手机就能随时随地关注参与了竞拍的商品的现状……以前这些场景或许只会出现在日韩电视剧中，如今这一切变成了现实。

手机购物消费成为当前都市男女的一种时尚，首先是因为用户使用方便，不仅仅是因为手机随身便携，更重要的是整个购物流程非常人性化，省略了网络购物的繁琐流程，400热线下单、货到付款等业务细节受到用户的欢迎；其次，购物价格实惠。商品价格普遍低于互联网上同样商品的价格，让用户得到实实在在的实惠。

11 批发市场逛一逛

现在购物很强调选择购物的地点。但同样的商品在星级场所和在平价店、便民店、仓储销售店，价格明显有别，工薪家庭一般购物只需买回称心商品而不必非要享受星级服务。亲朋邻里“投资合作”批购商品，也是假日消费省钱的一招。

（1）批发市场买服装。在服装批发市场中淘零售宝贝。周末你和朋友们一起去百货商场看好衣服品牌、试好型号，然后在周一至周五抽取一天前往服装批发市场购买相应的货品。“省上一半的钱呢。”尽管在批发市场购买单件商品要比批发价贵几十元，但比起商场里的标价还是划算了很多。

（2）一些日用品，如卫生纸、肥皂、洗衣粉等，可以整件批发，或与朋友一同购买。因为这类日用品反正每天都需要，况且放在家里又不会坏，用起来还方便，又省去了时常跑商店买日用品的麻烦，更主要的一点就是批发比零售要便宜得多。

12 只购买打折商品，优惠实惠多

商品打折，有的是快到保质期限了，但也有一部分是单纯的促销。多留意商场的打折信息，同时关注一下日常物品的价格，合适时拿下。

一般节假日、店庆、开业、重新装修、转让清仓时会打折。店庆、开业比节假日打折力度要大，平时一些从不打折的商品或多或少有些折扣或赠品，这时购入早已看中的东西，价格一定会让你满意！多留意此类信息，一般网上都有。

当然，要求保持新鲜的产品自然不能囤着，比如蔬菜。但大部分食物和生活用品都有较长时间的保质期，所以可以根据需要的紧急程度和物品的保质期，在打折期购入。

首先要记得此类产品的固定价，防止不良商家先升后降，经常玩“买100返20”(实际一分未降)的游戏。只买明确打折的，不买返券的；大宗消费只在正规商场购物，如果质量有问题，还可以去要求理赔。

其次，算清楚一个产品通常用多长时间。以洗发水为例，大概能使用3个月，就按照这个周期，在最合算时一下子买5瓶，因为同价位的打折可能得到半年以后，而洗发水一般只要不开封，保质期至少有两年。当然，打折也得货比三家，即使在同样的打折期，不同卖场的降幅也会大不同。

最后，看清楚这个产品的保质期，按保质期先后把买回来的东西排列整齐，保质期最近到期的放在最容易看到的地方，依此类推。超市也常用这一招，在超市买东西时，记得买放在最里面的。这样安排的最大特点是，永远在用最旧的东西，但不会有任何东西被浪费。当然，也可以一直用最新的东西，算好保质期就没问题。

对于美食、美容美发优惠券的收集，有个不可忽略的网站——大众点评网（www.dianping.com）。不少人只是关注该网站上对商家的评论，而忽略了淘宝优惠券。其实，与该网站合作商家的优惠措施还是很多的，而且可以看到其他人对这些优惠措施的点评。比如到底划算与否，是否其他同类的商家更加优惠等等。

13 积攒折扣券，打折送礼

常吃肯德基、麦当劳的消费者有体会，使用折扣券要比没有折扣券少花不少钱，而以每周消费一次算起来，每个月节省不少钱，其实这些餐厅的折扣券到处都有派送，平时多注意积攒就是了。

还有一些网站也提供自行打印的折扣券，如高级化妆品店开业时可凭券免费索取的小礼品等，和朋友一起收集，善用其中对自己有利的信息，绝对可以做到又省钱又享受。

除了餐饮业，折扣券服务涉及的行业还有很多，购物、旅游、健身、演唱会、驾校、保险等林林总总。这些折扣券的折扣幅度从3折到8折不等，折扣的纸面价值有的高达数千元。

现在很多地方都印折扣券，在杂志和宣传单上，到处都是，自己感兴趣的就收集起来，平时有免费办一些优惠卡的活动也多参与，如果平时不注意，到用的时候就会发现自己多花冤枉钱。尤其现在很多网站上推出了电子折扣券，下班回家或者午休的时候都可以到网上去逛逛，会有不少收获的。

要想知道自己的银行卡到底有多少积分，这些积分可以兑换怎样的礼品，最方便的做法就是去银行网站查询。如果弄不清楚自己银行的网址，只需在百度或是谷歌里搜索一下即可。各家航空公司的会员都能够享受里程奖励，具体的办法可以登录各家航空公司网站查询。

提示：

（1）不要为了换取礼品而盲目消费。银行、商场或是品牌店给出的礼品，往往需要你消费几十甚至几百倍的金额。也就是说，你可能需要花上100元钱，才可以换取一个1元的礼品。这样的交易是否划算，谁都会算。所以，积分礼物只是在购买必需品之后的额外奖励，而非购物的理由。

（2）注意积分换礼的时效。不少银行的积分是持续有效的，有些是可以随时兑换的，有些则是每年规定了兑换时间段，过了时间段，再多积分也无法兑换礼品，只有等到来年了。不过，也有银行的积分会以N年作为一个清零期。如果高额的积分在清零前没有兑换礼品，那就太浪费了。

14 注重实惠至上，等待特卖

如果有足够的耐心，等待每年年底的特卖活动更值。尤其是女人的衣服、包、化妆品这些大宗消费品。

正像美国每年的感恩节令人心跳加快一样，特卖场里的价格也是足够引发大事件的。比如暇步士(hush puppies)鞋子，原价动辄八九百、上千元，特卖时标价100～200元不等。衣服也是如此，特卖基本在1折甚至更低。如果能遇到合适的款与码，就非常划算。何况现在年景不好，连过去从不打折的Juicy Couture等大品牌也在年终特卖，1到3折不等。

如果注重实惠至上，就应挑卖场周末搞特价时去抢购，家电产品有关品牌、款式、生产日期都别管，只要大幅降价就值得购入。实际上，许多家电产品各品牌间不但在技术上无多大差别，而且售后服务接近，因此，这种特价机在各大卖场中尤其受欢迎。

但选择这套方案，就不能太急。因为商家搞特价，不会在同一时间推出所有的便宜货，应随时关注、见机行事。最好的办法就是盯紧每周五各大报纸的家电促销广告，然后再有针对性地去购买。选用这套方案，最大的好处就是省钱，如果时机找准，基本上购齐一套家电只用一半的钱就可以了。

不过，还要鉴别特卖会的真伪。那么，如何鉴别特卖会真伪？

看一个品牌特卖会值不值得去，除了看有些什么样的品牌以外，还应该注意以下这些方面，它们都可以作为优质特卖会的评判参考标准。

（1）商品的具体特性。包括颜色、尺码和时效。通常来说，“好货”指该品牌上一季或者去年当季的商品。除此以外，颜色和尺码齐全是评判的重要标准。如果只有一两种尺码，只是挂一两件充充门面，那显然没什么意思。

（2）看商品的来源。正规进货渠道的打折名牌都有代理证书，或是代理权、经销权的证明文件。如果是非正规渠道进的货，即使侥幸不是假货，它的售后服务和产品的延续性等也很难保障。

（3）看营业员的素质。正规的特卖会营业员都要进行特别训练，对商品的材料、款式、设计理念等一清二楚。那些一味劝说顾客购买，而对于商品的属性张冠李戴的营业员，很难让消费者信任。消费者要多问营业员问题，看看对方能不能自圆其说，再作裁定。

15 多方掌握促销信息

显然，要想在各式各样的促销活动中达到精明消费的目的，多方掌握促销信息是关键。不仅如此，还要对各种促销信息进行“梳理”。这一点对于平日工作繁忙的工作族来说，可是相当重要的。省钱达人袁芳菲就总结出不少促销信息的渠道。

一是网站平台。像袁芳菲经常访问的网站有名品导购网（www.mpdaogou.

com），网站的打折频道里经常会提供许多商场、品牌的促销优惠活动信息。更重要的是，在这些网站的论坛上，还有一些网友的打折体验帖，这样，无需出门，袁芳菲对于参加促销的产品情况、优惠的力度就有了第一手的信息。她会根据这些信息确定自己的购物计划。

二是专柜的促销通知。为了鼓励消费者消费，许多品牌和专柜会为购买产品的顾客办理会员卡，在进行促销活动时也会提前发短信通知顾客。相比之下，专柜的促销通知往往更具针对性，参与此类型的促销活动，直接去购买经常使用的产品，可以大大节省购物的开支。

与销售员的沟通和交流也是掌握促销信息的一种渠道。很多商场除了常规性的促销活动之外，往往会举行一些周年庆、节日促销的活动，销售员们往往能够提前掌握这一信息。对于一些时令性不强的产品来说，晚几天购买并没有太多的影响，却可以省下一大笔支出。而出于活动的需要，例如在家电、数码产品的促销活动中，销售员们也有一定的业绩压力，他们也非常乐意告诉你促销活动将何时开始。

折扣信息网是最快、最全了解促销信息的渠道。常用的促销折扣信息网有：www.icoupon.com.cn，www.kubang.net，www.i-ha.cn，www.mpdaogou.com。

专柜的会员卡往往比商场的会员卡更实用，除了在进行促销活动时会给会员提前发出通知外，会员卡中累积的积分还可以进行产品的换购、小样的赠送。通常，专柜每年会举行一次幅度较大的促销活动，只有会员才可以参与。对于经常使用的品牌，不妨办理一张它们的会员卡。

16 尽量少刷信用卡，坚持现金购物

信用卡的确便捷，但刷起来往往没有感觉，一直到还款那天才心痛欲绝。信用卡可是让很多人债台高筑的重要原因，正是这张小小的塑料卡给人们带来了不可估量的苦恼。在美国，单单信用卡带来的社会欠款就让人惊讶至极，因此也引起了社会的极大关注。

澳大利亚也不例外，因为利用信用卡，很多年轻人，甚至十几岁的年轻人，刚从高中毕业就带着数千美元的欠款。如果你能每月支付你的费用，就不要在信用卡里继续透支。

现在能用现金就用现金，这样有助于控制消费。就算用信用卡，也只用一张，并且坚持每月还清账单。

因此要坚持用现金购物，同时身上不要携带过多现金和超过一张信用卡。如果你现金不足，你就要想清楚有没有必要动用信用卡。为省钱起见，你去商场只需带够买你想买的东西的钱，另加喝一瓶水和坐车的钱就够了，同时要纠正凡外出归来都花光袋里每一分钱的习惯。最后，在购物时要坚持实用至上的原则。有些价钱不菲的东西可能你只用一两回，而别人又用得着，那么，你不妨和邻居、亲朋好友联合起来购买。这样不仅省钱，而且也能物尽其用。

17 网上购物省钱路径大搜索

网络购物、电子优惠券以及短信优惠等新型消费方式的出现，不仅可以让人们足不出户便轻松享受购物的乐趣，而且还得到各种实惠，因而这些消费方式受到老百姓特别是年轻一族的青睐，并逐渐成为他们日常购物的主流方式。

用百度、Google或搜狗搜索一下，一些打折网站就会跳出来。上面不仅“埋伏”着一些电子折扣券，而且有很多由网民提供的最新鲜的打折信息。特别是一些网友把自己买到的物有所值的品牌拍了照片上传到网上，这些都是在广告中看不到的内容，不必亲临商场，你就知道自己心仪哪款商品，省了来回探路的麻烦。

网上购物本身就已经是省钱的，但探索是无止境的。

（1）优惠券

很多网站都会定期或不定期地提供优惠券，这种模式下，有两种常用的方法：

①去各类打折网站和购物网站，获得优惠券。

②拍卖购买优惠券。这些优惠券多采取虚拟卡号的形式，在购买时输入就可以享受到折扣。

这样的模式，也带来了一种新的优惠方法。有网友会在网上拍卖自己获得的优惠券，参与这样的拍卖，拿到相关优惠券后即可享受。

（2）上比价网站，货比三家再买

易趣和淘宝都为网民提供了比价服务，让你一目了然，知道最低价在哪里。很多专业的购物搜索引擎也有助于我们解开价格之谜。输入你想买的东西，让网站自动搜索找到最便宜的供货商。这样的比价信息虽然不会让你直接获得优惠，但对市场价格有个初步的了解，便于进行下一步的购买。

但须要注意的是，价格只是买东西的标准之一，而须要考虑更为重要的专业、信誉、品牌三个要素（可参考养成“火眼金睛”，巧妙选择网上商店）。

（3）上积分网，获得返点

大部分网上购物网站在其他网站上做广告，在该网站有用户购买时，会给该网站一个以销售额计算的佣金(这就是按效果付费的广告)，而网购折扣网不一样，它把这部分佣金还给用户。这有个专业术语叫做“网站联盟”。

而折扣积分类的网站提供了链接到合作网站购物，可以获得网购折扣网赠送的积分的方法。积分可以兑换礼品或现金(1000积分=10元人民币)。

但这有两个缺陷——操作起来非常麻烦，每次都要通过网购折扣网提供的链接访问相关购物网站，而不能直接点击，否则就不能获得积分；另外，积分的使用也非常麻烦。

18 精明购物省钱的小绝招

（1）去大卖场采购前，先确认一下家中日用品的储备，在购物清单上列出必须购买的商品和如遇打折可购买的商品，以免看到打折就兴奋，买回一大堆平时用不着的东西。注意食品的保质期，买得太多来不及吃过期就是浪费。

（2）有空时整理一下衣柜，对自己的衣服心中有数，并且按照不同色调、风格作好搭配，这样就不会发生在类似衣物上重复花钱的事。

（3）列出购物清单。购物清单是女人疯狂购物的克星。如果旁边再有理性的男人监督，省下的钱将会令你吃惊。关键在于，一定要按照清单上列出的品种进行购买，避免一时冲动而购买不必要的物品，否则清单将没有任何作用。

按你想做的菜谱写下购物清单，可帮助你无一遗漏地购买实际需要的烹饪原料，避免盲目购买而带来的浪费。

（4）随身带个计算器，将购物筐内的物品一一累计。随着钱数的上升，你也许可以促使你剔除那些并不急需或可买可不买的东西。

（5）实用的日用品和食品不是值得珍藏的书籍，千万不要被那些花花绿绿的包装所迷惑，因为精装比简装的东西要贵许多。

（6）食品方面，买方便的半成品，如已洗干净、切好的鱼、肉、排骨和蔬菜，甚至是已加拌调料的肉丝、肉片等反而节约开销。

（7）购买便宜货时，首先要考虑自己的需要，虽便宜但并不需要的东西买后积压在家，最不划算。

（8）购物自带袋子省钱。大部分没携带环保购物袋的消费者，在所购物品允许的情况下，则放弃使用商场提供的有偿塑料袋，而直接将物品拎在手里或抱在怀里。确实要使用塑料袋才能将物品带回家的消费者，只好掏钱购买售价在0.1～0.3元之间的塑料袋，并尽量将所购物品都混装在一个袋子里，以省钱。“限塑”以来，一个塑料袋并不贵，可是积少成多，我们掏钱给商家，还做了不环保的事，那还不如自己带袋子，又省钱又做了好事。

（9）购物试秤。时下，购物最头疼的莫过于短斤少两，常会为买一斤肉少一两半两，买两斤水果缺二三两而费口舌。要防止短斤少两并不难，就是要学会“计较”。每次买水果、买肉或买其他可上秤的食品一般都表示要试秤，碰上短斤少两的，就立即找卖主，而对方知道自己理亏，不仅会及时补足分量，而且下次碰上你去买东西时，就不敢随意扣秤了。

（10）货比三家。如今不少商店(特别是个体商店)，同样的商品，价格却大不一样。因此一旦要买东西，就宁可辛苦一些先多跑几家店，比较后再买。当然，要做到货比三家自己就得具有一定的商品鉴别能力，懂得什么样的货色，该值多少钱，这样才能买到货真价实的商品。

（11）不到熟悉的店主那里购物，因为，某些店主抓住你和他熟悉碍于情面，不好意思还价的心理，开的价都比较高。而去不熟悉的店摊购物，你就没有这些顾虑了，就可大胆还价，即使还不下来也可另择他店。

（12）等开业。新的超市或商场开业，为打名声，开业那天都会开展大酬宾活动，而且商品品种多、质量好。

（13）有些商品不宜在超市购买。去大卖场买东西最好有选择性，如电子产品和日用杂品不宜在那儿买。虽然大卖场普遍设置有电子产品销售区，但由于价格昂贵，销量一直上不去。

特别是数码相机、数码摄像机、手机、MP3等产品，与专卖店货物相比，大卖场要贵10%甚至更多。至于一些日用杂品，如扫帚、拖把、簸箕等，价格也比普通日用杂品店的物品要贵一些。

19 购物砍价有诀窍

砍价是最实用的理财方式之一。砍价在日常生活中无处不在，从买菜到买大件商品都可以用上。那么如何砍价？

先普及一下简单的知识：

（1）专卖店和商场一般不砍价，略过。就说一些能砍价的小店。一般的服装毛利润都比较高。特别便宜的比如几十块钱一件的T恤，可能有30%左右的利润；几百块一件的衣服则至少有100%的利润。否则这个店扣除成本根本不赚钱。

（2）如果你卖过东西，你就知道，最怕的就是一出价就触及你心理底线的人，就是所谓的行家。他给的这个价格让你很为难：不卖吧，亏；卖了吧，赚少了心里也不舒服。国内好多店门上挂着——同行勿入，以免尴尬，就是这个道理。

明白以上两点之后，我们去市场购物就可以用以下四招：

（1）要狠下心来砍价

要价要得狠是集贸市场的普遍现象，这也是一些卖主欺骗消费者的手法之一。他们开价比底价高几倍，甚至高出二三十倍。所以，狠砍价是对付商家伎俩的最好办法。

（2）隐藏自己的真实需要

一些消费者挑选商品，当看好某种商品时，往往当着卖主的面，情不自禁地对这种商品赞不绝口。这样一来，就会给卖主一很好的暗示，这时卖主就会“乘虚而入”，趁机把商品的价格提高好几倍。不论如何舌战，最后还是“愿者上钩”，买回家时后悔已晚。

因此，消费者购物时，要装出一副只是闲逛，买不买无所谓的样子，经过货比三家的讨价还价，才能买到物美价廉的商品。

（3）指出商品缺陷

世上没有十全十美的商品，卖主向你推销商品，总是尽说好处，顾客如能针锋相对地指出该商品也有缺陷，最后往往能以一个双方都满意的价格成交。

（4）运用疲劳战术和最后通牒

对商品进行挑选时，可以尽情地让卖主为你挑选、比试，最后提出一个合理的价格。即使这个出价与卖主所开价位有相当大的差距，但他毕竟忙了一通，不卖确实有点儿不合算。

在这种情况下，卖主往往会向顾客妥协。这时，若卖主的开价还不能使顾客满意，顾客可发出最后通牒：“我的给价已经不少了，我已问过前面几家都是这个价！”说完，立即转身走。

这种讨价还价的方法效果很显著，卖主往往是冲着顾客大呼：“算了，卖给你啦！”这样，顾客就能运用自己的智慧和应变能力，买到称心如意的好东西，而且还节省了不少的钱。

第二章

饮食养生省钱

——花得少，吃得好

随着对健康的关注日益增强，现代人越来越注重养生保健了。经常在饭桌上见到一些时尚人士，吃东西是挑三拣四，还没有放下筷子，便从包里头拿出一个漂亮的小盒子，里面从星期一到星期天，老早就按照一个星期的排序，放好了每天的剂量，每天吃不同的维生素片。

这令人十分纳闷。人们常说“药补不如食补”，但这些时尚年轻人好像生怕自己不得病一样，天天把大把的药往肚子里头吞，多花钱不说，时间长了还会有副作用。有个朋友免疫力较低，每天吃蛋白粉、维生素，也花了不少冤枉钱。

其实，养生保健应该是一件省钱省力的事，一件快乐的事，而不是处处受限制、受束缚的痛苦事。

因此，只有建立科学的滋补养生观念，才能使你和你的孩子们更健康，还可以大大地省钱。

下面除了介绍饮食省钱的方法，还将介绍几种时尚的滋补养生食品——可以在家做的美味佳肴，既省钱又方便快捷、简单安全。

1 巧买菜可以更省钱

买菜是一门学问。有人可能认为这是故弄玄虚，其实不然。只要稍微注意一点，一个三口之家，每月就可以节省上千元。这笔钱，足够三口人过一个月生活了。买菜省钱的方法是这样的：

（1）错开买菜高峰期。中午12时和下午5时30分一般是买菜的高峰期，避开买菜高峰期是省钱的好办法。如果你能把握好买菜的时间，就可以捡到不少不影响质量的便宜货。如果说卖菜要“赶早”的话，那么买菜则要“赶晚”。捡便宜货的最佳时间一般在上午8时半到10时之间。这时菜场冷清了，摊主的货也卖得差不多了，有的急于去准备下午场的货，于是他们就把一些货“降价处理”。另一最佳时间则在下午5时多到6时之间，这时买卖已近尾声，你尽可以选购，选最便宜的菜下手。

（2）善于选择摊位。一般情况下，由菜农直接挑进城流动出售的各种菜往往比那些固定摊位的菜贩所出售的菜新鲜，价格也便宜许多。主要原因是菜农所出售的菜大都是自己生产的，减少了中间批发与零售之间的差价。

（3）买蔬菜多去菜市场，少去超市。蔬菜价格从整体来看，菜市场比超市更有优势。在超市的菜架上，经常可以看到有保鲜包装的蔬菜，印有“有机蔬菜”、“无公害”等字样。这些“品牌”蔬菜无论是卖相还是品质都决定了它们不菲的身价，有的蔬菜价格甚至比市场上的要高出一倍。虽然有时候超市的菜比菜场便宜，但浪费的也多，最主要是不新鲜。

（4）买时令菜，少买那些跨季节大棚菜。当季的菜便宜，味道好。

（5）超市买肉。干净、卫生、秤准、特价多。不要以为特价就不好，网上那些帖子说生鲜毛利低，特价都有问题，其实网上的说法并不可靠。因为生鲜的毛利基本已经超过了25个百分点，而且都经过检验，比较放心。

（6）多关心天气预报。尽可能好天气去买菜，气候一旦变坏，要下大雨了，小菜肯定会贵。在这种情况下，你如果是个有心人，就注意天气预报，在天气变坏之前，赶快多买点小菜，吃个两三天，天气变坏了也不急于买贵菜。

（7）学点商品知识。如今菜市场里老猪肉、死猪肉、变质鱼、灌水牛肉等等时有发现。你若不懂如何识别它们，就是上了当也不知道。有时候，你不但花了钱，而且可能带来某些疾病。你若懂得这方面知识便可省不少钱。

2 学会饮食DIY，把自己培养成厨师

改变下馆子的习惯，自己做饭。无论什么样的小馆子，都比自己做饭要贵些，尤其是晚饭，简单地煮个面代替买快餐，省钱的同时还能减肥。在家自己做饭，是不少白领省钱的一个法宝。

在一篇题为“做两次饭搞定一周伙食”的帖子里，网友列举了自己的过日子心得：“周日去菜场买活鸡一只，香菇、竹笋等辅料若干，放在砂锅里炖两小时，冷却后放进冰箱，每天回家后取出若干加热即可。这样，从周日到周三，每天只须炒一个蔬菜或者买点水果就能吃上一顿营养美餐。周四买一条黑鱼和番茄回家，如法炮制再烧一锅，又可以吃上3天。这样算下来，每顿晚餐平均只需10元左右，且营养均衡、卫生健康。”

今年26岁的吴英，是北京一家外企公司的职员，以前每月5000元的工资根本不够她花。“买件Ochiely或Esprit的衣服都要五六百元，朋友还经常聚会，这钱不知不觉就没了，每到月底都只能吃速食面了。”

物价上涨后，吴英发现生活成本大大增加了，每个月到中旬就得问家里要“补贴”。“朋友一起吃餐饭就起码贵了几十元，衣服、日常用品也在涨价，感觉再月月光下去，生活会陷入一个负债的恶性循环。”吴英开始琢磨起省钱计划。

从来不下厨的吴英，现在也学着自己做饭了，每天，她都会带着一个自制的便当去上班。她说，餐饮业涨价后，自己做饭更省钱，在外面吃快餐，一顿起码12元，自己炒个荤素搭配的菜，只需要五六元成本，爱吃什么就做什么，卫生又健康，更重要的是，她学会了做家务，不再是娇生惯养的“80后”。

尤其是“拖家带口”应当减少外出就餐的次数，多在家中自己做饭，一个月下来也能节省不少费用呢，不仅如此，乐趣与爱意也会与美味交融在一起。

自己动手，丰衣足食，DIY(Do It Yourself，即自己动手做一切可能的东西)会成为当下的时尚。

诸多DIY中，做饭最省钱，也最容易学。经常在家做饭，偶尔出去品尝一下不同的美食，不仅可以吃得健康，还不用担心卫生问题。此外，做饭也要遵从一个窍门，能凉拌的绝不炝炒，能生吃的绝不炖煮。少油、低盐、不放糖，调料添加剂尽量少用，省下小钱的同时，还吃出健康。买个高压锅，煮粥和炖汤，都可以省很多煤气。

3 多吃天然彩色食物既省钱又健康

随着人们对健康的关注日益增强，现代都市女性越来越注重健康饮食，怎么吃最自然健康的食物？哪些食物最健康？

现在，一股流行吃天然彩色食物的“吃彩”风潮正在都市女性中风行。食物天然的颜色能影响食物的营养成分，而不同颜色的食物就有不同的功效，注意，一定要是“天然的”。

天然的橙黄色食物是维生素C的天然源泉。维生素C是众所周知的美容元素，所以备受都市女性的青睐。天然橙黄色食物含有丰富的胡萝卜素和维生素C，可以健脾，预防胃炎，防治夜盲症，护肝，最重要的是能够使皮肤变得细嫩，并有中和致癌物质的作用。天然橙黄色食物的代表有玉米、黄豆、花生、杏、橘、橙、柑、柚、橙黄色的坚果等等。

另外，多吃天然的红色食物能减轻疲劳、预防感冒。天然红色食物有助于减轻疲劳，并且有驱寒作用，能预防癌症、增强记忆力和稳定情绪，可以令人精神抖擞，增强自信以及意志力，使人充满力量。天然红色食物的代表有红辣椒、胡萝卜、苋菜、洋葱、红枣、番茄、红薯、山楂、苹果、草莓等。

天然蓝紫色食物是天然抗辐射“良药”。蓝色食物主要是指海藻类的海洋食品。其中的螺旋藻含有18种氨基酸、11种微量元素及9种维生素，可以健身强体，帮助消化，增强免疫力，美容保健，而且有抗辐射的功能。紫菜、紫茄子、紫葡萄等紫色食物都含丰富的芦丁和维生素C，常吃对预防高血压、心脑血管疾病及遏制出血倾向有一定作用。天然蓝紫色食物的代表有黑草莓、樱桃、茄子、李子、紫葡萄等等。

天然绿色食物是肠胃天然“清道夫”。绿色的草本植物都有治疗的用途，足以证明绿色食物的确具有调和身体机能的功效。大部分蔬菜拥有绿色的能量，可以维持人体的酸碱度，而且提供大量纤维质，有助于清理肠胃，担负着肠胃“清道夫”的角色。天然绿色食物的代表即是所有绿颜色蔬菜。

天然黑色食物不仅有助通便，而且养发美容抗衰老。天然的黑色食物含有10余种氨基酸及铁、锌、硒、钼等10余种微量元素，维生素和亚油酸等营养素，有通便、补肺、提高免疫力和润泽肌肤、养发美容、抗衰老等作用。天然黑色食物的代表有黑芝麻、黑糯米、黑木耳、黑豆、香菇、黑米、乌骨鸡等。

白色也是缤纷颜色的一种，天然白色食物含纤维素，可以起到防癌的作用。天然白色食物含纤维素以及一些抗氧化物质，具有提高免疫功能、预防溃疡病和胃癌、保护心脏的作用。白色的大蒜是烹饪时不可缺少的调味品，它含有的蒜氨酸、大蒜辣素、大蒜新素等成分，还可以降低血脂，防治冠心病，杀灭多种病菌，也可以降低胃癌的发生率。天然白色食物的代表有茭白、冬瓜、竹笋、白萝卜、花菜、甜瓜、大蒜等。但是许多女孩子爱吃的零食，比如开心果却不算天然的白色食物，因为开心果实际上是属于黄色食物，市面上看到的那些白色的开心果均是工业漂白的产物，一定要加以分辨，才能真正吃到“自然的彩色”。

4 养成素食主义的习惯

对于现代社会的人们来说，“素食主义”已不是一个生疏的名词，而是一个新的国际思潮和健康的生活理念。素食，目前作为一种健康时尚，已经被越来越多的人赏识与接受。

素食者逛菜场时只须逛一半的摊位就行了，素菜的加工过程要比荤菜简单一些，而且价格也相对便宜。所以，素食省时、省事、省钱。

素菜是健身治病之良方。素菜能使体液偏向碱性，而碱性体液正是癌症等疾病的克星。也有人会说，素菜也有酸性的。是的，但酸性素菜的酸性跟荤菜比，只能算是微酸性。

有一项研究显示，美国加州基督复临安息日会男性教友，比加州男性平均寿命长6年2个月，女性相比则平均寿命长3年7个月。

世上关于这方面最完整的研究，是美国康乃尔大学的肯博教授在中国内地所作的研究。他经过多年的追踪研究，结果发现一些吃低脂食物，也就是吃米饭跟菜类的中国人，得乳癌的概率非常小，而直肠癌、肺癌或是骨质疏松症的罹患率更低；相比之下，那些吃大量的高脂食物，也就是爱吃肉的美国人、英国人、瑞典人及芬兰人，得这些疾病的概率，实在是高得惊人。

素食者比肉食者体重较轻。肉类比植物蛋白含有更多的脂肪。而且，肉食者若是摄取过多的蛋白质，则其中过量的蛋白质也会转变成脂肪。

素食者血液中所含的胆固醇永远比肉食者少。血液中胆固醇含量如果太多，则往往会造成血管阻塞，成为患高血压、心脏病等病症的主因。

植物性食物从进入胃中到排出体外，只需3～4小时，肉类则需12小时，它滞留体内所分解出的废气，严重影响人体健康。

素食者没有寄生虫之忧，寄生虫都是经由受感染的肉类而辗转寄生到人体上的。

各种高等动物和人体内的废物，经由血液带至肾脏。肉食者所食用的肉类中，一旦含有动物血液，便加重了肾脏的负担。

环保者、吃素食可以节约大量能源，减轻环境污染，有利于保护环境，因为饲养肉食动物须要消耗大量能源（几乎是肉食本身可供能源的10倍）。另外，动物保护主义者认为，宰杀饲养的或野生的动物是残忍的暴行，与人类文明背道而驰。研究发现动物死前的挣扎会促使体内产生有毒的分泌物，这些毒素对食用者有害。

其实，中国人的传统饮食习惯是粗茶淡饭，关于中华民族传统的膳食原则也有很多精辟的论述，如“饮食清淡，素食为主”、“可一日无肉，不可一日无豆”、“萝卜白菜汤，吃了保健康”等，因此，虽然物质条件丰富了，但千万不能忘记“粗茶淡饭、青菜豆腐保平安”。相比西方人高蛋白、高脂肪、高热量的饮食习惯，中国人的肠胃对吃素更加适应。

中国人为什么应该多吃素呢？因为蔬菜水果中除了含有丰富的维生素、矿物质以外，还含有丰富的膳食纤维，既可防止便秘，又可减少粪便中有害物质对肠壁的损害，预防肠癌。另外，大多蔬菜和水果属碱性食品，而一般高蛋白食品属酸性食品。在人体胃中，肉、米、麦等食物消化后往往会发生酸性反应，这就需要蔬菜和水果来中和，维持体内酸碱平衡。古人早就提出了“五菜为充”的观点，说明蔬菜对消化系统有“充盈”和“疏通”的作用。因此，要有一个好胃口和健康的消化系统，必须经常吃蔬菜水果。

总之，要养成“多食蔬，少吃肉”的习惯。你可以下载一些网上的素食食谱，学习制作可口的素食菜肴，通过提高烹饪水平来达到少吃肉又节约菜钱的目的。

5 实用素食养生守则

吃素固然对身体有好处，但并非随便吃，就能获得健康，前提是把握“营养均衡”的饮食原则，这样才能真正吃出健康来。

（1）均衡比例。五谷或米饭类占两份，蔬菜水果占两份，再加1份豆类食物，便成为备受世界卫生组织以及英美等国卫生部推广认可的素食比例进餐法。它的好处是可以确保素食者摄取充足的养分。

（2）摄取纤维素。食物纤维能够帮助肠道蠕动，帮助排出体内废物以及有毒物质，成年人每日摄取食物纤维量应约20～35克。

（3）慎选食用油。医学调查发现，用油太多、食用油选择不适当、吃太多的加工素食是不少素食者的通病，同时也是引致高血脂、动脉硬化的祸首。下厨煮食时，除了少用食用油外，橄榄油是不错的选择。

（4）注意吃盐。吃太多盐是导致高血压的危险因子，因此中老年人或有家族病史的人要特别注意，选择低钠盐或其他低盐分酱油。

因此烹调素菜时，以下几点是必须留意的：

材料的选择除了鲜蔬水果之外，菇类是不可缺少的，包括香菇、草菇、蘑菇和金针菇，木耳、银耳，豆类和豆制品如豆腐、腐皮、腐竹、面筋、油面筋也派得上用场。硬壳果仁也是素馔之材料。至于葱、韭、蒜、薤等，则为佛门中人及其信众所禁食。

由于素菜材料味道清淡，烹调时较重调味的配搭。常用的调味料除有南乳、腐乳、酱油（生抽和老抽）、糖、醋、盐外，还有豆豉、面豉酱、豆酱、花生酱、番茄酱、番茄汁、葡汁、果汁、素味粉和素上汤等。

许多人会错认为素食不能为人们提供足够的营养和能量，长期食素会影响健康。事实上，每人一天必需的养分如糖类、蛋白质、钙、铁、磷、碘等元素，各种维生素和脂肪均可在素菜中获得。只要配搭均衡，不偏食，便不难摄取到足够的营养。在烹制食品时，应尽量以不同色泽的材料配伍，如绿、黄、红、棕、白、黑等色，这也是预防偏食之诀。

6 素食族补充营养备忘录

除了蔬菜水果外，素食者一定不可缺少五谷类食物，因为它们能提供素食者常缺乏的蛋白质。

蛋白质即氨基酸，是细胞生长的重要元素。肉类含有丰富的蛋白质。全素食者，就可能缺乏1～2种身体必需的氨基酸。将不同食物互相配搭，满足身体所需的蛋白质，谷类和豆类是最佳的组合，可以尝试红豆饭、八宝粥等。

如果缺乏足够的维生素D，会导致骨质疏松、佝偻病、骨骼结构脆弱及身体磷和钙大量流失等。

植物性食物中几乎不含维生素D，若是吃蛋奶素者，可多吃鸡蛋以及奶制品或多喝些牛奶来补充维生素D，而若是吃全素者，不妨多晒太阳，让人体自行合成维生素D，或补充些含维生素D的营养补充品，以免影响钙质的吸收和骨骼的发育。肉类和乳类产品的维生素B_2含量丰富，孕妇或哺乳中的女性更需要补充维生素B_2，供给胎儿的红血球和细胞生长。素食者如缺乏维生素B_2，容易患上贫血。可以多吃乳类产品，纯素食者，应多吃全麦造的食品、深绿色蔬菜、豆类、干果类和芝麻等。

锌是素食者容易缺乏的一种矿物质，缺锌会影响儿童发育，同时妨碍生殖机能。不妨多吃些黄豆制品、坚果或五谷杂粮食品，这些食物都含有丰富的锌。

缺钙，尤其女性，到中年和老年时容易患上骨质疏松症。可以多食新鲜蔬菜、大豆、发菜和芝麻，这些食物含有丰富的钙。

7 秋季养生多吃排毒素食类食物

随着环境污染日益严重，现代人越来越重视自身的健康。专家指出，只有及时排出体内的有害物质以及过剩营养，保持五脏和体内的清洁，才能保持身体的健康。

秋季天气干燥，季节交替往往让人感觉身体不适，而排毒也是秋季的一项大工程。下面的七种食物能帮助你很好地“解毒”，让身体轻轻松松度过秋冬。这里向你推荐七种既天然又经济的排毒食品。

（1）海带

中医认为海带性寒、味咸，功能清热利水、去脂降压。现代医学认为海带中的褐藻酸能减慢放射性元素锶被肠道吸收，并能使之排出体外，因而海带有预防白血病的作用，对进入体内的镉也有排泄作用。

（2）茶叶

具有加快体内有毒物质排泄的作用，这与所含茶多酚、多醣和维生素的作用密不可分。

（3）绿豆

性寒味甘，解金石、砒霜、草木诸毒，对重金属、农药及各种中毒均有防治作用。因此，经常接触有害物质者，应多吃绿豆汤、绿豆芽等。

（4）胡萝卜

胡萝卜不仅有丰富的胡萝卜素，能增加人体的维生素，且含有大量的果胶，与汞结合后能降低血液中汞离子的浓度，加速体内汞离子的排出，是有效的解毒食物。

（5）樱桃

是目前公认能够祛除人体毒素以及不洁体液的水果，对肾脏排毒也具有相当的功效，且有通便的功用。另外，深紫色葡萄也有排毒效果，且能帮助肠内黏液组成，清除肝、肠、胃、肾的垃圾。

（6）无花果

无花果富含有机酸和多种酶，可清热润肠，具有助消化、保肝解毒的功效。它对二氧化硫、三氧化硫等有毒物质也有一定的抵御作用。

（7）苹果

苹果内含有半乳醣荃酸，对排毒颇有帮助，它的果胶也能避免食物在肠内腐化。

8 省钱又减肥的豆腐餐

俗语说：吃肉不如吃豆腐，又省钱来又滋补。豆腐是高营养、高矿物质、低脂肪的减肥食品，它丰富的蛋白质有利于增强体质与增加饱腹感，有利于减肥的坚持。豆腐制品如豆腐干、油豆腐、豆腐皮中的蛋白质含量更高于豆腐，并且均是减肥最佳食品。以下介绍豆腐的两种制作方法：

（1）雪里蕻豆腐汤

配料：豆腐200克，雪里蕻100克，色拉油50克，精盐、葱花、味精适度。

做法：豆腐下沸水中稍焯以后切为1厘米见方的小丁，雪里蕻洗净切丁。锅上旺火烧热，放入葱花煸炒，炒到出香味之后放适量水，待水沸以后放入雪里蕻、豆腐丁，改小火炖15分钟，加上精盐、味精就可以了。

（2）番茄豆腐

配料：大番茄1个，蛋豆腐1盒（正方形），铝箔纸1张，枸杞5颗，鲜奶油球1个，葱花和盐少许。

做法：

①先把菜洗净沥干，分别切好备用；番茄切薄片，取4片以备用。

②将铝箔纸折成与蛋豆腐（长、宽、高）一样，固定好后，分别在四边各放入1片蕃茄片，再把蛋豆腐放入铝箔纸当中。

③把所有调味料撒在蛋豆腐上，入烤箱烤至微沸腾、蛋豆腐熟透、番茄片也入味之后，就能食用。

9 巧用西瓜皮制作养生餐

有些人吃完西瓜便将西瓜皮丢掉了，实在可惜。西瓜皮经过适当加工，利用价值极高。西瓜皮做菜不仅省钱实惠，而且西瓜皮可以消炎降压，减少胆固醇沉积，软化以及扩张血管，促进新陈代谢等。

西瓜皮削去外层硬皮和内层红瓤后可以做成多种菜肴。选择青皮种西瓜洗净，用刨刀将表皮青色含有蜡质的青皮层刨下晒干，即为西瓜翠衣（也叫做西瓜青）。性味甘凉，煎饮代茶，能够治暑热烦渴、水肿、口舌生疮、中暑和秋冬因气候干燥引起的咽喉干痛、咳嗽不止等疾病。如下介绍西瓜皮及其制品的两种吃法：

（1）酸辣西瓜皮

配料：西瓜皮，芫荽，红甜椒，柠檬，生抽、盐、糖、香醋、老干妈油辣子少许，蒜、姜蓉、香油、花椒油各适量。

做法：

①选比较厚的西瓜皮洗净，去掉红瓤、绿皮，切成薄片。

②生抽、盐、糖、香醋、老干妈油辣子、蒜、姜蓉、香油和花椒油适量调成味汁，并加入少许柠檬汁。

③将切好的西瓜皮片与红甜椒丝、芫荽放入容器。

④最后加入调好的味汁拌匀就能够食用。

（2）爆炒西瓜皮

配料：西瓜皮，青椒，红椒，香葱，大蒜，黑胡椒粒、盐、糖少许。

做法：

①取比较厚的西瓜皮洗净，切去红瓤和绿皮，沥干水分。

②把西瓜皮切成薄片，撒入适量盐腌制10～15分钟，然后冲水滤去盐分，沥干水分。

③青、红椒切丝，大蒜拍碎，香葱洗净切成葱花。

④锅里加入适量油烧热，倒入青、红椒，大蒜爆炒1～2分钟。

⑤倒入沥干水分的西瓜皮继续爆炒2～3分钟后，加入适量盐、糖、黑胡椒粒、葱花调味就可以食用。

当然了，西瓜皮还可以制成各式各样的美味菜肴，可以红烧、炖肉、煲汤……甚至直接拿来擦脸美容。总之，只要你敢想，就不怕做不出。

10 绿豆芽做菜，便宜又减肥

绿豆芽含水分比较多，热量低，富含维生素C，经常吃不易形成皮下脂肪堆积、不易长斑，有利于减肥和减少患口腔溃疡的风险。而且绿豆芽价格便宜，也可做成各种菜肴。如下介绍绿豆芽及其制品的两种吃法：

（1）开胃绿豆芽

配料：绿豆芽 500 克，黄瓜 50 克，精盐 25 克，葱丝、姜丝、陈醋、香油各适量。

做法：

①把绿豆芽拣去杂质洗净，入开水锅里焯熟（注意不要过火焯软），沥干水分。

②黄瓜洗净直刀切成片，再切成细丝，撒上精盐，加入葱丝、姜丝拌匀，最后浇上醋、香油盛盘即可。

（2）绿豆芽炒韭菜

配料：绿豆芽400克，韭菜75克，虾皮5克，植物油40克，醋、精盐、味精少许。

做法：

①将韭菜择洗干净，切成3厘米长的段。

②绿豆芽去根洗净，虾皮洗净，并沥干水分。

③炒锅上火，注入植物油烧热，放入虾皮爆香，加入韭菜段、豆芽菜翻炒几下，烹入醋，加入精盐、味精，快速炒至熟即成。

提示：韭菜营养丰富，含纤维素多，含脂肪少，能降压减肥。虾皮富含钙质，是高蛋白、低脂肪食品。两种原料与绿豆芽相配成菜，有很好的减肥健美作用。

11 苦瓜可以做成长寿菜

苦瓜以苦味博得人们的特别喜爱。它的营养保健特点是：首先，它含有较多的维生素C、维生素B_1以及生物碱；其次，它含有的半乳糖醛酸和果胶也较多。苦瓜中的苦味来源于生物碱中的奎宁。这些营养物质具有促进食欲、利尿、活血、消炎、退热和提神醒脑等作用。现代科学研究发现，苦瓜中的“多肽-P”物质是一种类胰岛素，有降低血糖的作用。美国科学家还发现，苦瓜中含有一种蛋白质类物质，具有刺激和增强动物体内免疫细胞吞食癌细胞的能力，它能同生物碱中的奎宁一起在体内发挥抗癌作用。

日本冲绳是有名的长寿地，当地人的长寿秘诀之一就是多吃苦瓜，还有喝苦瓜茶和苦瓜汁。日本营养学家研究显示，苦瓜是具有“全方位”营养价值的长寿食品，喝苦瓜茶与苦瓜汁是最有利于身体的健康吃法。

（1）苦瓜茶

苦瓜有预防中暑与解暑的作用，还是很好的降血糖食物。苦瓜的果肉和种子的成分能促进糖分解，抑制糖分的吸收。

喝苦瓜茶是现代医学研究证实的最有益于身体吸收的食用方式，可让苦瓜80%的营养成分发挥出来，并且营养成分极易被人体吸收。

做法：

①把苦瓜切成1～2毫米的薄片，用平底锅干炒，把水分炒干。

②苦瓜炒干后变成褐色。放凉之后装入密封罐，放在冰箱、冷藏室保存，可以保存两个月。

③加热水浸泡之后饮用。每天喝3～4杯即可。

（2）苦瓜汁

苦瓜中的维生素C能预防皮肤老化以及降低血液中胆固醇含量。但维生素C不耐热，加热之后苦瓜的其他营养价值虽然不会被破坏，但想通过苦瓜达到预防皮肤老化与降低胆固醇含量目的的人，就不适合把苦瓜汁加热后食用。因此，将苦瓜榨汁是最好的选择。

做法：

①用擦丝器将苦瓜擦碎，用滤茶网或者纱布在杯中挤出苦瓜汁。

②加入半杯水，水量能自由调节。

③若怕太苦，可以加入柠檬汁或者苹果泥，调节口味。每天喝半杯至1杯即可。

12 抗衰养颜的蜂蜜番茄

番茄果实含有十分丰富的蛋白质，脂肪，碳水化合物，胡萝卜素，维生素B_1、B_2、C等，其中能够美容的维生素C的含量相当于西瓜的10倍。番茄简直是一个维生素的仓库。它还含有促进青少年生长发育的钙、磷、铁等矿物质，以及抑制细菌生长的番茄素。

番茄与蜂蜜配制在一起，效果最佳，能起到抗衰养颜的作用。因番茄有生津止渴、健胃消食的功效，蜂蜜为滋补养生佳品，甘而平和，日常食之能够补益五脏、养心安神，抗衰延年，强壮身体。

配料：番茄两个，蜂蜜20克。

做法：

①把番茄洗净，放入碗内，倒入沸水烫约1分钟捞出，放清水内漂凉。

②撕去外衣，切成块或片，放入盆内。

③蜂蜜倒入小碗内，加冷开水调散，浇淋于番茄上即可。

操作要领：选用番茄以生熟适宜为好。

提示：蜂蜜不宜与葱、莴笋同食。蜂蜜为大甘之品，因而温热痰盛、呕吐便溏者不宜食用。

13 南瓜养生法

南瓜是瓜类中唯一可以当饭、可以当菜、可以当药的果实。秋季养生多吃南瓜。李时珍在《本草纲目》里提到南瓜时写道：“补中，益气。”补中，说的是对脾胃有好处。

清代名医陈修园说，南瓜为补血之妙品，建议女孩子们多吃。秋天气温渐凉，人也越来越不爱活动，南瓜既然能够活血，当然要好好利用。借食物之名大吃特吃，既减肥又能够疏通体内的营养运输通道。

秋天气候干燥，多食用含有丰富维生素A、维生素E的食品，可增强机体免疫力，对改善秋燥症状大有裨益。南瓜含有丰富的维生素E。它所含的β胡萝卜素，可由人体吸收后转化为维生素A，维生素A和蛋白质结合可形成视蛋白，在眼睛健康上扮演重要的角色。

南瓜的吃法多种多样，蒸炒炖煮烤，都别具风味。南瓜可做南瓜饼、养生南瓜面包，下面介绍一下南瓜浓汤的做法：

南瓜浓汤

配料：南瓜150克，高汤1杯，麦粉两汤匙，牛肉泥1汤匙，绿色花椰菜1朵，嫩玉米2～3根。

做法：

①将南瓜洗净，去掉皮和籽，切成小块。

②花椰菜和嫩玉米煮熟，切碎备用。

③将高汤和南瓜倒入果汁机内，打拌均匀。

④将打好的南瓜汁倒入锅内，以小火煮8～10分钟，然后加入牛肉泥搅拌均匀。

⑤加入麦粉拌匀，熄火，撒上花椰菜和嫩玉米，好喝又营养的蔬菜南瓜浓汤即成。

14 养血健脾的胡萝卜

胡萝卜有“小人参”之称，是养血健脾养生佳品，含有丰富的胡萝卜素，食用后转化为人体必需的维生素A，可防止出现干眼症和皮肤粗糙现象，是中老年人的常用蔬菜。胡萝卜汁还可以美容，空腹喝胡萝卜汁容易消化吸收，可促进红细胞代谢，消除汗腺污垢，调节体温，从而使皮肤清洁健康、嫩滑光润，对美容护肤有独到之处。

现代医学已经证明，胡萝卜是有效的解毒食物，它不仅含有丰富的胡萝卜素，而且含有大量的维生素A和果胶，与体内的汞离子结合之后，能有效降低血液中汞离子的浓度，加速体内汞离子的排出。如下介绍胡萝卜及其制品的两种吃法：

（1）胡萝卜汤

配料：胡萝卜500克，清水500克，白糖50克。

做法：

①把胡萝卜洗净，切碎，放入精钢锅内，加入水，上火煮沸约20分钟。

②用纱布过滤去渣，加入白糖，调匀，即可饮用。

特点：味略甜，营养丰富。

提示：要选用新鲜的胡萝卜做原料。操作时，要切碎、煮烂，去净胡萝卜渣。此菜汁适宜4～5个月的婴儿食用。

（2）胡萝卜甜糕

若将胡萝卜加工成甜糕，其口感鲜美、风味独特，是老幼皆宜的营养食品。

配料：胡萝卜100克，水100克，马铃薯10～15克，淀粉40～60克，白砂糖7.5克，精盐两克，蜂蜜两克，味精1克，食用防腐剂适量。

做法：

①将胡萝卜、马铃薯中的杂质剔除，先用清水洗净，再用浓度为3%的碳酸钠溶液清洗一遍。然后将马铃薯和胡萝卜切成厚度为3毫米的薄片。

②将水烧开以后把胡萝卜片和马铃薯片倒入漂烫，经1～2分钟到半熟状态的时候，连水一起倒入装有搅拌浆的大锅内，充分搅拌3～5分钟使之搅成细末状。

③在搅拌过程中将各种配料加入，马上用大火煮制8～10分钟，呈黏稠状时改为中火熬炼15～20分钟。

④将熬炼后的糊状料倒入平底容器冷却，成形后切成10厘米×8厘米×5厘米的糕块，用食品袋包装密封，放阴凉通风处，可保存一周左右；若移至冷库贮藏，保存期可达半年以上。

胡萝卜甜糕色红质嫩、清香微甜、柔软、不易破碎，可直接食用，也可涂拌蛋黄酱、奶酪后食用。

15 黄瓜——清热养生菜

黄瓜所含的黄瓜酸，可以促进人体的新陈代谢，排出毒素。维生素C的含量比西瓜高5倍，可以美白肌肤，使肌肤保持弹性，抑制黑色素的形成。黄瓜还可以抑制糖类物质转化为脂肪，对肺、胃、心、肝及排泄系统均十分有益。夏天里容易烦躁、口渴、喉痛或痰多，吃黄瓜有利于化解炎症。

（1）黄瓜汁

黄瓜汁的口感和营养俱佳，在夏天能够用来预防口腔疾病。

假如吃腻了炒黄瓜和拌黄瓜，偶尔喝一杯黄瓜汁，自是别有一番风味，更能预防夏天里多发的口腔疾病。

做法：将新鲜的黄瓜简单用糖腌一下，或直接加冷开水在榨汁机中取汁直接饮用。

喝法：

早晨喝一杯黄瓜汁，能起到清爽肠胃的作用。黄瓜中含有大量维生素，能够缓解一定的发炎症状，对口腔溃疡能起到有效的治疗作用。

饮用黄瓜汁时，若觉得稀释后的黄瓜汁口感有点苦涩的话，可以适量加一点蜂蜜调味。

（2）黄瓜馅饺子

夏天天气炎热，许多老年人没胃口。营养学家建议，老年人午餐或者晚餐吃点饺子、包子之类带馅的食品，不仅可均衡营养，还有利于消化。若以前没吃过黄瓜馅饺子，不妨尝试一下，不但清凉爽口，还可以防暑、降压、预防心脑血管疾病。

配料：黄瓜，鸡蛋，豆腐，盐、五香粉、鸡精、葱姜末各适量。

做法：

①做馅时，要将黄瓜擦成细丝略微切一下，挤出水，挤出的水不要倒掉，留在盆中备用。

②将鸡蛋加适量的盐打散在油锅中炒，一边炒一边捣碎，越碎越好，炒好后放凉。爱吃丰富馅料的还可以放一点豆腐。

③然后将放凉的鸡蛋、豆腐与黄瓜丝加入五香粉、鸡精、葱姜末等，一起搅拌均匀待用。和面时把黄瓜水放进去，不但面会更加筋道，而且口味也更好。

（3）黄瓜皮茶

黄瓜肉做馅，削下来的皮可做成一道清热去火的黄瓜皮茶。

做法：

先把黄瓜皮放在太阳下晒干，晒干以后用手揉碎。200毫升水中加入10克黄瓜皮煎水，水沸后改成小火，把水煎到剩一半即可。这样的天然茶饮，每天喝几杯都行，能有效缓解头痛发热等夏季里常见的中暑反应。

16 含碘冠军海带

海带为大叶藻植物大叶藻的全体，又名海草、昆布等，生活在海水中，柔韧而长如带子，故得此名。海带具有较高的营养保健价值，被誉为“海上蔬菜”、“长寿菜”、“含碘冠军”。

医学研究发现，海带中的钙具有防止血液酸化的作用，而血液酸化正是导致癌变的因素之一。海带中的有机碘能提高人体内生物活性物质功能，能促进胰岛素以及肾上腺素质激素的分泌，提高脂蛋白酯酶活性，促进葡萄糖和脂肪酸在肝脏、脂肪、肌肉组织的代谢和利用，从而发挥降血糖、降血脂作用。海带含有丰富的钾，钾有平衡钠摄入过多的作用，并有扩张外周血管作用，因此海带能防治高血压。

下面介绍海带的几种制作方法：

（1）紫菜海带汤

配料：紫菜10克，海带20克，冬瓜皮30克，西瓜皮50克，盐少许。

做法：将紫菜、海带、冬瓜皮、西瓜皮一同放入锅中，加清水适量，煮沸后盛入碗中或汤盆中即成。

特点：清淡，有海鲜味。可饮汤食海带、紫菜，在午餐后食用为宜。

功效：紫菜含蛋白质、脂肪、糖类、钙、磷、铁、锌、碘、锰、氨基酸、藻红蛋白、磷脂、烟酸、有机酸、挥发油及维生素A、维生素B_1、维生素B_2等。它味甘、咸，性寒，有软坚化痰、清热利尿的功效。主治瘿瘤、瘰疬、水肿、肥胖症等。

海带与紫菜，辅以利水减肥有显效的冬瓜皮、西瓜皮，组成紫菜海带汤，如果经常饮食，可淡利水湿，去脂减肥。体胖的女性，为达到健美的身材，则可以常饮食此汤，效果必会显著。

（2）炝海带丝

配料：水海带550克，精盐25克，椒油25克，青菜3棵，醋15克，葱丝5克，姜3片。

做法：将海带洗净，切成细丝，放在开水中焯一下捞出控干，撒上精盐、青菜丝拌匀盛盘，最后放上葱、姜，倒上醋、椒油加热炝上即成。

功效：常吃海带降血糖。

坚持药物和海带同时吃，一个月以后，血糖可得到控制。假如几天不吃海带，则血糖又上升。常吃海带可降血糖。

（3）凉拌海带

做法：先用温水将海带洗净，再用凉水发泡，等黏液泡掉后，放进开水里焯一下，捞起来放点蒜末、米醋、麻油等即可食用。

17 芹菜养生美食

芹菜不仅适宜吃，而且还可能有助于保护精神健康。研究人员发现，芹菜产生的化合物能够抗击阿尔茨海默氏症和克雅氏病。

任何有关芹菜可以减缓脑部疾病发展速度的研究结果都能使之归入“超级食品”一类。“超级食品”包括青椒和黄春菊等绿色蔬菜，这类蔬菜都含有类似的化学物质。

芹菜绝对是夏日佳菜，因为它性味清凉，可降血压、血脂，更可清内热。

芹菜有两种，一种是唐芹，一种是西芹。如果你偏爱味道浓烈的食物，可选吃唐芹，用它来炒肉片，味道较强，用来榨汁，味道更是劲道十足，不是人人都受得了。不过，如果是追求疗效的话，那就无论如何要选唐芹了，因它的药性较强。以下偏方供你参考：

（1）唐芹红枣煮汤。可降血压、降胆固醇。

（2）唐芹煮茜草根。茜草根5钱(25克)，另配益母草和红枣，是治疗经痛、经期不准的验方，尤其适合有内热的人(注意：宜平时饮用，如来经时饮用，恐怕会令经血大增)。

（3）五青榨汁。取唐芹、苦瓜、青瓜、青椒、青苹果五种青色的瓜果，一起榨汁，味道清新可口，更可清热毒，治暗疮过多，口苦、口臭、大便燥结、多眼屎等肝热现象。常饮此汁，据说还可以预防肠癌，想来也不无道理。

18 茄子是心血管病人的食疗佳品

茄子是一种物美价廉的蔬菜，还是心血管病人的食疗佳品，特别是对动脉硬化症、高血压、冠心病和坏血病患者非常有益，有辅助治疗的作用。常吃茄子，还可预防高血压引起的脑溢血和糖尿病引起的视网膜出血。

茄子中的皂甙降低胆固醇的功效非常明显。巴西科学家在实验中发现，吃茄子后人体内的胆固醇含量能下降10%。美国营养学家在介绍降低胆固醇的蔬菜时，也总是把茄子排在首位。此外，茄子中富含维生素P，尤以紫茄子含量为高。维生素P能增强人体细胞间的黏着力，对微血管有保护作用，能提高它对疾病的抵抗力，保持细胞和毛细血管壁的正常渗透性，增加微血管韧性和弹性。另外，茄子中的一些成分可以预防氧化破坏作用，从而避免由此引起的心血管疾病。

在食用茄子时，有的人习惯削皮，殊不知，茄子皮中含有大量的营养成分，且一些有益健康的化合物在茄子皮中含量也较高。在食用茄子时，最好连皮吃。

因茄子性寒，脾胃虚寒、肠滑腹泻者不宜多食。另外，茄子在烧或炒的过程中很容易吸油，造成人体摄入过多的油脂。

有两个小窍门可以避免茄子“吃”油过多。

一是在烧茄子前，先将茄子在蒸锅内蒸一下，然后再烧；

二是炒茄子时先不放油，用小火干炒一下，等到其中的水分被炒掉、茄肉变软之后，再用油烧制。

茄子性味甘寒、无毒，具有散血淤、消肿止痛、祛风通络、止血等功效。它的花蒂、茎、根、果实和种子均可药用。如下有12种食疗偏方：

（1）老年咳嗽。白茄子60克煮后去渣，加蜂蜜适量温服，每日两次。

（2）肺气肿。整株茄枝晒干（要秋后不结茄的），花生秧，分别切碎水煎两次浓缩成膏烘干。取等量混合研末，加淀粉压片（每片含生药3.3克）。每日3次，每日10片。10天一疗程，连服3疗程。

（3）口腔炎。露后茄子，晒碾成细末，与蜂蜜适量混匀外涂。

（4）轻泻。茄叶十余片水煎服。

（5）白带。白茄花15克，上茯苓30克，水煎服。

（6）疝痛。茄子蒂3个，焙焦为末，适量黄酒送服。

（7）便血。红霜长茄连蒂焙烧碾末，每晨空腹服 9 克，以黄酒20毫升送下，7天为一疗程。

（8）风湿痛。白茄根、木防己、筋骨草各15克，水煎服；或白茄根30克，荟草、臭梧桐各9克，水煎服。

（9）痔疮。茄子适量，加油、盐少许，隔水蒸熟服用。对内痔发炎肿痛、痔疮便秘、初期内痔便血等症有辅助治疗作用。本法能消肿、止痛。

（10）蜈蚣咬伤。茄子或茄叶捣烂敷患处，或生茄子加适量白糖捣烂敷患处。

（11）无名肿毒。生茄加醋适量捣烂敷患处。

（12）疖肿。生茄捣烂敷患处。

19 保健美颜吃大枣

大枣的维生素含量十分可观(尤以鲜枣含量最高)，其中维生素C的含量达每100克鲜果380～600毫克，故有“活维生素C丸”之称。大枣维生素P的含量高于柠檬十多倍。大枣的含糖量也十分丰富，比制糖原料甘蔗和甜菜的含量还高。此外，大枣还含有蛋白质、脂肪、胡萝卜素、膳食纤维、游离氨基酸、苹果酸、生物碱、黄酮类物质、维生素B、维生素B_2、钙、铁等多种营养物质。

大枣的美容效果更是全方位的，经常食用大枣可以使你身材匀称，肌肤丰润细腻，面容白嫩光洁，延缓皮肤的衰老。

下面介绍大枣的两种食用方法：

（1）大枣芹菜汤

配料：鲜枣50克，芹菜250克，姜丝、葱末各5克，精盐两克，味精1克，素油29克，花椒油6克。

做法：

①将鲜枣洗净去核，切碎；芹菜择洗干净，切成小段。

②炒锅上火，加油烧热，下葱、姜煸炒，加入芹菜段略炒，加水适量，放入鲜枣、精盐，用大火烧开后，改用文火煮3分钟，点入味精，淋上花椒油即成。

美容效果：大枣、芹菜均为美容养颜之佳品，合而食之，可使面容红润光洁、白嫩细腻，并可用于月经不调、带下、性冷淡等妇科疾病的辅助治疗。

（2）红枣粥

配料：大米100克，红枣50克。

制作方法：先将红枣洗净，用温水泡20分钟，大米洗净后，放入锅内加水适量与红枣同煮。待米烂汤稠即可。每日早晚常服。

美容功效：可以使面色红润、皮肤光洁，减少皱纹。

20 初春吃韭菜可提高免疫力

初春应食早韭，提高自身免疫力。南齐周颙有句名言：“春初早韭，秋末晚菘。”这“韭”自然就是韭菜了。初春时节的韭菜品质最佳，晚秋的次之，夏季的最差，有“春食则香，夏食则臭”之说。

韭菜的主要营养成分有维生素C、维生素B_1、维生素B_2、尼克酸、胡萝卜素、碳水化合物及矿物质。韭菜还含有丰富的纤维素，每100克韭菜含1.5克纤维素，比大葱和芹菜的都高，可以促进肠道蠕动，预防大肠癌的发生，同时又能减少对胆固醇的吸收，起到预防和治疗动脉硬化、冠心病等疾病的作用。

韭菜虽然对人体有很多好处，但也不是多多益善。韭菜的粗纤维较多，不易被消化吸收，所以一次不能吃太多韭菜，否则大量粗纤维刺激肠壁，往往引起腹泻。最好控制在一顿100～200克，不能超过400克。下面介绍韭菜笋丝食用方法：

配料：韭菜、袋装春笋、盐、油、鸡精、老姜。

做法：

①韭菜用手剥去根部外皮，用流动水冲洗干净，再切成5厘米的小段；袋装春笋冲洗干净后，切成5厘米长的笋丝；老姜削去外皮，切成细丝。

②中火烧热锅中的油，待烧至六成热时，将姜丝放入爆香，随后放入韭菜段和春笋丝翻炒片刻，至韭菜段变软，呈深绿色。

③最后在锅中调入盐和鸡精，拌炒均匀即可。

21 夏季养生粥

夏季天热，人们食欲减退，往往爱吃清淡好消化的食物，粥乃是夏季首选的食物。现在外面有很多知名的粥铺，里面有着各种各样的粥，养颜美容、消暑解渴、养生健胃……真是应有尽有，价格从五元到十几二十元不等。五元钱乍听起来不贵，可当端上来时你就会发觉是那么小一碗，真是不划算。所以说与其在外面喝粥还不如自己在家里熬上一大锅，和家人一起分享煲粥的乐趣。

（1）小米粥

胃口差，喝碗小米粥。小米粥有营养很多人都知道，可很少有人知道它在你没胃口、食欲差的时候，作用不亚于开胃菜。

配料：小米30～50克，红糖适量。

做法：将小米如常法煮粥。加糖，做早餐食用。

功效：补中益气，和脾益肾。适用于消化不良、食欲不佳及病后与产后体弱。

贴士：小米粥可单独煮熬，亦可添加大枣、红豆、红薯、莲子、百合等，熬成风味各异的营养粥。

（2）夏季安神粥

原料：栗子10个，龙眼肉15克，大米50克，糖适量。

做法：栗子洗净泡3小时，剥壳备用。锅中加入适量水，放入大米和栗子大火煮开，改小火煮40分钟。放入龙眼肉和糖继续煮10分钟就可以了。

功效：有助睡眠，防治腰酸腿痛。

22 秋天健身粥

深秋时节，天气逐渐从凉爽转寒，气候干燥，人们常常会感到口唇干燥、咽干、皮肤发涩，这个季节应当注意养阴润燥。

为此，在进食的调理上，除遵照荤素搭配、平衡膳食的原则外，要注意少食辛燥的食品，如辣椒、生葱等，宜食芝麻、糯米等柔润食物。

古人认为“晨起食粥，推陈致新、利膈养胃，生津液，令人一日清爽”。所以说，早餐喝碗粥能润燥滋阴，益于养生。

下面推荐的两款粥，均有很高的营养价值，且简单易得。你不妨动手一试，不仅暖胃暖心，还能缓解疲劳、抗衰安神。

（1）何首乌粥

特点：煮成的粥有淡淡药香，温润爽口。

做法：取一根5厘米长的何首乌，切碎；将120克米洗净，加清水，放入切碎的何首乌煮成粥，冷热食均可。

营养点评：此款粥有净血、安神、通经之效。何首乌自古就是长寿圣药，不仅能强壮身体，旺盛精力，延缓衰老，另外，何首乌亦可治痔疾，或作为妇女产后之保健补品。

（2）女贞子粥

特点：煮好的粥呈红色，并微苦、微涩，且略带药气；口感不佳，可佐以小菜同食，滋补效果不错。

做法：

①将10粒女贞子用水洗净，装入纱布袋。

②将110克米洗净，放入女贞子药袋，加水煮粥。

营养点评：女贞子是植物女贞的果实，可延缓衰老、旺盛精力，又可舒缓神经痛，强壮筋骨。女贞子的药效很强，不需加其他配药。

煮好的女贞子粥适宜晚餐时食用，有明显的振奋精神的作用，第二天早上起床后，感觉神清气爽，精力充沛。

23 冬季巧食汤粥滋阴补肾

冬季人的体内阳气潜藏，因之，冬季的养生要以敛阴护阳为原则。但进补时不可乱补，特别是体质虚弱人群，常常因急功近利而选用功效明显的补品，久而久之反而会事与愿违，不但不能补好自己的身体，反而助长了病邪，使疾病加重。

因此，冬季进补须要在专业人士的指导下进行，根据个体差异辨证论治来选择适合自己的滋补食物以及调养药物，只有这样，才能真正达到进补的目的。

冬季气候寒冷而干燥，餐桌上应喝上一碗热乎乎的滋补汤（粥），通过喝汤（粥）真正达到强身健体、防病治病的功效。

介绍冬季养生中偏温性的滋阴补肾食疗方：

（1）韭菜肉丁粥

配料：新鲜韭菜50克，新鲜鸡肉100克，东北大米50克，纯净水6杯（约1000毫升）。

做法：新鲜鸡肉丁先放油锅中炒上两分钟后取出备用，在锅中倒入大米加上纯净水，大火煮沸后改成文火，煲制成粥快好前，再将新鲜韭菜切成细丁与炒好的鸡肉丁一同放入再煮上8分钟左右，加入适量的调料后即可食用。

喝法：每次一小碗，一日服用两次。一般3～5天为一个疗程。

功效：补肾壮阳，固精止遗，健脾暖胃。

（2）羊骨粥

配料：羊骨600克，粳米（或糯米）50克，适量的葱白和生姜，纯净水6杯（约1000毫升）。

做法：把洗净的羊骨放在锅中倒入大米加上纯净水，大火煮沸后改成文火煲1小时左右，煲制成粥快好前，加入适量的葱白和生姜煮上5分钟左右，再加入适量的调料后即可食用。

喝法：每次一小碗，一日服用两次。一般3～5天为一个疗程。

24 有抗癌功效的药粥

由于药粥既可以防病治病，又能养生美容、延年益寿，因而深受历代医药学家的重视，成为我国传统医学中一种重要的治病方法，许多价廉效著的药粥良方一直流传至今，现在仍为许多医家所沿用。而药粥疗法在当代备受人们重视，这是因为大多数药粥具有制作简单、花费不多、服用方便、疗效灵验等特点。下面是对癌症患者有益的药粥及其制法：

（1）芦笋粥

芦笋所含的组织蛋白是一种“促细胞正常化”的物质，能使癌细胞“改邪归正”，并能防止癌细胞扩散。芦笋清热凉血，能消除癌症患者阴虚引起的心烦和失眠。用芦笋100克煎煮，取汁加粳米100克，熬成粥即可食用。

（2）芹菜粥

芹菜不但含有大量的维生素和纤维素，对癌症患者康复十分有利，而且实验表明，芹菜茎对癌的抑制率为63.6%，芹菜叶对癌的抑制率为73.2%。取芹菜50克，粳米100克，先将米加水煮成粥，再加入切碎的芹菜。

（3）大蒜粥

大蒜中的脂溶性挥发油等有效成分，有激活巨噬细胞的功能，对癌细胞有抑制作用；并能增强免疫力，从而提高机体的抵抗力，有利于癌症患者的康复。取大蒜（去皮）30克，粳米100克，加水煎熟即可。

（4）香菇粥

香菇中含有一种叫“B-葡萄糖苷酶”的物质，这种物质有明显的加强机体抗癌的作用；还含有一种干扰素的诱导剂，能诱导体内干扰素的产生，从而达到治癌的目的。取香菇25克，粳米100克，加水熬粥，调味服食。

（5）荸荠粥

荸荠具有清热解毒、软坚化结的作用，历代医家都用它治疗疮痈肿结，近代发现它有抗癌作用。荸荠洗净，削皮切片，每次100克，加粳米适量煮成粥即可。

（6）扁豆粥

适用于癌症病人胃肠消化吸收能力减退者。取扁豆30克，炒微焦，浸胀后，先煮半熟，加入粳米100克合煮成粥，再加白糖适量食用。

25 经济易制又具有排毒功效的蔬菜汁

人体内的有毒物质主要来源于两个途径：一是大气与水源中的污染物，通过呼吸以及进餐侵入人体内，铅、铝、汞等重金属就是代表；另一个是食物在体内代谢后的废物，如硫化氢等。鲜果、鲜菜汁通常能解除体内堆积的毒素和废物，因为鲜果汁或者鲜菜汁进入人体消化系统以后，会使血液呈碱性，把积存在细胞中的毒素溶解，并排出体外。

在日常生活当中，有很多蔬菜汁不但具有排毒养生的作用，而且制法十分简单，将蔬菜洗净切成小片，放入榨汁机中搅拌即成，饮用时用白糖或者蜂蜜调味。下面介绍几种常见蔬菜汁的食疗保健功效。

（1）胡萝卜汁

每天喝上一定数量的鲜胡萝卜汁，可以改善整个机体的状况。胡萝卜汁可以提高人的食欲和对感染的抵抗力。患有溃疡的人，饮用胡萝卜汁能显著减轻症状，胡萝卜汁还有缓解结膜炎以及保养整个视觉系统的作用。

（2）芹菜汁

芹菜味道清香，可以增加人的食欲，在两餐间最好喝些芹菜汁。芹菜汁也可作为利尿和轻泻剂以及降压良药。芹菜的根叶含有丰富的维生素A、B_1、B_2、C和P，芹菜汁特别适合维生素缺乏者饮用。

（3）圆白菜汁

圆白菜对于促进造血机能的恢复、抗血硬化与阻止糖类转变成脂肪、防止血清胆固醇沉积等具有很好的功效。圆白菜汁中的维生素A，能够促进幼儿发育成长，预防夜盲症。圆白菜汁所含的硒，除有利于防治弱视之外，还有利于增强人体内白细胞的杀菌力，抵抗重金属对机体的毒害。

（4）番茄汁

每人每天吃上2～3个番茄，就可以满足一天维生素C的需要。喝上几杯番茄汁，可以得到一昼夜所需要的维生素A的一半。番茄含有大量柠檬酸和苹果酸，对整个机体的新陈代谢过程大有补益，可促进胃液生成，加强对油腻食物的消化。番茄还有保护血管、防治高血压的作用，并能改善心脏的工作。此外，常饮番茄汁可使皮肤健美。番茄汁兑上苹果汁、南瓜汁和柠檬汁，还可起到减肥的作用。

26 两汤一粥可以“吃掉”黑眼圈

通宵达旦加班，彻夜不眠上网……次日大早，两只熊猫眼便成了“鉴证实录”。就算抹上较厚的粉底，还是欲盖弥彰，使人苦不堪言。下面两汤一粥可以“吃掉”黑眼圈。

（1）枸杞猪肝汤

配料：枸杞子50克，猪肝400克，生姜两片，盐少许。

做法：清水洗净枸杞子。猪肝、生姜分别用清水洗干净。猪肝切片，生姜去皮切两片。先将枸杞、生姜加适量清水，猛火煲30分钟左右。改用中火煲45分钟左右，再放入猪肝。待猪肝熟透，加盐调味即可。

喝法：早晚各一次。

功效：补虚益精，清热祛风，益血明目。预防肝肾亏虚所引起的黑眼圈。

（2）苹果生鱼汤

配料：苹果3个(约500克)，生鱼1条(约150克)，生姜两片，红枣10枚，盐少许。

做法：生鱼去鳞、去鳃，用清水冲净鱼身、抹干，把姜放入油锅煎至鱼身成微黄色。苹果、生姜、红枣洗干净后，苹果去皮去蒂，切成块状；生姜去皮切片，红枣去核。瓦煲内加入适量清水，用猛火煲滚。然后加入全部材料，改用中火继续煲两个小时左右。加入盐调味，即可饮用。

喝法：每日两次，早晚饮用。

功效：预防黑眼圈的出现，防止眼下出现眼袋。此外苹果生鱼汤还可治疗脾虚、气血不足、浮肿、头晕、失眠。

（3）当归鸡汤粥

配料：当归10克，川芎3克，黄芪5克，鸡汤1000克，粳米100克。

做法：先将前三味用米酒洗后，切成薄片装入布袋，加入鸡汤和清水，煎出药汁。去布袋后加入粳米，用旺火烧开，再转用文火熬煮成粥。

喝法：日服1剂，分数次食用。

功效：可消除血虚所致的黑眼圈儿。

27 特效养生保健药茶

（1）薄荷甘草茶

有解热消暑、清凉解毒、发汗解表的功效，对头痛红眼、咽喉肿痛、风热感冒等症也疗效甚佳。

鲜薄荷叶10余片，甘草5克，绿茶5克，太子参10克，开水500毫升。按此比例，冲泡10余分钟后，滤去渣滓，加白糖适量，调匀饮服。

（2）菊花茶

菊花有散风清热、清肝明目和解毒消炎等作用，对眼睛劳损、头痛、高血压等均有一定效用。

每日餐后，用五六朵杭菊花冲泡饮服，能解渴生津。久服可防治高血压、偏头痛、急性结膜炎等，并可抗衰老，驻颜容。冲泡时加少许蜂蜜，口感更好。

（3）枸杞茶

枸杞具有补肾益精、养肝明目、润肺燥的功能。可降压、降脂和防止动脉硬化。对肝肾不足引起的头昏耳鸣、视力模糊、记忆力减退具有保健治疗功用，对长期使用计算机而引起的眼睛疲劳，尤为有效。

配制时只需十几粒枸杞，加热水冲泡频饮。

（4）金银花

金银花茶有清热解毒、疏利咽喉、消暑除烦的作用，可治疗暑热症、泻痢、流感、疮疖肿毒、急慢性扁桃体炎、牙周炎等病。

配制时选金银花10克，沸水冲泡频饮。

（5）红花茶

红花，味甘、无毒，能行男子血脉，通女子经水，多则行血，少则养血。红花和红花籽富含维生素和生物活性成分，能养血、活血、降压、降脂、抑制血栓形成、保护心脏、美容美发。

红花、檀香各5克，绿茶两克，红糖30克，沸水冲泡后，加盖闷5分钟即可饮用。每日一剂，会让你的皮肤变得干净透亮。但须注意睡前少饮，以免兴奋影响睡眠。

（6）甘草茶

可治风火牙痛、火眼、感冒咳嗽等症。

取甘草10克，茶叶5克，食盐8克，配水1000毫升。按此比例，先将水烧开，再将甘草、茶叶、食盐放入水中煮10分钟左右至沸腾即可饮用。

第三章

健康保养省钱

——省钱保养两不误

不要以为健康保养只是和奢侈品相关，省钱又高效的健康保养方法到处都有，一定要仔细发现。不只我们想着如何可以既省钱又美丽，就算是非常有钱的大牌明星，也不能把钱无缘无故地扔到健康保养上面，他们其实也有很多又健康保养又省钱的好方法。

健康保养有很多小秘方是很有效的，但是知道的人不多。有时候采用一些秘方会取得意想不到的好效果，那不单单是省钱哦。

本章就将这些省钱健康保养秘方全面奉上，为你节省银子的同时达到不错的健康保养效果!

1 厨房取材美容省钱又省时

随着自然主义的抬头，以天然成分来保养肌肤成为当红潮流。厨房里糖米油盐酱醋茶这七种生活中随处可见的食材，是既方便快捷又经济实惠的天然美容保养材料。

比如切黄瓜时，你可以切上几个薄片敷在脸上。就连白菜根都不用扔，把它洗净和其他蔬菜的下脚料放进打碎机，榨出来的汁洗手，补充水分，使双手不再粗糙，剩下的纤维就洗脸，感觉清清爽爽的。你还可以在厨房里用蜂蜜调面粉做面膜，洗净后煮一壶水，给自己的脸补充新鲜水蒸气。那效果自然挺棒的。下面介绍从厨房取材美容的几个小窍门：

（1）打鸡蛋时，用蛋壳里剩余的蛋清抹脸，半小时后洗掉，可使皮肤柔嫩。

（2）切豆腐时，把菜板上剩下的小豆腐渣压碎后抹脸并按摩，可使容颜亮丽。

（3）切黄瓜、丝瓜时，用剩下的头儿擦脸，会起到洗面奶的作用。

（4）切番茄时，把小块番茄片敷在脸上，会增添脸的光泽。

（5）切土豆时，把土豆片贴于眼底，可消除眼睑肿胀。

（6）用淘米水洗手，可增加指甲柔韧以及光洁度。

2 巧用茶美丽简单还省钱

把茶叶用于化妆品中，使茶叶中的美容成分直接被皮肤吸收。茶叶美容品有茶叶洗面奶、茶叶化妆水、茶叶面膜、茶叶增白霜、茶叶防晒露、茶叶洗发剂等，它们都利用了茶叶的美容效果，具有安全、刺激性小等优点。使用方法简易，经济适用，长期坚持能够达到良好的效果。

而茶叶美容的花费，相比化妆品而言非常低廉，只要几块钱就能起到好效果。如茶叶水美肤+减肥，既天然又便宜。

（1）茶汤洗脸

晚上洗脸后，泡一杯茶，把茶汤涂到脸上，轻轻拍脸，或者将蘸了茶汤的棉布附在脸上，再用清水洗。脸上的茶色经过一夜能够自然消除。用茶汤洗脸能够去除色斑、美白皮肤。

（2）茶叶面膜

把1匙面粉和1个蛋黄，拌匀后加绿茶粉1匙。把它均匀地抹在洗净的脸上，20分钟后洗脸。还可把1匙糖茶汤和1匙面粉调匀，做成面膜15～20分钟后洗脸。能够消除粉刺，去除油脂。

（3）茶叶美目

把茶叶冲泡后挤干，放到纱布袋里。闭上眼睛，把茶袋放到眼睛上，放10～15分钟。能够缓解眼睛的疲劳，消退黑眼圈，治疗眼部炎症。

（4）茶叶洗发、护发

茶籽饼中含有10%的茶皂素，茶皂素的洗涤效果很好。以茶皂素为原料的洗发香波具有去头屑、止痒的功能，对皮肤无刺激性，让头发清新飘逸。

茶叶可以护发，洗完头后把微细茶粉涂在头皮上，轻轻按摩，每天1次。或者把茶汤涂在头上，按摩1分钟后洗净。能够防治脱发，去除头屑。

（5）茶叶减肥

把茶粉放到浴盆里混匀后，进行全身按摩。能够除掉角质化的皮肤，洗掉油脂，使皮肤柔软光滑，促进排汗，具有减肥的效果。吃茶粉对减肥很有效，每天吃1～2匙茶粉，可以和酸奶一起吃，可以冲牛奶喝，或者拌饭吃等。不仅能够减轻体重，还能治疗便秘、高血压。

（6）茶汤泡浴、泡足

把茶叶20～30克装到小布袋里，放到浴缸里泡浴。把泡好的茶汤倒进脚盆里泡足。可医治皮肤病，去除老化的角质皮肤，使皮肤光滑。还能驱除体臭，身上带有清茶香。

3 美丽又省钱的自制眼膜

（1）酵母油膜

制法和用法：20克酵母粉溶入适量植物油中，然后涂于眼部，20分钟后温水擦去，再用凉水拍洗。每周1～2次。

作用：清洁，除皱，防老化，防下垂。

（2）茶叶膜

制法和用法：

①用两个茶包(红茶除外)浸于冷水中。闭眼放在眼上15分钟。每周1次。

作用：防黑眼圈。

②热水泡少许茶，放凉，用棉片浸茶水敷眼15分钟。每周两次。

作用：去除眼袋。

（3）牛乳眼膜

制法和用法：用棉片浸冰镇后的脱脂牛奶，放在眼皮上。每天两次，每次10分钟。

作用：去除眼袋。

（4）银耳眼膜

制法和用法：将银耳熬成浓汁，装入小瓶冰镇，每次取3～5滴，涂于眼角、眼周。每天1次。

作用：润色去皱，增强皮肤弹性。

4 省钱又高效的橄榄油时尚美容大法

一提到“油”，许多爱美的女性便唯恐避之不及，肌肤水润要去“面油”，秀发洁净要除“发油”，减肥纤体更要不食油腻……但你可知道有一种油蕴含着神奇的美肤、护发、润唇、减肥效果，这就是液体黄金——橄榄油。

无论是橄榄果还是橄榄叶，都能从中提炼出橄榄油精华。它含有丰富的脂溶性维生素A、D、E、F、K，不饱和脂肪酸含量高达88%以上，能轻易地被皮肤吸收，起到保湿、抗氧化、防敏感、防紫外线、抑菌等功效，可谓最简单有效的护肤圣品。此外，橄榄油的美肤作用还能通过食用来实现，并能作为肠胃药品、涂抹药品等，抑制恶性胆固醇，同时增加人体所必需的良性胆固醇。

（1）除皱

想要消除眼部细纹，可以用两滴橄榄油加上少许芦荟胶，拌匀后抹于细纹处，很快就会被皮肤吸收，细纹神奇地消失不见，更方便的是不需要洗掉就可以直接上妆。

（2）护脸

在洗完脸后，用“橄榄油+盐”反复轻轻按摩脸部，起磨砂、滋润作用。再用蒸脸器或热毛巾敷面，除去毛孔内肉眼看不到的污垢，增加皮肤的光泽和弹性。

（3）护唇

天气突然转冷、感冒或肠胃不好时，常会出现嘴唇脱皮干裂现象，这时，只要涂上少量橄榄油，两三天后就可以让你的嘴唇重新变得光润。现在还有不少女士用橄榄油来取代唇彩，令嘴唇亮出天然光泽。

（4）护肤

手关节、脚关节以及臀部等部位容易干燥和产生皱纹，经常使用橄榄油，能使皮肤恢复自然弹性。秋冬季节皮肤比较干燥，特别是腿部以及臂部的位置，橄榄油具有滋润以及保养作用，在普通干燥的时候可每星期擦三次，特别干燥的日子里可每日擦用。

（5）护发

先把一个鸡蛋黄和适量的橄榄油搅拌成糊状，在洗净头发后将它抹在头发上，等待20～30分钟，然后洗净，将会使头发变得更光亮和顺滑。

（6）上、卸妆

上妆时，在基础化妆品中滴1～2滴橄榄油，揉搓后均匀涂抹于面部，皮肤会变得亮泽而生动。卸妆时，在化妆棉上滴两滴橄榄油，可以轻易地把彩妆卸掉，甚至包括那些标榜可以防水的化妆品。

（7）护足

将海盐与橄榄油以2：1的比例调配，涂抹于足部，并进行充分按摩，然后再用毛巾擦。

（8）减肥

只要记得在每天早餐前，空腹喝两勺橄榄油，便能获得理想的减肥效果。

5 既省钱又简单的美白秘方

（1）酒糟+温水，用适量温水将冰冻的酒糟调开（注意不要调太稀），然后敷在脸上8分钟就可以了。不过要先在手上试用哦，过敏就不好啦！

（2）甜酒酿，取适量甜酒酿，并且把里面的米也磨碎，然后把压缩面膜或者面膜纸放下去让它吸收，一张美白面膜就完成啦！大概敷10～15分钟即可。

（3）清酒化妆水，我们平常去吃日本料理时喝的清酒也是美白好帮手哦。洗脸以后直接把清酒用化妆棉抹上脸就可以了，等它吸收以后再涂晚霜之类的保养品。

上面几种材料比较便宜而且容易找到，各位不妨试试看吧。不过，因为这些都含有酒精，所以各位还是要先试用，还有就是要注意避开眼睛。

美白原理：因为它们里面都有麹酸，也就是类似于美容的酵母，所以具有美白的功效。

6 最抠门、最省钱的瘦腹方法

（1）粗盐减肥法

粗盐有发汗的作用，它可以排出体内的废物和多余的水分，促进皮肤的新陈代谢，还可以软化污垢、补充盐分和矿物质，使肌肤细致、紧绷。

①在超市或杂货店买几袋粗盐。每次洗澡前，取一杯粗盐加上少许热水拌成糊状，再把它涂在腹部。10分钟后，用热水把粗盐冲洗干净，也可以按摩后再冲掉，然后就可以开始洗澡了。

②洗完澡后，在手掌上撒一大匙粗盐，直接按摩腹部，搓时不要太用劲，以免把皮肤搓得更粗糙。

如果你的肌肤比较敏感，可改用一种比较细的“沐浴盐”。

（2）变形的仰卧起坐运动

据说这个运动对下腹部肥厚的人特别有效。

具体过程：躺在床尾，臀部以下留在床外，然后膝盖弯起使大腿在腹部上方。双手伸直于身体两侧，手掌朝下放在臀部的下方。接下来腹部要用力，以慢慢数到10的速度，把腿往前伸直，脚尖务必朝上，使身体成一直线，然后再以数到5的速度将膝盖弯曲，大腿回到原来的位置。注意背部、肩膀和手臂都要放松，感觉到就是肚子在用力。

（3）坐椅腹部练习操

这组操方便、轻松，收效快，适合天天练或隔天练。

做法：坐在靠背椅的边上，双手反抱椅背，感觉人体好像要从椅子上滑下来了，放松地弓背弯腰，腰部要尽量地贴上椅面。

第一组：双脚轮流做踩自行车的动作，此时腿部肌肉要放松，要求一只脚向下伸，越低越好，但不能触地，另一只脚弯曲向上，越高越好。反复练习，每天要坚持20下。

第二组：同上面的姿势，双腿同时向上弯曲，再同时向下伸展，注意腰部不能上顶，应尽量使腹部与胃部收缩，然后再尽量接近，以达到腹部亦紧亦舒的效果。每天坚持20下。

（4）按摩法

这是一种最常用的腹部减肥法，使用揉捏的动作加上按摩霜对于脂肪的改善很不错。按摩可以提高皮肤的温度，大量消耗能量，促进肠蠕动，减少肠道对营养的吸收，促进血液循环，让多余的水分排出体外。

方法：以肚脐为中心，在腹部打一个问号，沿问号按摩，先右侧，后左侧，各按摩30～50下，每天按摩1次。

（5）缩腹走路法

首先要学习“腹式呼吸法”：吸气时，肚皮胀起；呼气时，肚皮缩紧。对于练瑜伽或练发声的人而言，这是一种必要的训练。它有助于刺激肠胃蠕动，促进体内废物的排出，顺畅气流，增加肺活量。

方法：平常走路和站立时，要用力缩小腹，配合腹式呼吸，让小腹肌肉变得紧实。刚开始的一两天会不习惯，但只要随时提醒自己“缩腹才能减肥”，几个星期下来，不但小腹趋于平坦，走路的姿势也会更迷人。

7 最省钱又有效果的除皱美容品

（1）香蕉

捣烂香蕉，加半汤匙橄榄油，搅拌调匀，涂抹在脸上，有去皱效果。

（2）栗子

将栗子内果捣成细末，以蜂蜜调匀涂面，能使面部光洁舒展。

（3）西红柿

西红柿中维生素C含量，在蔬果类中排位第一，它能保持皮肤弹性，防止上皮细胞的萎缩角化。把西红柿切碎再榨成汁，加少许蜂蜜调匀，涂抹在面部，同样具有去皱效果。

（4）橘子

橘子所含的维生素B，有收敛以及润滑肌肤的作用。将橘子带皮捣烂，浸入酒精内，加适量蜜糖，放入冰箱一周后取出食用，有润滑皮肤以及去皱纹的功效。

（5）牛奶

洗脸后，把牛奶涂在脸上，用按摩刷在脸上画小圆圈按摩，从下巴往上涂，让皮肤充分吸收，有促进面部的血液循环，改善皮肤营养，提高皮肤供氧率的作用，从而使皮肤恢复原有弹性，面色红润，皱纹减少。

（6）茶叶

含有400多种丰富的化学成分，是天然的健美饮料，除增进健康，还能保持皮肤光洁，延缓面部皱纹的出现，减少皱纹，还可防止多种皮肤病。但要注意不宜饮浓茶。

（7）蛋清

将少许蛋清、鲜奶、蜂蜜、面调和成糊状，均匀地涂在脸部，过15分钟再洗掉，可起到滋润皮肤、紧肤去皱的功效。

（8）啤酒

酒精含量少，所含鞣酸、苦味酸有刺激食欲、帮助消化及清热的作用。啤酒中还含有大量的维生素B、糖和蛋白质。适量饮用可增强体质，减少面部皱纹。

（9）米饭

将蒸熟的米饭趁热揉成团，放在面部揉搓，直揉至油腻变黑。米饭团可将皮肤毛孔内的油脂、污物吸出来。之后用清水洗净，这样可使皮肤呼吸畅通，减少皱纹。

（10）母猪蹄

用老母猪蹄数只，洗净后煮成膏状，晚上睡觉前，搽在洗净的面部，第二天清晨洗净，连续半个月，有明显去皱效果。

（11）口香糖

每天咀嚼口香糖5～20分钟，可使面部皱纹减少，面色红润。这是因为咀嚼能运动面部肌肉，改善面部血液循环，增强面部细胞的代谢功能。

8 最省钱的全套环保护肤法

（1）擦——清洁角质

取一张化妆棉，浸透化妆水或爽肤水，千万不要心疼用量哦。用化妆棉在脸上由下往上打圈按摩，轻轻擦拭，起到去除老、废角质作用。黑头、粉刺在擦拭作用下可能“露头”，用小镊子将它们夹出。

（2）拍——保湿软化

将化妆棉从中间撕成薄薄两片，将脏的那面翻到内面，再合成一张棉片。蘸取足量的化妆水，以鼻梁为中心，由内向外，依照鼻子—脸颊—额头—下巴—颈部的顺序，轻拍肌肤。到底拍多少下才好呢？每天200下！

（3）敷——模仿面膜

将吸满化妆水的棉片，倒上你所需要的精华，将它敷在你所须要特别关护的部位。尽量挤出棉片与肌肤夹层中的气泡，以使棉片足够贴合。5～10分钟后，再取下棉片。

9 减肥省钱不须节食的自制茶

原料：红枣10颗，玫瑰花3～4朵（最好是买已经打碎的，比较能冲煮出味道），山楂10克（8～10片），枸杞子15～20颗，荷叶粉25克，柠檬半个，白菊花4～6朵。

做法：

（1）准备1800毫升的冷水，将红枣、玫瑰、山楂、荷叶粉、枸杞、菊花(这些材料都是干的)都放进去一起煮，放在炉火上直到滚15分钟左右即可。

（2）然后把切片后的柠檬放进去，1分钟后熄火。只要汤，其他的可以倒掉。

喝法：

初期可以一天饮用一两杯，肠胃适应了以后可以当茶喝，等到瘦得差不多就可以把间隔时间拉长，一星期喝一两次就可以了。第二道茶毫无效果，所以一定要喝熬好的第一道茶，熬好的汤分成三份，三餐前饮用。最好是空腹时饮用，在饭后喝也可以。如果汤很浓，可以加水稀释喝，也可以一次熬好两天的量，放在冰箱里备用，冷热都可以喝，一般喝一个月就可以了，没有必要老是熬，也很麻烦的，停了以后只要注意饮食调节好就不会反弹。

10 经济省钱的天然沐浴法

几种保健皮肤的沐浴法，洗澡时加入营养肌肤的天然物质会产生意想不到的效果：

（1）柠檬浴

柠檬含维生素C和有机酸。把柠檬两个切成薄片，放入浴缸，浴后全身清爽无比，皮肤产生光泽。

（2）橄榄油浴

沐浴后涂遍橄榄油，用热浴巾包裹10分钟，再用温水冲洗，对肌肤很有好处。

（3）白酒浴

洗澡时，加100毫升白酒，可使皮肤光滑滋润，促进血液循环以及新陈代谢，使肌肤柔软而有弹性，同时对皮肤病和关节炎也有一定疗效。

（4）蜜水浴

蜂蜜含有丰富的维生素C和多种营养物质，洗温水浴时，加入1匙蜂蜜，浴后肌肤光滑有弹性。

（5）醋水浴

醋有软化肌肤的功效，把100毫升左右醋倒入热水中，搅匀后沐浴，可使人手足轻松舒适，肌肤柔软光滑。

（6）橘皮水浴

洗澡时加入橘皮(橘皮晒干后装在纱布袋里)泡在浴缸中，可使皮肤光滑润泽。

（7）盐水浴

在水中加入200克食盐，可恢复体力，还具有减肥作用。

（8）香醋浴

在水中倒入500克醋，可使皮肤洁白细腻，延缓衰老过程。

（9）草药浴

把菊花、薰衣草等草药用文火熬1小时左右，滤去药渣，倒入洗澡水中。不要使用香皂或沐浴液，可促进血液循环，治疗各种疾病，使皮肤光洁。

11 自制的柚子皮沐浴露

吃完柚子可千万别扔皮！新加坡美容专家说，用柚子皮自制沐浴液可是美容的妙方，这是因为柚子皮中含有丰富的果胶，而果胶对保养皮肤很有好处。今晚赶紧去买柚子吧！

事实上我们不少人都知道可用柚子皮搭配食物食用或者做成柚子茶，殊不知柚子皮中含有的果胶对人体皮肤十分有益，可以制成沐浴液，新加坡美容专家表示。柚子皮沐浴液具体制作方法如下：

（1）按十字形把柚子切成四瓣，用手把皮与果肉分开，再把每块皮切成两块，这样一共切成八块果皮。

（2）用刀把柚子皮白色部分分离开来（即分开内外果皮），再把白色的果皮切成细丝放在烧杯中，没有烧杯的话可以用陶瓷或不锈钢器皿代替。

（3）白色果皮中加入0.5毫升乳酸或加入0.5克柠檬酸（加入乳酸或柠檬酸有利于果胶的溶出），再加200毫升水，直接放在火上，煮大约10分钟。

（4）过滤白色果皮等杂质和提取液。接着再加入200毫升左右的水清洗残渣，使滤液总量达400毫升。

（5）过滤液还热时加入硼酸8克，使之溶解。硼酸是防腐剂，可抑制细菌的繁殖，对霉菌有很好的消灭作用。

（6）滤液温度冷却到40摄氏度以下时，加入40毫升酒精、40毫升甘油。酒精和甘油的加入量可根据皮肤的性质调节：细腻型皮肤可减少为各30毫升，粗糙型皮肤可增加到各70毫升。

（7）最后把它装入漂亮的空瓶中，就大功告成了！

自制的柚子皮沐浴液不仅省钱，而且让皮肤远离人工化学物质的伤害，最关键的是美容功效超级棒！

12 当前十分流行的啤酒护肤法

美肤界悄然兴起了一股啤酒风，许多漂亮MM，不再购进新的护肤品，而改用冰箱里的啤酒进行肌肤护理。奇怪的是，大家都交口称赞，啤酒美容的功效特别好哦！现在就给大家介绍这些最IN的啤酒美容护发秘方，大家一起来学学怎样做个光彩照人的啤酒美人吧！

啤酒泡沫丰富，甘味别致，内含丰富的蛋白质、糖分、多种维生素和氨基酸等。酒花是啤酒酿制的重要原料，为多年生桑科植物，具有特殊的芳香气味，并含蛇麻酮、律草酮、苦酸及挥发油等成分。

啤酒中含有维生素B和锌，可有效增强身体的免疫力，并可帮助去除体内多余水分和脂肪，改善皮肤状况以及防止衰老。用啤酒美容可以达到营养肌肤、防止感染的目的，使粗糙的皮肤变得细腻、滑嫩，而且对面部皮肤病也有一定辅助疗效。用啤酒洗发可治疗头皮瘙痒、头屑过多，同时还有润泽毛发的作用。

（1）啤酒美容三部曲

①洗脸

时间：清晨

方法：将一小杯啤酒掺入清水里洗脸，然后用双手自我按摩，直至面部微微发红为止。

功效：啤酒的酵素对皮肤十分有益，能令肌肤光泽、光彩、有弹性。不要以为用啤酒洗脸后，会沾上一身酒味，被人误以为醉酒。其实不用担心，用啤酒洗脸后，用普通化妆水或爽肤水拍脸，再涂上平时用惯的面霜，淡淡的啤酒味道可就一点也没有了。

小窍门：啤酒的功效只在于使皮肤光彩有弹性，对于深层清洁，还得用其他洗面用品。

②护体

时间：傍晚

方法：将啤酒和热水以1：2的比例掺入浴缸，泡澡20分钟。

功效：由天然麦芽、啤酒花和活酵母酿成的啤酒能够帮助放松肌肉、安抚情绪及养颜美容。在啤酒蒸气的作用下，我们会感到压力全消，浑身上下说不出的轻松。

小窍门：在选择啤酒时，采用欧洲的醇厚型啤酒，效果最好，因为它里面不含碳酸盐。

③面膜

时间：晚上

方法：在一只干净小碗中倒入啤酒，将一块棉纱布浸入啤酒里约3分钟，然后将纱布轻轻拧一下，展开敷在脸上30分钟。

功效：啤酒中的酒精成分能够促进血液循环，滋养肌肤，促进新陈代谢。啤酒中的蛇麻子是一种清凉剂，有预防青春痘的作用，还能紧致肌肤，缩小毛孔。坚持每周1～2次敷用啤酒面膜，能够让我们脸上的毛孔缩小，肌肤一天比一天更光滑有弹性。

小窍门：敷面过程中，可以将纱布反复在啤酒中浸泡，保持纱布的湿润。过敏性肌肤要慎用此方。

（2）啤酒美发

除了以上对肌肤护理起到的显著作用，啤酒还有其他让人意想不到的神奇妙用，都是可以让我们变得更美丽的。

秋季天气干燥，MM们因为工作繁忙而没有时间和心思关心自己的身体健康，结果由于体内水分缺失，身体内分泌失调引起的头皮屑出现了。别着急，快试试这款啤酒去屑乳。

①啤酒去屑乳

原料：1瓶啤酒。

做法：先把啤酒倒在热水里升温，然后倒在头发上将头发弄湿，保持15～30分钟，并不断地轻揉头皮，之后用清水冲洗，最后用普通洗发液洗净。每日两次，四五天就可以消除头屑和瘙痒。

功效：去除头屑，但对头皮没有丝毫损伤，秀发能变得更柔顺更光亮。

爱护发的MM们总是尽量不使用任何化学物质在头发上。可是，要漂亮，又怎么能让头发乖乖地做出自己想要的造型呢？没关系，看看这款啤酒柠檬发乳吧！

②啤酒柠檬发乳

原料：1瓶啤酒、两汤匙柠檬汁。

做法：将所有原料混合均匀，在洗发后涂抹在秀发上即可，还可以将半瓶啤酒添加到喷雾瓶中，再加入少量清水，直接喷洒在潮湿的秀发上，之后梳理成型，待自然干燥后，就是非常理想的发型。

功效：秀发更易于梳理，滋养发质。

13 巧用柠檬美容

柠檬属于柑橘类的水果，含有丰富的维生素C，对促进新陈代谢、延缓衰老及增强身体免疫力都十分有帮助。它独特的果酸成分更可软化角质层，令肌肤变得美白而富有光泽。

（1）头皮屑积聚

成因：形成头皮屑的原因很多，如头发不洁净、头皮干燥、使用不适合的洗发护发产品等。彻底清洁以及深层滋润是最基本的治疗方法。

方法：在1杯橄榄油内，加入1/4杯已加热的柠檬汁，于头皮上按摩，用热毛巾把头发包裹，待30分钟后以清水把头发冲洗干净，对去头皮屑有相当的疗效。

（2）指甲泛黄

成因：长时间搽品质差劣的指甲油，内含的极高铅分子及其他化学成分会令指甲变成微黄色。

方法：把柠檬汁搽在指甲上，轻轻按摩，待10分钟后用清水洗净，可令指甲回复原来的光彩色泽。

（3）毛孔粗大

成因：皮肤表面的角质层会阻碍毛孔的吸收能力，日积月累的油脂分泌则会令角质层变厚，令毛孔变得粗大明显。

方法：洗脸后，把沾上爽肤水的洁肤棉加上两三滴柠檬汁，轻拍于脸上，有助软化角质层以及收细毛孔，更有美白的效能。

14 时尚的细盐美容法

有时美容可以是件不昂贵的事情，它的成本有可能降到最低，就比如我们平时吃的普通细盐，就是目前很流行的一种美容妙方。下面推荐几种盐美容方法：

（1）盐亮肤

洗脸后，把一小勺细盐放在手掌心加水3～5滴，再用手指仔细将盐和水搅拌均匀，然后沾着盐水从额部自上而下地搽抹，边搽边做环形按摩。几分钟后，待脸上的盐水干透呈白粉状时，用温水将脸洗净，涂上保湿乳液或继续正常的护肤步骤。持续进行，每天早晚洗脸后各一次。

这样有很好的清洁和去污效果，毛孔中积聚的油脂、粉刺甚至是黑头都可以去掉。不过按摩时应该避开眼部周围的皮肤，而且敏感性皮肤谨慎些。千万不要把盐水弄到眼睛里去，以免造成眼结膜损伤。

（2）盐明目

做完正常的清洁后，打半盆温清水，撒上少量盐让它融化，将脸部浸泡在淡盐水中，在水中睁开眼睛，上下左右活动眼球以达到用淡水洗眼的效果。

不出两个星期，你会发现你的眼睛变得明亮且炯炯有神起来，这才是名副其实的“电眼美女”。

（3）盐战痘

其实对于背部长有青春痘的“顽疾”，盐也一样有用。入浴后让身体充分温热，待毛孔张开后多抹些盐在后背，各个角落都要抹到。用浴刷按摩1分钟，不要太用力，只要让皮肤与刷子间的盐分移动即可，然后用海绵蘸上淡盐水，贴在背上10分钟，再用清水洗干净。

洗几次再看看，背上的痘痘慢慢地被攻克了。

（4）盐控油

对于分泌油脂旺盛的T字部位，即使到了秋天，很多油性皮肤的“产油量”也是源源不断的。对于局部区域，可以用细盐抹在事先润湿的皮肤上，轻轻按摩后休息3分钟，然后在鼻翼两侧毛孔张开的部位用中指指腹由下向上作挤压式按摩。

“油量”真的会随着你的坚持而减产哦。

15 粗盐美腿法

粗盐美腿法效果非常显著。它的操作方法非常简单，原理是，粗盐有发汗的作用，可以排出体内多余的水分，并且促进皮肤的新陈代谢，排除体内废物。

用法：在每天洗澡前，取一杯粗盐加上少许的热水拌成糊状，要达到涂在身上不会脱落的程度，再把它涂在想要瘦的部位，如腹部、手臂四周、大腿，大约静止十分钟后，再用热水把粗盐冲洗干净，也可先作些按摩再用水冲掉，之后开始洗澡。

若是你的肌肤比较敏感，无法使用一般的粗盐，可以购买一种比较细的“沐浴盐”来用。这种方式的适用人群是不喜欢运动的人，一般在一到两个星期内就会见效。

16 三种超简单去角质法

（1）食盐祛角质

①手足。将精盐加入护手霜中，一星期揉搓按摩手部或者足部一次。

②身体。把精盐加入沐浴乳里，用来全身祛角质，此法也适用于沐浴产品，或者加入薄荷油之类的按摩油，这时盐巴的外层会被油包裹着，不但可以增加滑顺度，还不会被水溶解掉。

③面部。洗脸后，让脸保持微湿状态，取少量的精盐在脸上按摩(眼睑四周避免使用)，30秒后用大量的水冲净，皮肤会变得光滑细致。一周以一次为宜。

（2）细砂糖祛角质

细砂糖4大匙，柠檬汁1/2小匙，橄榄油或者蜂蜜两大匙，香精油5滴(可根据你的喜好选择，搅拌均匀即可)。

（3）橘子皮祛角质

将最外层的色素层削去，剩下的部分放在阳光下晒干，或是在微波炉中以低火力干燥5分钟。干燥后，切碎放入搅拌器碾成碎末，可用清水、化妆水或优酪乳调和，成为祛角质霜。

17 超简单去黑头方法

方法：用5克小苏打与100毫升矿泉水调和，将化妆棉(无纺布也可以)浸泡后拿出直接敷在鼻子上。不一会儿就能看见黑头像发芽一样冒出来，清理十分方便。

原理：小苏打是碱性的，理论上可能起到一定的清洁作用。我们知道黑头就是由于脏东西残留在毛孔内因氧化等原因形成的，因此彻底清洁肯定可以缓解黑头。但这种方法并不值得推荐，因为我们的皮肤是弱酸性的，使用碱性清洁品会破坏我们的皮脂膜，使皮肤天然的保护屏障受到损伤。

建议：温和“溶解”黑头

用挤的方法能看到很多黑头被清理出来，很有成就感。但是“挤”实际上会加速我们的毛孔变形，一旦养成这个习惯，黑头只会越清越多。所以，正确的方法是用专业产品深入毛孔“溶解”黑头。这样既不会破坏毛孔的形状，清洁的目的又达到了。

18 涂抹柠檬汁去斑

柠檬是天然的美白产物，这点大家深信不疑，最简单的用法是在洗脸水中加入数滴，或者用棉签蘸一点儿柠檬汁直接涂在斑点上，坚持数日，皮肤就会还原往日的白皙了。但对顽固色斑毫无办法。

解读：柠檬美白有利有弊

柠檬中含有大量维生素，维生素本身就是很好的保湿剂，外用敷脸可以使皮肤光洁、细滑。众所周知，维生素C有很好的美白效果，柠檬中也大量含有这种成分，但用于对抗色斑效果不太明显，主要是由于这些维生素C无法被充分吸收到皮肤的底层，无法直接作用于黑色素细胞。此外，使用柠檬护肤还要非常注意。柠檬含有感光成分，如果你敷了柠檬，没有洗干净，外出活动反倒会加速色斑变黑。

建议：外涂、口服、按摩三管齐下

斑点是由于黑色素不能及时还原，固着在原位造成的。因此通常美白产品效果都不一定明显，更别说用柠檬了。对付斑点，首先要清洁斑点表面的角质，保证美白祛斑物质能畅通吸收。同时可配合口服一定剂量的维生素C。此外，还要辅助以一定的按摩，以加速吸收，效果会更好。

19 快速除掉黑眼圈

倘若睡眠不足，或者心理压力大，就会出现眼部浮肿、黑眼圈或者眼睛发红等现象。要掩盖这些烦恼，其实方法很简单。

（1）用棉花蘸冰水，敷在闭着的眼睛上，每隔3分钟换一块冰，大约10分钟即能消除眼睛上的红血丝。

（2）将冰箱中的小黄瓜切片，敷在眼盖上。把枕头垫高，休息10分钟，可以迅速消除双眼浮肿。

（3）将纱布折叠成小片，在牛奶中完全浸透，覆盖在眼皮上20～30分钟，能增强眼部肌肉活力，解除疲劳。

（4）可用喝剩的红茶包敷眼，每晚睡前使用，20～30分钟后取下，对后天性黑眼圈效果较好。

（5）将新鲜的土豆切成片，先揉擦眼部，再敷在眼周15～20分钟取下，可消除眼睛的浮肿，经常使用可减轻眼袋症状。

当然，应急术只能用来应急，用多了就没效果了。黑眼圈应该以预防为主，预防远胜于治疗。尤其是色素型黑眼圈，一些涂涂抹抹的按摩方法很难对它起效果，出门前应该认真做好防晒工作。有些防晒霜涂抹时要求避开眼部周围，而眼周皮肤最薄，曝晒后最容易出现色素沉积，因此最须要防晒，在紫外线强烈的季节出门前最好戴上墨镜，撑把太阳伞。

要想彻底解决黑眼圈烦恼，还须要从饮食、作息、日常护肤等多方面的生活习惯下手。

20 简单便捷除去眼部细纹

干燥的天气和不断增加的年龄使脸上的皱纹越来越明显了，特别是皮肤很薄的眼部最容易出现干纹。轻轻按摩眼部不仅可以加快血液循环，还可以促进眼部肌肤对眼部护理乳液的吸收，减少细纹的产生。下面介绍眼部按摩法的步骤。

（1）在眼袋等容易出现细纹的地方涂抹厚厚的眼霜，涂抹的厚度以盖住皮肤原来的颜色为标准。

（2）用保鲜膜从上往下盖住涂抹了眼霜的部位，这样可以使眼霜快速渗透进肌肤。5分钟后取下。

（3）用食指、中指和无名指沿着下眼睑的眼骨按照从眼头到眼尾的方向轻轻按摩3次。

（4）把拇指放在眼睛的眼窝与鼻子之间，按照从眼头至眼尾的方向轻轻按摩上眼睑，最后适当按压太阳穴。重复3次。

（5）用食指、中指和无名指轻轻弹下眼睑，使肌肤更好地吸收眼霜。

21 食醋泡脚睡得香

食醋不仅是家庭必备的调味品，还具有良好的保健功效。尤其用醋泡脚，更有很好的保健功效。首先是消除疲劳。醋可以加速人体的血液循环，提高血红蛋白携带氧的能力，改善身体各部位因为疲劳而导致的缺氧状态，增强各系统的新陈代谢，有利于身体中二氧化碳和废气的排出，从而使人体得到放松，消除疲劳。其次，治疗睡眠障碍。每天用醋泡脚半小时，可以协调交感和副交感神经的兴奋程度，调节、松弛紧张的神经，调和经络气血，平衡阴阳。长期坚持，可明显改善睡眠质量，强身健体。足是人之根，足部有重要治疗价值的反射区就有75个。要注意的是必须选用优质酿造醋。

方法：每晚睡前将2500毫升60摄氏度左右的热水倒入盆中，加食醋150毫升浸泡双脚，淹没踝关节。每次浸泡20分钟即可。

22 番茄做面膜天然又去油

这个番茄净肤去油面膜，有很不错的平衡油脂功效，还有清洁、美白与镇静效果，非常适合油性肌肤的女性。

材料：番茄1个（中型）、奶粉两大匙、蜂蜜两茶匙。

（1）将熟透的红番茄用汤匙捣烂。

（2）然后将奶粉和蜂蜜加入捣烂的番茄泥中，均匀搅拌成糊状。

（3）洗脸后，均匀涂于面上，然后于T字部位敷厚一点并稍加按摩，10分钟后用温水清洗干净即可。

美肤功效：因为脸上有许多没有用的角质，所以可以趁敷脸时去除，加上茄红素和奶粉的滋养，可以让肌肤柔嫩有弹性。

23 砂糖可以去死皮

在保养皮肤方面，糖最重要的功效是“保湿”，它有吸收水分的功能。

果酸对皮肤的好处备受肯定，但它的刺激性也让人心生恐惧，最新的研究发现，在果酸中加入糖就能降低刺激性。

冬春季节，很多女性都为嘴唇上因干燥而脱落的死皮烦恼。在美国“美丽在线”网站上有专家撰文指出，如果经常用冲咖啡的细白砂糖去死皮，不仅效果好，还会有滋润养护的功效。

用砂糖去死皮的方法很简单：将嘴唇弄湿润后，将细砂糖轻轻擦在唇上，用手或牙刷轻擦唇部。等死皮去除干净后，再涂上润唇膏，舒服地睡上一觉，嘴唇就能得到很好的养护。不过专家提醒，这种方法每周用一到两次就可以了，多了反而不好。

24 柚子茶加蜂蜜是最强去斑组合

经过一夏阳光的照射，皮肤白皙的人特别容易长出黑斑，令爱美的女性烦恼不已。

色斑的根源藏在肌肤深层。要是细胞的黑色素“开关”一打开，即细胞一变黑，那么变黑的细胞就会迅速地上升到表皮组织。等出现在皮肤表面的时候就形成了黑斑。

出现的色斑虽然用化妆品可以使它暂时变淡，但是化妆品的效果也是有限的。就算是暂时有了一定效果，一经紫外线照射又马上恢复到原来的样子。

要是这样的话，就只能将色斑的元凶斩草除根了。所以，就要大量摄取能够深入到肌肤根源，使细胞变白的维生素C和L半胱氨酸。

“蜂蜜柠檬”作为一种饮用水是被人所熟知的。可是，其实与柠檬相比，柚子中维生素C的含量更丰富，而且柚子同时富含有助于维生素C吸收的维生素P。并且，L半胱氨酸是现在万众瞩目的美白成分，蜂蜜中含有很多这种成分。

将柚子的维生素C和蜂蜜中的L半胱氨酸放在一起，那就是击退色斑的最强食材组合！

在韩国，把柚子放在蜂蜜中做成的“柚子茶”正火爆热销中，据说是冬天用热水冲服，夏天加冰水饮用。只要闻一闻柚子那清爽的香气，感觉就能漂亮好多呢。

25 超简易方法消灭恼人痘印

青春痘又叫“痤疮”、“面疱”或“粉刺”，是由于毛囊以及皮脂腺阻塞、发炎所引发的一种皮肤病。青春期时，体内的荷尔蒙会刺激毛发生长，促进皮脂腺分泌更多油脂，毛发和皮脂腺因此堆积许多物质，使油脂和细菌附着，引发皮肤红肿的反应。

由于这种症状常见于青年男女，所以才称它为“青春痘”。其实，青少年不一定都会长青春痘，而青春痘也不一定只长在青少年的身上。

痤疮的病因明确，是由厌氧性痤疮丙酸杆菌感染引起，但它是多因素的疾病。中医认为：面鼻及胸背部属肺，本病常由肺经风热阻于肌肤所致；或因过食肥甘、油腻、辛辣食物，脾胃蕴热，湿热内生，熏蒸于面而成；或因青春之体，血气方刚，阳热上升，与风寒相搏，郁阻肌肤所致。此外，外涂化妆品刺激引起毛囊口堵塞是本病的重要诱因。

介绍一个简单去痘的好方法：

（1）洁面。每天在洗脸的时候，倒点珍珠粉和自己的洗面奶调匀，就按平时洗脸的方法按摩2～3分钟，最后用清水洗干净就可以了。（每天使用）

（2）用清水与珍珠粉调成糊状，均匀地涂抹面部，长痘痘的地方多涂点，15分钟后或睡觉之前，用清水洗干净即可（每天使用，视痘痘的严重情度而定）。

以上两种护理方法必须选用海水珍珠粉。患者可以每天洗面加层珍珠粉，洗完后，把珍珠粉直接用水涂在脸上，每天1次，到2～3天的时候就用酸奶敷，效果真的很好。

提示：注意患处皮肤清洁，养成良好的卫生习惯，不吃辛辣食物，如生葱、大蒜、辣椒、咖啡、可可等刺激性食物，多食用粗纤维食物、蔬菜水果，多饮水，保持大小便通畅。女青年应注意生理周期的正常，及时解除痛经，在痤疮发作期，最好不使用化妆品，特别是油性以及粉状化妆品，以免加重皮肤的炎症反应，保持心情舒畅，不要挤痤疮。

26 美容“神豆”——红豆

小小红豆也能养颜，红豆在《本草纲目》中的正式名称为“赤小豆”，它有活血排脓、清热解毒的作用，又有利水退肿的功效。在营养价值方面，红豆富含维生素B_1、维生素B_2、蛋白质及多种矿物质，有补血、利尿、消肿、促进心脏活化等功效。多吃可预防以及治疗脚肿，有减肥功效。红豆中石碱成分可增加肠胃蠕动，减少便秘，促进排尿，消除心脏或肾病所引起的浮肿。此外，它的纤维有助排泄体内多余盐分、脂肪等废物，有瘦腿效果。

（1）红豆粉面膜去角质

原料：纯酸奶10克、红豆粉10克。

做法：将红豆粉与纯酸奶充分搅匀至容易敷抹的程度后，轻轻涂抹于脸部肌肤，眼睛与嘴唇周围除外，约5～10分钟后，用温水洗净即可。

用法：一周两次。

功效：用红豆粉洗脸是一种天然古老的保养法，红豆粉的细微颗粒可充分渗入毛细孔清除脏污，且具有按摩肌肤的效果，所以常用红豆粉洗脸的女性可以保持脸色白里透红，另外酸奶的乳酸酸度不会太强，所以用来敷面再合适不过。想让脸色明亮润泽的你，快试试红豆+酸奶的美容效果吧！角质层厚实的T区最适合敷用，不需洗面乳，单以温水洗净，就能让肌肤上的老废角质去除得干干净净，肤质亮泽。酸奶内丰富的乳酸更是舒缓皮脂细胞结合，促进肌肤新生的换肤好帮手。

（2）红绿百合羹

原料：绿豆粉、红豆粉、百合粉各50克。

做法：将所有原料加水，以大火煮滚后收至慢火至粉熟，加入适量的糖或盐，咸食甜食皆可。

功效：绿豆所含的维生素能淡化黑色素，红豆能清热排毒，而百合则能滋润肌肤。

（3）去水消肿汤

制法：薏仁粉20克，红豆粉30克。加水煮熟，再加入冰糖，待溶解后熄火，放凉后即可食用。

功效：此汤水有助养颜美容，益气养血，利水消肿。红豆可益气补血，利水消肿；薏仁可健脾利水，清热排脓。

（4）红豆粉减肥法

适合一再减肥失败，减肥效果不佳，天生体质易胖的MM。

饮用方法：

①杯中加入3茶匙红豆粉。

②加入热水搅拌均匀即可（将无法溶解的粉末吃掉效果更好）。

饮用次数：

①1天3～4次，每餐前饮用效果最佳。

②每天不超过8杯，吃一个月。

功效：扫除便秘和浮肿两项减肥障碍，因为富含蛋白质、锌、钾，对丰胸和美容也很有效果。

注意事项：肠胃虚弱的人不要一下子喝太多，以免引起腹泻。

27 新鲜蔬果护发秘方

人的头发就如同皮肤一样，需要经常滋润和营养，而天然的植物尤其是水果和蔬菜中的营养成分更容易被人体所吸收。各式各样的新鲜水果和蔬菜蕴涵着丰富的滋养成分，懂得运用便可以成为理想的护发材料。下面介绍两款蔬果护发品：

（1）番茄护发素

在夏天，游泳时泳池水令发色变得枯黄，番茄能使黑发恢复原有的色泽，更可去除头发上多余的气味。

材料：番茄1个。

做法：将番茄捣烂，或是用榨汁机将番茄打成糊状，加少量面粉，调制到喜欢的浓度。

用法：清洁头发后，用毛巾把头发稍微抹干，再以番茄泥按摩到头皮以及头发上。包上热毛巾并戴上浴帽，15～20分钟后再用温水冲洗干净。

（2）芒果护发素

芒果所含有的丰富维生素和矿物质都能促进头皮和头发的健康，令头发长得更有光泽。

材料：芒果1个，橄榄油1茶匙，新鲜柠檬汁两汤匙。

做法：将芒果去皮去核捣烂，或用榨汁机将芒果打成糊状，在芒果泥里加入柠檬汁，搅拌均匀即可。

用法：清洁头发后，用毛巾把头发稍微抹干，再以芒果泥按摩到头皮以及头发上。包上热毛巾并戴上浴帽，15～20分钟后用温水冲洗干净。

28 苹果美味又美容

苹果素来享有“水果之王”的美誉，营养丰富，是一种被广泛使用的天然美容品，被许多爱美人士奉为美容圣品。苹果中含有0.3%的蛋白质，0.4%的脂肪，0.9%的粗纤维和各种矿物质、芳香醇类等。它所含的大量水分和各种保湿因子对皮肤有保湿作用，所含的维生素C能抑制皮肤中黑色素的沉着，常食苹果可淡化面部雀斑以及黄褐斑。另外，苹果中所含的丰富果酸成分可以使毛孔通畅，有祛痘作用。

除此之外，苹果性能温和，可作为天然面膜，也可以切片涂敷。对油性皮肤而言，将1/3个苹果捣成泥状，敷于面上15分钟，然后洗净，再用冷水洗脸，可以软化角质层，使油脂分泌平衡。将苹果切片后敷在黑眼圈部位也是近年来流行的去黑眼圈妙方。最新医学研究还发现，苹果中除含丰富的维生素和果胶以外，还含有大量的抗氧化物，能够防止自由基对细胞的伤害与胆固醇的氧化，是抗癌防衰老的佳品。下面介绍苹果制作美容方法：

（1）苹果面膜

制作方法：苹果去皮，捣烂如泥，干性皮肤加适量鲜牛奶或植物油，油性皮肤加蛋清，搅拌均匀敷面，20分钟后用清水洗净，不仅可除皮肤暗疮、雀斑、黑斑，而且使人皮肤细嫩，柔滑而白皙。

同时可将一块苹果薄片敷在眼部底下，再轻微提起眼皮，有助于消除黑眼圈。

（2）窈窕美容液

做这个美容液的原料非常简单：苹果、橙子、少许冰糖和红茶。苹果富含维生素和苹果酸，能使积存在我们体内的脂肪分解，保持窈窕身材。橙子富含维生素C，能美白肌肤，还能抗氧化，这些都能起到美容的作用。

先把苹果和橙子分别去皮去籽，把苹果丁和橙肉一块放入壶里。苹果中含有不可小视的纤维素，不仅可以通便，还可以让肠道里的胆固醇含量减少，窈窕美容液的名字由此而来。

用少量的水将它们煮开，一起煮开后倒入放了红茶包的容器里，香浓好喝的窈窕美容液就做好了。闲暇时喝上这样一杯窈窕美容液，内在调理，外在养颜。

（3）苹果美容霜

制作方法：

①在锅中放入200毫升纯净水，将柠檬切出两张圆形薄片放入锅中煮沸。

②在沸腾的柠檬水中加入削好的比较厚的苹果皮，改为小火再煮5分钟。

③在膏霜瓶中放入植物油和乳化剂。

④将膏霜瓶放入带有开水的锅中，在膏霜瓶受热的状态下搅拌植物油和乳化剂，使两者充分融为一体。

⑤将两大勺煮好的苹果柠檬水加入膏霜瓶内，快速搅拌。

⑥在常温中搅拌混合物，使之慢慢固化变成柔软的膏状——苹果美容霜制作完成。

⑦将剩余的苹果柠檬水放凉后装入护肤水瓶中——苹果护肤水制作完成。

29 橙子美颜新招式

橙子含有大量的维生素C。而维生素C被称为“美容维生素”，它能增强对日光的抵抗力，抑制皮肤色素颗粒形成，保护皮肤的白色；能协助荷尔蒙的分泌，增强止血功效，对血色有良好的影响，能使肌肤光泽；还可以帮助产生骨胶原，增强皮肤弹性。并且，橙子全身都是宝。

（1）橙皮沐浴

功效：保湿，嫩肤。有助于保持皮肤润泽、柔嫩，适合在干燥的季节使用。

做法：把新鲜的橙皮加水一起熬成汤，在泡浴时加入少量新熬好的橙皮汤。

（2）橙汁卸妆

功效：深层洁肤。

做法：用洗面巾浸透橙汁擦拭面部皮肤，充分吸收5分钟后用清水洗净，既能卸妆，又可彻底清洁面部污垢和油脂，发挥深层洁肤功效。即使敏感的肌肤也可放心使用。但特别提醒，使用橙汁洁肤后尽量避免阳光曝晒。

（3）橙皮磨砂

功效：去死皮。用橙皮能磨去死皮，同时其中含有的丰富的类黄酮成分和维生素C成分，还能促进皮肤新陈代谢，提高皮肤毛细血管的抵抗力。

做法：将鲜橙带皮切片，装入纱布，直接在手肘、膝盖、脚跟等粗糙的部位摩擦，磨去死皮。

（4）橙皮按摩

功效：消除橘皮组织。

橙皮具有出类拔萃的抗橘皮组织功能。取1/4清洗干净的橙皮，用橄榄油浸湿，然后按摩身体上相应的橘皮组织部位，按摩时均匀用力挤出汁液，结束后用清水洗净皮肤。

（5）橙花精油按摩

功效：镇静放松。橙花精油(Neroli)能刺激副交感神经，具有镇静放松功效。

做法：将橙花精油3滴添加进50毫升基础油中稀释后用来按摩全身，或直接将精油3滴滴入薰香器，都能有效放松身心、缓解压力。

（6）橙籽面膜

功效：紧致肌肤。

做法：将两茶匙橙籽用搅拌机打成粉末，混合蒸馏水制成糊状面膜。每周敷1～2次，能提高皮肤毛细血管的抵抗力，达到紧致肌肤的目的。皮肤敏感的人可先作皮肤测试，将自制面膜涂于耳后，5～10分钟后洗净，若没感到不适便可安心使用。

（7）橙瓣眼膜

功效：补充眼部水分。

做法：将橙瓣切成薄片当眼膜使用，用手指轻轻地按压以助吸收，能促进血液循环，有效补充眼部水分，发挥长时间滋润功效。

30 神奇美肤的洗米水

最省钱的方式则是用洗米水来洗脸，因为里面含有淀粉质，洗后皮肤滑滑的，既润肤又不会过敏。就连日本，近年来也吹起一股洗米水美肤风。

洗米水为什么具有美肤功效？这是因为大米中有可溶于水的水溶性维生素以及矿物质会残留在洗米水中的缘故，而其中维生素B群的含量特别丰富。正因为它非常天然，所以不仅适合敏感性肌肤使用，还天天洗也没问题。

（1）当“洗脸水”

只要每天早晚各1次，用洗米水洗脸，就能达到美肤作用。

材料：白米、自来水。

做法：

①把白米放入容器中，倒入自来水。

②搓洗后，将洗米水倒掉，然后再度倒入自来水，搓洗后留下第二次洗米水备用。

③将留下的洗米水经过一夜沉淀后，取乳白色状的洗米水，倒入洗脸盆中。

④加入约洗米水1.5倍的温水即可。美肤用洗米水完成，可直接拿来洗脸。

提示：洗米水冷藏存放使用，不过只能在冰箱冷藏1天，不能超过两天，不然会发酵变质。

加料做法：在第二次洗米时，以白酒取代清水，就可得到更营养的“白酒洗米水”。

（2）当“按摩霜”

边洗边按摩，美肌效果更好。

材料：美肤用洗米水适量。

步骤：

①蘸取洗米水及其沉淀物，均匀涂在脸上。

②轻轻拍打全脸。因为拍打后再进行按摩，能帮助养分吸收，让肌肤更柔嫩。

③用中指指腹，从下巴以画圆圈方式按压至脸颊。

④再直线滑至嘴角，往鼻翼方向来回推滑，约10～15次。

⑤中指慢慢滑至鼻梁，以画圆圈方式按压，约10～15次。

⑥中指滑至眼尾，以画圆圈的方式按压至眼头，来回10～15次。

⑦滑至额头中央，然后以中指和食指腹，以圆圈法按压至额头两侧。

⑧最后用温水冲洗即可。

提示：如果已经化过妆，一定要彻底干净卸妆，才不会使肌肤产生过敏现象。

（3）当“化妆水”

把美肤用洗米水拿来当化妆水，长期使用会让皮肤变得白白嫩嫩，不过要记住，拍完后要用清水洗净才行。

材料：美肤用洗米水适量。

做法：

①将化妆棉充分蘸取美肤用洗米水。

②轻轻地、均匀地拍打在脸上。

③最后以清水洗净即可。

（4）当“洗澡水”

如果希望身体肌肤“水嫩嫩”，那就储存大量洗米水来洗澡吧！没有任何诀窍，只要将洗米水集中倒入浴缸中，直接用来洗澡，洗完后身体自然会变得滑滑的。

（5）当“面膜”

除了洗米水可美肤外，运用洗米水的沉淀物敷脸，效果也很不错。

做法：

①将白米先用水稍微洗一下，然后再用少量的水用力洗，留下第二次的洗米水。因为用的水量较少，所以水感较浓稠，而放置一晚后得到的沉淀物也比较多。

②将已出现沉淀的洗米水，轻轻地倒掉水分（但不要丢掉，放于另一容器中备用），留下底部的沉淀物。

③洗澡前，依按摩要领将沉淀物涂在脸上，约15分钟后，沉淀物变干时，再涂上洗米水，直到洗米水用完为止。

④用完所有洗米水后，等它慢慢自然风干，再于洗澡时用温水洗净。

⑤最后用冷水冲一下，让皮肤收紧。

提示：米糠泥面膜，一周使用一次即可。

加料做法：当沉淀物变干时，可用手轻轻擦去沉淀物，效果也不错。但记住，如果太干时，千万不可用力去除，只要用温水轻轻擦掉即可。沉淀物可加一点点面粉，增加黏稠度。

31 超级洗脸水配方洗得更美丽

一提到洁肤，很多人的第一目光肯定是投向洗面奶，要不就是洁肤面膜。这些固然重要，但是还有一样东西，那就是洗脸水。

（1）1：5000的小苏打洗脸水

小苏打又名碳酸氢钠，呈弱碱性，可中和皮肤表面的酸性物质，水溶后能释放出二氧化碳，浸透并穿过毛孔以及皮肤角质层，促进皮肤的血液循环，使细胞新陈代谢旺盛。小苏打与水的配置比例为1：5000，即用5升的水来稀释溶解1克小苏打。用这种配方的水洗脸后可使毛细血管扩张，令肌肤光泽、红润、有弹性。

（2）5%的食用醋洗脸水

醋不但是调味佳品，而且具有良好的美容作用。这是因为醋的主要美容成分是醋酸，它有很强的杀菌作用，对皮肤、头发能起到很好的保护作用。用加醋的水洗皮肤，能使皮肤吸收到一些十分需要的营养素，从而起到松软皮肤、增强皮肤活力的作用。醋与水的配置比例为5%，也就是差不多一脸盆水加一茶匙醋就可以了。

（3）两克的绿茶洗脸水

茶叶中的许多营养成分都有美容效果，特别是绿茶。绿茶中含有很多维生素C成分，并有抗氧化的功效，喝绿茶可以净白肌肤，又有排毒减肥的作用。同样，绿茶用于化妆品中，通过与肌肤的接触，美容成分也可以直接被肌肤接收。绿茶洗脸水的配置很简单，取一袋袋装绿茶或两克绿茶，在茶壶里用两升的水煮成茶水，待茶水变温就可以了。

提示：在使用这些特殊的洗脸水前，还是要用洗面奶先洁肤的，这样洗脸水中的成分会更容易被脸部的皮肤所吸收。

洗脸水最好选择温水，用20～25摄氏度的温水洗脸，此时的水温与皮肤细胞内的水分温度十分接近，更容易浸透到皮肤里，从而使皮肤变得细腻、红润。

32 五种超级秘方让你拥有迷人体香

女人获得诱人体香五大秘方，让你全天香香的。

（1）体香方

材料：药物白芷、薰草、杜若、杜衡、藁本等分。

制作方法：将上面5味药物碾成细末，用蜂蜜和匀，做成梧桐籽大小的药丸。

美容方法：每天早晨服3丸，晚上服4丸，用温开水送服。

美容效果：服用30天后，令身体甚至脚下均香。

（2）取香方

材料：白芷、薰草、藁本各等分。

制作方法：将以上3味药物共同碾细，过筛为散，然后用蜜调药做成梧桐籽大小的药丸。

美容方法：每次饭前服3丸，用米汤送下。

美容效果：服用20天后，令身体及足下皆香。

（3）如意方——香身术

材料：甜瓜子、松树根及皮、大枣、炙甘草等分。

制作方法：将上面4味药共同碾成细末，存贮。

美容方法：每次服几勺（约6～9克），每日服3次。

美容效果：服用20天后即有效果，50天后则身体清香，连用100天后衣服、床帏均有香气。

（4）满口香方

材料：丁香30克，藿香、零零香、甘松各60克，白芷梢、香附、当归、桂枝、益智、槟榔、白蔻各40克，麝香5克。

制作方法：将上述药物碾为细末，炼蜜做成梧桐籽大小的药丸，备用。

美容方法：每次噙化3～5丸。

美容效果：可以使身体与口香。

（5）贵人挹汗香方

材料：丁香40克，川椒60粒。

制作方法：先将丁香碾成细末，川椒打碎，然后把两味药物混合拌匀，用绢袋盛装。

美容方法：佩戴于胸前。

美容效果；可以绝汗臭。

33 简便易行的室内减肥运动法

减肥方法一般可分为三类：一是饮食疗法，二是运动疗法，三是药物疗法。而这三种减肥方法中，运动疗法是最能提高抵抗力的一种。

运动疗法也是肥胖人治疗减肥的重要手段之一，科学地选择运动疗法，再配以适当的饮食控制，常能达到预期的效果。问题在于许多上班族很难有多余的时间来锻炼，而单靠简单的饮食控制，减肥不仅很难奏效，对健康还有影响，所以一定要树立恒心，进行科学的减肥运动疗法。

怕累是减肥者进行运动的最大障碍，培养耐力很重要。能够提高耐力的运动有步行、划船、做广播操、练太极拳等，每天坚持半小时左右的散步、慢跑是最佳的选择。上下楼梯每小时可消耗4518.72千焦耳的热量，散步每小时消耗

4184千焦耳热量。

此外，可供选择的运动项目有很多，如爬坡、慢跑、骑自行车、仰卧起坐、腹部机械按摩、快速的步行都能使全身肌肉参加运动，提高体内有氧代谢，故这些运动又被称为有氧训练。这里给你推荐五种简便易行的运动：

（1）看电视的同时，摇一摇呼啦圈。不仅能轻轻松松把你变成纤腰美人，还可为你塑造完美俏臀。

（2）买一张韵律操VCD跟着跳。不但可以针对身体某一部位进行锻炼，还可以还你完美的曲线，简单易行又没有场地的限制。

（3）爬楼梯。千万不要再以电梯代步了。来来回回地爬楼梯，不但可以消耗掉惊人的热量，还可锻炼你的心肺功能。

（4）跳绳。小学生常玩的一种游戏。减肥的同时，还能帮你找回童年时的美好记忆。

（5）散步。每天定时散步。建议你每天下班后提前一站下车，走路回家，这样天天坚持会达到意想不到的减肥效果。

34 实用四招保护好男人的“面子”

作为男人，在工作忙碌、社会负荷加重之余，自我保健在当今不仅是一种时尚，还是一种自我健康的标榜。

别小看洗脸这么个每天简单的几分钟，里面的学问却很大。男人也要好好洗脸，邀你做个面部护理之旅。

（1）男子的肤色修饰与调整

黑里透红的皮肤，能显示一种男性所特有的美，而当疾病、疲劳使面部皮肤苍白或呈奶黄色调时，就会呈现不健康的病态感，甚至在眼眶周围出现暗灰色或黑晕，有的人细纹增多，失去皮肤原有的光泽和弹性。要暂时改变这种状况，就要借助化妆的手法和材料来调整和修饰皮肤。

先清洁皮肤，去除面部表皮上退化了的角质细胞以及污垢。涂抹适合自己皮肤的护肤霜，并在涂抹时进行自我按摩，以使紧张疲倦的皮肤放松。

用粉底调整皮肤色调时，应选择深于自己肤色的浅棕色。涂粉底要薄而均匀，否则会在皮肤角质上留下浮粉的痕迹。粉底的光泽可以使皮肤显出滋润的质感。

如果本来的肤色灰黄苍白，涂了粉底之后仍缺乏健康色，可以在面颊以及眼圈周围用微量的浅红色颊红淡淡地揉匀，这样便会呈现出自然的红润面色。如果本身肤色比较理想，只须增加一点红润的光泽，就会有很好的效果。

（2）男子的眉型修饰

男子的眉毛应自然、真实、大方，不宜出现修饰的痕迹，而当眉型不美或有缺陷时，还可采取有别于女性的修饰方法。男性眉型可以成功地体现男士的阳刚之美，例如剑眉、卧蚕眉及扫帚眉。

眉毛稀疏色淡，既不利于衬托眼睛，又会使脸部平平显得极没有生气，可以用眼影刷沾一点焦茶色（用黄、棕、黑三色调配），搽在稀疏的眉毛根底中间，然后用小手指轻轻揉匀，就会使眉毛显得浓密。注意用色要薄，且不要涂出眉外。

如果要改变眉型，可先用拔眉摄子拔去多余的散眉，然后用眉笔添画。但是，男士画眉要格外加以修饰，而在自然的环境下，不高明的化妆技术，画眉会留下人工修饰的痕迹，是不足取的。

（3）男子嘴唇的着色和滋润

男子嘴唇的修饰与女子不同，只能染上薄薄的油色，而不能有明显的边缘线，也不能用唇膏来改变嘴唇的轮廓和形状。嘴唇着色的目的是为了改变本身灰白无生气的唇色。颜色以浅红或棕红为好，容易与肤色谐调而显得自然真实。

化妆时，不必用唇线笔先勾画轮廓，只用手指沾一点唇膏搽在嘴唇上就行了。如果嘴唇呈灰紫苍白又干裂的现象，应该先涂无色透明的防裂唇膏，然后再轻轻地着唇膏色，使嘴唇光泽红润丰满。如果嘴唇本身的颜色很好，只需涂防裂唇膏就可以了。总之，要让嘴唇始终显得健康红润，饱满而富有光泽。

（4）抽烟男子如何改变唇齿颜色

长期抽烟会导致嘴唇和牙齿颜色的改变，嘴唇不仅干枯无泽，而且呈紫褐色；牙齿焦黄，甚至变黑。这些都严重影响到容貌美的和谐。

改变嘴唇和牙齿的颜色，除了戒烟或少抽烟、去医院口腔科进行专门洗牙治疗外，有时为了应急，可以通过化妆来弥补。可以在嘴唇上涂防裂唇膏，保持嘴唇的油分和滋润感；用棕红色唇膏轻轻涂在嘴唇上，可以遮盖紫褐色的嘴唇，而且由于深色唇膏与牙齿色泽反差小，能够造成视错觉，让人看上去觉得牙齿不是那么显黄了。

35 男性干性肌肤过冬经济简单五法

秋冬是男性干性皮肤最难挨的日子，因为夏天用的护肤品入冬后，你会觉得不够滋润，所以防干措施势在必行。

保湿救急法：先来个5分钟高水分补湿面膜，或用蜜糖、杏仁油加适量面粉敷面，再涂上滋润性强的润肤乳或凡士林，都可以令干燥皮肤迅速补充水分。

（1）每天只用洁面乳洗一次脸

由于男性干性皮肤特别缺水以及容易因干燥而脱皮，因此可选用些含蜜糖、牛奶和维生素E等成分的洁面剂。但洁面剂不宜多用，每天一次就好，早上起床只用温水洗脸便可。

（2）记得拍上滋润型爽肤水

洗脸后可拍上滋润型爽肤水以减少绷紧感，为皮肤加一层保护膜。

（3）涂日、晚霜要趁皮肤湿润时

趁皮肤仍湿润时，可涂上具补湿以及高滋润性的乳霜，以锁住肌肤中的水分以及增加光泽感，如果等到脸上已完全干透才涂，就不会有很好的效果了。

别以为干性皮肤每次都要涂上超分量的乳霜，其实这反而会闭塞毛孔，使皮肤出现暗疮，千万别乱来。

（4）使用含UV指数的日霜

别小觑秋冬的阳光，为免被紫外线直接触及皮肤而使皮肤更干燥，外出时务必涂上含SPF15以上的防晒霜。如果不想浪费夏天的护肤品，可将夏天用的含有防晒成分的日霜当防晒霜用。

（5）勤敷水分面膜

秋冬肌肤水分容易流失，日霜、晚霜未必能深层滋润，所以每星期别忘了最少做一次补湿面膜以滋养肌肤，最好选择含有补湿成分的物质。

除现成产品外，当然你也可以试用一下天然的材料，比如茶叶可以令皮肤滋润。红茶含丰富的维生素C，有抗衰老功效。将红茶与蔗糖各20克冲入滚水搅溶，再倒入适量面粉打成糊状，敷在脸上，15分钟后洗净，每周两次，不出一个月，你的皮肤就会显得润滑多了。

36 男性抗衰老经济又实惠的方法

很多男人投资不少钱在令人眼花缭乱的各类保养品前，不妨先试一试以下七种简单的方法。

（1）吃出好皮肤

皮肤是由细胞构成，而细胞需要适当的营养以供滋长。细心周全的饮食包括丰富的水果、蔬菜及纤维质，能够协助身体维持良好的运作功能，皮肤因而能处于高峰状态。

每天饮用枸杞子和西洋参泡的水，可以提高皮肤吸收氧气的能力，并且起到美白的作用。枸杞子含有枸杞多糖、多种氨基酸、微量元素、维生素、牛磺酸、生物碱、挥发油等成分，具有滋补肝肾、益精明目的功效。而西洋参与其他参不同，既有补气作用，又有滋阴作用，服后不会上火。如果本人火气大，可在水中再加上菊花，可以疏风清热、凉血明目。

（2）睡个美容觉

睡眠期间，我们的身体会分泌出人体生长激素及其他的皮肤成长因素，可以刺激胶原质以及新皮肤细胞的产生，长期睡眠不足的代价就是会使皮肤失去光彩。

（3）精神美容法

瑞士美容、心理专家特里斯教授推出了一系列行之有效的精神美容法。其中“笑疗法”是见效最快且人们最乐意接受的方法。方法是无论何时何地，只要条件允许就想想遇到的最可笑的事情，纵情大笑1～2分钟，每天坚持3～4次，用不了一个月，就会容光焕发。

（4）把剃须当作一种享受

在使用刀片刮须时，先将脸洗净，以防细菌侵入，之后用热毛巾敷面使皮肤的角质层软化。剃须膏须选用质地温和的剃须膏，以减轻刀片对面部皮肤的摩擦。剃须后一定要涂须后水或须后乳，调理镇静紧张的皮肤，使之恢复生机，充满活力。

（5）适量运动

适当的运动能够缓解压力，而压力则会在我们的脸上增添岁月的痕迹。一张饱受压力、前额带着忧虑纹路的20岁面孔，看起来比一张宽心而健康的40岁面孔更老。

（6）保持正常的体重

一会儿减肥，一会儿增胖，体重这样持续变换，会剥夺皮肤的弹性，结果造成松弛下垂的皮肤。

（7）性格开朗

不为身边区区琐事而烦恼，胸怀开阔是不老的诀窍，精神抑郁会导致阳痿。幽默和诙谐是保持青春不老的最大秘诀。

37 男性自我按摩保健省钱法

男人保健的方法很多，关键是要坚持，无论哪一种方法，只要坚持了，必定会有好的效果。

现介绍两种自我按摩保健省钱方法，以供参考。

第一种手法：

（1）每天早晨醒来未起床前，以及晚上上床未入睡前，枕头尽量放低，两腿自然伸直，两脚分开与肩齐。

（2）右手拇指按压肚脐眼，食指压在中指背上，用中指的指腹沿着肚脐眼到阴茎根的直线往返按摩7分钟，按摩的速度开始几天可慢一点，以后可逐步增加到每分钟100次左右。

第二种手法：

是在练完第一种手法之后，继续平卧在床，双手十指并拢，以肚脐眼为圆心，先用左手按逆时针方向按摩81圈，再用右手按顺时针方向按摩81圈。

38 简单有效留住男人的肌肉

科学统计显示，男性在20至40岁时肌肉含量变化不大，但40岁后就开始以每年1%的速度递减，到了60岁，男性体内肌肉含量仅相当于年轻时的75%。

每年1%不是一个数据那么简单，这意味着三大危害：首先，会导致男性基础代谢率降低，外在表现是发福；其次，肌肉的衰退成了男性心血管疾病高发的帮凶；三是会导致力量下降，甚至连上下台阶都感到吃力，这也是许多中年男性感到腰酸背痛的主要原因。

中年男性有必要用仰卧起坐和俯卧撑的方法大体了解一下自己的肌肉状况。

热身3～5分钟后，如果两者都可以每次连续完成20～30个，则说明肌肉合格。

或者用上楼梯测试法，即用稍快于平时走路的速度，连续上40层台阶，如果在40至50岁之间的人稍微感觉轻松，则表明肌肉耐力不错，若感到吃力则表明状况较差。

肌肉是锻炼出来的。肌肉是最“知恩图报”的，只要每天给它点“好处”，它就会以10倍的回馈报答你。男性因腹部肌肉推动弹性而形成的“将军肚”，与高血压、心脏病、糖尿病等众多疾病关系密切。所以中年男性锻炼肌肉要抓重点，其中腹部肌肉最重要。

向下弯腰锻炼腹肌的方法最简单。腰部往下弯，腿直立，手臂以及头部下垂，悬在空中，不要强迫自己双手触地，尽量放松，然后自然起身，伸展背部以及腿部的肌肉，约停一分钟，再重复3次，一日两次，坚持两三个月就能见效。

另外，仰卧起坐锻炼腹肌的方法也简便易行。如果一开始比较困难，中年男性还可以试着平躺在床上，双腿并拢伸直，向上抬起接近胸部。

为了增强全身肌肉力量，有时间的中年人还应针对腿部、背部及双臂的肌肉进行一些低强度有氧运动，如游泳、跑步、登山等。如果再辅以力量器械训练，则效果更显著。

39 看病找准窍门可以省钱

“生不起病、吃不起药”，你是不是总在埋怨“看病贵”？ 你生病时，是不是渴望“少花钱看好病”？看病只要找到了窍门，就能有效缓解看病难和看病贵。

有的慢性病人常常将康复的希望寄托在新药上，这其实是一个误区，许多新药的确副作用少、使用方便，但价格比较昂贵。

整套的化验费用高，常常令人望而却步，但要想得到系统的治疗，又必须作检查。所以，慢性病人要及时向医生讲明经济条件，请医生做参谋，争取作“小包装”化验。如肝功能可以只查ALT和AST，血生化可查血糖也可只检测血脂，传统的乙肝五项也可只查其中的一项或两项。没有黄疸的病人可以不查胆红素，未经抗病毒治疗的病人不须要每次都检测乙肝病毒DNA。使用干扰素治疗的病人须要定期检测血象，使用阿德福韦酯治疗的病人须要定期复查肾功能等。

慢性病人在第一次看病时，最好请首诊医生开出复查化验单。第二次到医院复查，只须直接拿着医生开的化验单去化验，无须排队挂号，还将取化验单与第三次就医“合二为一”。这样，避免一些化验无计划地过频检测，而另一些化验被遗漏；也可避免因为医生诊治的思路不同，方案各异，而造成病人多次取血，从而使病人的治疗更加系统和周密。

40 这样看病能省钱

老话讲，看病的钱不能省。咱老百姓辛辛苦苦赚的钱，就是为了以防不测风云、生病保命用的。在医疗费用、药价居高不下的今天，现在教你几招，怎样看病最省钱：

（1）增加医学科普知识

疾病的初期都会有一定症状，而很多要花大钱医治的大病都是由一些小病开始的。平时，买上一本医学科普书了解各种疾病的初发症状，及时去医院将小病治好。也可以多留意报刊健康版面的防病养生科学方法。这样，既对自身健康有利，又节省医疗开支。保持健康的身体是最省钱的方法。

（2）常见病选择小医院

按照医保试行办法的规定，一级和二级医院相对三级医院而言，人均支付的比例较低。虽然不可否认，三级医院的医疗设备和技术都比小医院要好，但一些常见病，如感冒、咳嗽等，完全可以到小医院就医，医疗费相对较节省，这样也有利于医疗资源的合理分配。

（3）先看普通门诊

初次到医院就医时，不如先挂普通门诊，这样做有几个好处：第一，如果是小病，一般的医生是完全可以处理的，而且处理的方法也一样；第二，如果病情较复杂，需要由专家处理，可以由普通门诊的医生为你选择针对病情的专家，免得自己盲目求医；第三，可在普通门诊中，将一些常规的检查先做完，节约时间。

（4）简化就诊程序

若伤、病情比较明确须要住院或以往住过院此次加重的病人，可直接到相应诊室找医生开个住院证即可，不要在门诊过多停留，更不要做什么检查或过多的检查，因为住院后为了医疗文书的完整性还要重新检查（全国一样）。又如一些能在门诊做的小型手术，挂号后可直接到手术室预约，不必到诊室转来转去，更不必过多地检查，但切除出的病灶部分送病理检查还是很有必要的，因为由此得出的将是目前最权威的结果。又如急诊病人或较急的伤、病病人尽可能看急诊，这样医生看病快、针对性强、检查快、出结果快，处置治疗自然也快了。

（5）去药房认准通用名

因为医院的药价要比药房高出15%，所以很多精明的患者，常拿着医院的处方单自己去药房购药，却发现药店并无此药销售。2007年5月1日起，卫生部颁布处方管理新规，要求医生在为患者开处方时，必须使用药品通用名。所谓通用名就是药品的主要成分。药品的商标名称纵有百种不同，只要通用名相同，其实质性功能就是差不多的。对照着通用名去找药，相对于看各种各样的商标要容易得多了。

（6）随身带着老病历

不少人看病不喜欢带病历，每次都是图省事花几角钱再买上一本病历看病，这是个不好的习惯。老病历上往往记载着患者的病史和一些重要的检测结果，这些资料是医生诊治的重要参考。如果没有这些资料，患者又说不出个所以然，许多本可以免去的检查就要从头开始，这同样会加大看病的开支。

（7）适当利用亲朋好友

如果医院里有亲朋好友还是要利用他们的优势，这样更快、省钱、有效，这个社会还是一个要关系的社会，人是需要互相帮助的。

（8）多和医生交流

假如你经济条件并不十分宽裕，不能支付太多的医疗开支，你不妨直接把这些想法告诉医生。这样医生就可以从专业的角度为你计划，让你在最合理的价位上得到最有效的治疗。而且如今国家“处方药与非处方药的分类管理”正在加速推行。这样患者不但可以在医院取药，还可以凭处方到药店里照方拿药，选择最低廉的价格，要知道这可是你的权利。

（9）不迷信“高档”检查

有些病人就诊时往往对凭听诊器、心电图、B超等简单的医疗检查作出的结论持怀疑态度，甚至主动要求做CT、核磁共振等“高档”的医疗检查，似乎这样才能查得彻底、全面、放心。实则做什么检查因病而异，用什么仪器不能一概而论，否则不仅多花了好多冤枉钱，而且检查效果可能与初衷相反。像检查胆囊病变、心脏结构等，几十块钱的超声检查可能比上百块成千块钱的CT、核磁共振检查好得多。

（10）别把贵药当好药

那么让我们看看药理学家对“好药”的三点定义：一是必须疗效确切，二是对人体的毒副作用小，三是相对价格低廉且便于使用。由此可见，人们在选择药物时，决不能把新药、价高作为“好药”的衡量标准。一些新研制出的药物可能对某些疾病有良好的疗效，但新药毕竟应用时间较短，一些不良反应往往不为人知，而且价格往往十分昂贵。

（11）在医院配药，不如去药房买药

如今，大大小小的平价药房到处都是，用医保卡买一些常用药在家备着。遇到伤风感冒这种小毛病，便自己吃点药，省得再去医院挂号、开药了。如果去医院看病，也可以和医生多沟通一下，让医生告诉你可以去买哪些药，或是开点非处方药，尽量避免在医院配药。在药品的选择上，也要多选用基本药、常用药，这类药往往价格合理，疗效又经过多年验证。

41 看病省钱防宰五大法则

（1）住院或看病前先问明价格而不要显富，越显得有钱越容易花冤枉钱，即使真有钱也不要充冤大头。

（2）要求每天打印住院治疗的明细单并仔细核对，这可预防以及减少乱收费，让护士觉得你是个斤斤计较的人并随时可能投诉医院。

（3）重大治疗手术前查阅相关资料并在网上多咨询专家意见，做到心中有数。不要盲目相信大医院，很多小手术或治疗中层医院基本能解决，没必要去大医院托熟人找关系花更多的钱。

（4）尽量要求医生使用中低档抗生素，治疗普通炎症一般中档抗生素就可以对付。大中型手术先从青霉素开始最好，滥用高档抗生素不仅容易造成菌群失调，还可能导致今后自己无药可用。

（5）对于肿瘤病人来讲，大多数都可以通过手术治愈，不要轻信那些秘方、药物广告的治疗效果。到目前为止，全世界还没有找到能治愈恶性肿瘤的特效药，肿瘤治疗重在早期发现尽早治疗，这样才能省更多的钱。

42 医改后省钱的四大要诀

许多享受医保的患者还不知道怎样最有效地使用自己的医疗保险。对于一些慢性病、需要长期服药的病症患者来说，在年初的时候用卡里的钱到指定药房去买药，这样就省去了不少挂号费、诊疗费等费用。而且药的数量也不受限制，同时还可以买一些常备药品，这样就可以省下一笔钱。

那么，医改后怎样看病才最省钱？下面是社会保障局医改办专家为你开出的“省钱要诀”：

（1）选择合适医院

按医保试行办法规定，医院等级越低，统筹金的起付标准越低，统筹金中个人支付的比例也越低。也就是说，同一个人在同等医疗支出下，到等级越高的医院就医，个人出的钱越多，到等级越低的医院，个人出的钱越少。一级小医院完全有能力解决参保者平时头疼发热这样的小毛病，且花钱少，不一定要挤到大医院多花钱；一些小手术也可以选择在医疗设备和技术水平完全够格的二级医院进行。

（2）多用“基本药”

选择药品时优先考虑“基本用药”是省钱的第二法宝。按照国家规定，基本医疗保险能够报销的药品必须是“临床必需、安全有效、价格合理、使用方便、市场能够保证供应的药品”。具体分为两类：“甲类目录”药品和“乙类目录”药品。前者是临床治疗必需、使用广泛、疗效好、同类药品中价格较低的药品，如大部分国产药。后者是可供临床治疗选择使用、疗效好、同类药品中比“甲类目录”药品价格略高的药品，如部分合资厂家生产的药品。

按照规定，使用“甲类目录”药品发生的费用按基本医疗保险的规定支付；使用“乙类目录”药品所发生的费用，先由参保人员自付10%的费用，再按基本医疗保险的规定支付。

至于营养滋补药、中药材和中药饮片、泡制的各类酒制剂、药品的果味制剂等，都属于个人自付药之列，开药时要留意。

（3）留意诊疗项目

诊疗项目不同，花钱也不同。按照规定，临床必需、安全有效、费用适宜的诊疗项目才属基本医疗保险支付范围。整容、矫形、减肥、特护等非临床必需、疗效不确定、价格昂贵的诊疗项目，属于特需医疗服务的诊疗项目，不在基本医疗保险支付范围，参保者得自掏腰包。此外，CT透视、X-刀、核磁共振等一些容易滥用又费用昂贵的诊疗项目，基本医疗保险虽然支付相当费用，但选择时也应慎重，能够用其他方式代替的尽量用其他方式代替。

（4）享受“基本服务”

想要省钱，就诊时就最好享受“基本服务”，只选择必需的生活服务设施，尽量不住特需病房。

43 走出体检的误区，做到有病早治早省钱

身体是本钱，健康创造价值。健康要以预防为主。健康体检最能体现预防为主的方针，花的是小钱，保的却是健康。如今，人们悟出了“早发现就早诊断，早诊断就早治疗，早治疗就少受罪、多省钱”的道理。

有了病早治疗比晚治疗不仅效果要好得多，而且费用上的差异也是很大的。比如，老年人得关节炎的比较多，但大多数都是到了晚期才来治疗，其实通过早期加强锻炼外加辅助药物就可以康复，而且花费比较少。到了晚期的花费动辄上万元，还要承受很大的痛苦，得不偿失。所以，提高健康意识，善待自己，真正做到没病早预防，有病早发现、早治疗，是最经济的看病模式。

美国哈佛大学的一项研究表明，如果你每年做一两次体检，找出可能延误的疾病，就可以使这些疾病致死的概率在7年间减少大约50%。但是目前仍有一些人需要走出健康体检的误区。

误区一：健康体检项目可自由选择，有些检查（如隐血珠、肛门指检或便常规等）不方便不做也无妨。

误区二：认为一次体检后三年或五年内就不用再体检了，做健康体检后一旦发现问题，反而增加心理负担，还是不做检查为好。这种心态只会延误早发现早治疗的时机。很多疾病要几年的时间才会形成，而这段时间正是积极防治的好机会。

误区三：去年体检没发现问题，今年就不用进行健康体检了。体检不是一次性消费品。随着时间、年龄、生活习惯及工作压力的变化，人体的健康状况也在改变。一次体检不能保证将所有病都筛查出来。只有定期体检才能保证检查的准确率。

误区四：连续好几年检查结果都差不多，没必要再继续了。连续几年的检查结果都差不多，也不能说明你的健康状况不会有任何变化。你可以通过连续多年的检查数据，计算出自己的正常参考值，从而了解自己身体健康的变化趋

势。

误区五：我有慢性病会定期去看医生，不用再做健康体检。专科医生在针对特定慢性病作相关的诊治时，并不涵盖其他器官，因此综合性的体检还是非常关键的。

总之，往往有些病人总要等到病情严重了、恶化了才想到医院，这样既受到了疾病的折磨又增加了医生对疾病的诊治难度，也要增加更多的费用，所以提倡“早发现、早诊断、早治疗”。无病早防，贯彻“预防为主”的方针，加强对自身健康情况的了解，多一点健康知识，坚持定期做体格检查很有必要。

第四章

水电气省钱

——省钱从省小钱开始

只要稍微改变一下思路，每个月就能节省很多钱。轻轻松松地做家务，心情舒畅地享受生活。

居家过日子，省下一分是一分。每月的花销中都会有一些固定支出，而房屋水电气的费用就占了固定支出的大部分。如果节约水电气，那么就会省钱一大把。

很多年轻人有事没事喜欢到家就把电脑打开，有的甚至通宵不关。台式电脑24小时耗电约5千瓦时，一个月就是150千瓦时左右，要八九十元钱。不少家庭习惯看了电视后一摁遥控器了事，电源不关的待机状态其实也会耗掉不少电。还有很多家庭将水龙头大开，水花四溅。这些浪费会不知不觉地让一大把钱消耗掉。

日常节约无非几方面：水、电、气。而省气、省水、省电多是从生活细节上出发，这些道理是妇孺皆知的，但很少人能养成习惯。在此分享几个省钱绝招。

1 一水多用省水省钱

一水多用可以有效节水：

（1）洗脸水用后可以洗脚，然后冲厕所。

（2）家中应预备一个收集废水的大桶，它完全可以保证冲厕所需要的水量。

（3）淘米水、煮过面条的水，用来洗碗筷，去油又节水。

（4）养鱼的水浇花，能促进花木生长。

（5）第二道清洗衣物的洗衣水可用来擦门窗及家具、洗鞋袜等。

（6）使用空调时，一晚上滴下的水能接一盆，完全可以变废为宝。

2 洗澡节水

用喷头洗淋浴：

（1）学会调节冷热水比例。

（2）尽可能先从头到脚淋湿，就全身涂肥皂搓洗，最后一次冲洗干净。不要单独洗头，洗上身，洗下身和脚。

（3）洗澡要专心致志，抓紧时间，不要悠然自得，或边聊边洗，更不要在浴室里和好朋友大打水仗。要记住：时间就是水！

（4）不要利用洗澡的机会“顺便”洗衣服、鞋子。

在澡盆洗澡，要注意：放水不要满，1/3至1/4盆足够用。盆浴后的水可用于洗衣、洗车、冲洗厕所、拖地等。

3 厕所节水

（1）你如果觉得厕所的水箱过大，可以在水箱里竖放一块砖头或一只装满水的大可乐瓶，以减少每一次的冲水量。但须注意，砖头或可乐瓶放得不要妨碍水箱部件的运动。

（2）水箱漏水总是最多：进水口止水橡皮不严，灌水不止，水满以后就从溢流孔流走；出水口止水橡皮不严，不停流走水，进水管就不停地进水。

（3）用收集的家庭废水冲厕所，可以一水多用，节约清水。

（4）垃圾不论大小、粗细，都应从垃圾通道清除，而不要从厕所用水来冲。

4 厨房节水

（1）洗餐具时，最好先用纸张把餐具上的油污擦去，再用热水稍微冲刷一遍以除去主要油渍，最后才用温水或冷水彻底冲洗干净。

（2）解冻食物可以用微波炉取代温水浸泡。

（3）做饭做菜烧水时，尽可能避免或少用蒸汽锅、高压锅，而改用电磁炉、微波炉等。

（4）在冲洗蔬果时，避免开着水龙头不断地冲，最好用盆接住或者将洗碗池塞住，之后将冲刷用水聚集后作为洗厕用水。

5 其他方面洗涤时节水小窍门

（1）自行车、家用小轿车清洁时，不用水冲，改用湿布擦，太脏的地方，也宜用洗过衣物后的余水冲洗。

（2）手工洗衣服时，如果在洗衣盆里洗、清衣服，则会比开着水龙头洗、清衣服节约许多水。

（3）家庭洗涤手巾、小物件、瓜果等小量用水，宜用盆盛水而不宜开水龙头放水冲洗。

（4）洗漱时应缩短用水时间，用完后立即关闭用水器具。

（5）刷牙、取洗手液、抹肥皂时要及时关掉水龙头。

（6）洗水果应先削皮后清洗。

（7）正在用水时，如须开门、接电话等应及时关水龙头。

（8）水龙头使用时间长有漏水现象，可用装青霉素的小药瓶的橡胶盖剪一个与原来一样的垫圈放进去，可以保证滴水不漏。

6 洗衣机省电节水诀窍

（1）先浸后洗。洗涤前，先将衣物在流体皂或洗衣粉溶液中浸泡10～14分钟，让洗涤剂与衣服上的污垢脏物起作用，然后再洗涤。这样，可使洗衣机的运转时间缩短一半左右，电耗也就相应减少了一半。

（2）分色洗涤，先浅后深。不同颜色的衣服分开洗，不仅洗得干净，而且也洗得快，比混在一起洗可缩短1/3的时间。

（3）先薄后厚。一般质地薄软的化纤、丝绸织物，四五分钟就可洗干净，而质地较厚的棉、毛织品要十来分钟才能洗净。厚薄分别洗，比混在一起洗可有效地缩短洗衣机的运转时间。

（4）额定容量。若洗涤量过少，电能白白消耗；反之，一次洗得太多，不仅会增加洗涤时间，而且会造成电机超负荷运转，既增加了电耗，又容易使电机损坏。

（5）用水量适中，不宜过多或过少。水量太多会增加波盘水压，加重电机负担，增加电耗；水量太少又会影响洗涤时衣服的上下翻动，增加洗涤时间，使电耗增加。

（6）正确掌握洗涤时间，避免无效动作。衣服的洗净度如何，主要是与衣服的污垢程度、洗涤剂的品种和浓度有关，而同洗涤时间并不成正比。超过规定的洗涤时间，洗净度也不会有大的提高，而电能则白白耗费了。

（7）调好洗衣机的皮带。皮带打滑、松动，电流并不减小，而洗衣效果差；调紧洗衣机的皮带，既能恢复原来的效率，又不会多耗电。

（8）程序合理。衣物洗了头遍后，最好将衣物甩干，挤尽脏水，这样，就能缩短洗的时间，并能节水省电。

（9）洗衣最好用集中洗涤的办法。即一桶洗涤剂连续洗几批衣物，洗衣粉可适当增添。全部洗完后再逐一漂清。这样，就可省电，省水，节省洗衣粉和洗衣时间。

（10）如洗衣机使用的时间为3年以上，发现洗涤无力，应更换或调整洗涤电机皮带，须加油的地方应加入润滑油，使运转良好，达到节电效果。

（11）在执行峰谷分时的电价地区，选择晚间或早晨的低谷时段洗衣，可以大大节约电费开支。

（12）洗衣机应尽量放在平坦干燥的地方，这样更能发挥它的洗涤效率，减少用电量。

7 如何让家用空调更省电

炎炎夏日，不开空调，热；开了空调，耗电。众所周知，空调是家庭电器中的用电大户，那么，怎么使用才能做到最省电呢？

（1）如何选择节能高效的家用空调

空调节能涉及选购、安装和使用的各个方面，消费者在选购空调时，应选用无氟环保能效比高的变频式空调。这种空调不仅可随室内温度调节压缩机运转速度，增加舒适感，而且较常规的非变频空调节能20%～30%。

那么，如何选择节能高效的家用空调呢？

①选用能效比高的空调。能效比是空调制冷量与制冷功率的比值。能效比愈高说明该空调的能效水平愈高，制热时亦相同。

②选用变频空调。变频空调压缩机电机转速可变，避免了压缩机的频繁启动，与定速空调相比节电30%，温度波动小，舒适性强。

③尽量采用直流变速空调，它比交流变频空调节电约10%。

④挑选交流变频或直流变速空调时，应注意它的制冷（制热）范围，范围愈大节电能力愈强。

⑤结合使用环境和使用条件选择高效节能空调。一般来说，每年使用期超过4个月，每天开机时间超过3小时以上时，变频空调高出常规空调的购买费用可在1～2年内收回。

（2）空调器应怎样布置才能发挥高效率

空调器耗电多一直是让大家头疼的问题，这不仅与空调器的内部结构有关，同时也与不合理的布置有很大关系。

窗式空调与分体式空调的具体布置有所不同。只有合理布置，才能充分发挥它的效率。

①窗式空调器的布置

窗式空调器的安装既要考虑室外条件，又要考虑室内要求。综合各种因素后，来确定最优位置，使空气能良好地循环，能耗降低。选择时可以从以下几方面考虑：

第一，避免安装在阳光直射的地方。

第二，据房间不同的朝向，选择最合理的安装方位。北面是最佳位置，因为夏季北面的温度比南面要低，对散热有利，可减少电耗。

第三，空调器两侧以及顶部的百叶窗不要遮盖，并且百叶窗旁边应留出足够大的空间。

第四，距空调冷凝气的出风口1米内不允许有障碍物，否则会造成冷凝气排出气体倒流。

第五，室内位置的选择应尽量使空调器所送出的冷风或暖风能遍及室内各个方位。

第六，空调器安装要求距地面高度大于60厘米，离天花板的距离应大于20厘米。

第七，不要安装在有油污等污浊空气排放的地方。

②分体式空调室内机的布置

一是，应安装在室内机所送出的冷风或热风可以到达房间内大部分地方的位置，以使房间内温度分布均匀。室内机不应安装在墙上过低的位置，因为室内机出风口在下部，进风口在正面，如果安装过低，冷风会直吹人体或送在地面上，造成室内温度均匀性极差，使人感到不舒适。

二是，对于窄长形的房间，必须把室内机安装在房间内较窄的那面墙上，并且保证室内机所送出的风无物阻挡。否则会造成室内温度分布不均，使制冷时室内温度下降缓慢，或制热时温度上升缓慢。

三是，室内机应安装在避免阳光直照的地方，否则制冷操作时，会增加空调器的制冷负载。

四是，室内机必须安装在容易排水，容易进行室内外连接的地方。室内、室外机连接管必须向室外有一定的倾斜度，以利于排除冷凝水。

③分体式空调室外机的布置

第一，室外机应安装在通风良好的地方。它的前后应无阻挡，有利于风机工作时抽风，增强换热效果。

第二，室外机不应安装在有油污、污浊气体排出的地方，否则会污染空调器，降低传热效果，并破坏电气部件的性能。

第三，室外机的四周应留有足够的空间，它的左端、后端、上端空间应大于10厘米，右端空间应大于25厘米，前端空间应大于40厘米。

（3）家用空调省电窍门

①依据住房面积选购空调器的型号。目前，国内住房一般按每平方米200瓦制冷量计算。制冷量太大则造成浪费，制冷量小则达不到预期使用效果。

②尽量避免将空调器的设定温度调至25摄氏度，人体舒适的温度是25摄氏度左右。

③开启空调器后，要关闭门窗，防止室内外空气的热交换，造成冷气的流

失。白天可以放下窗帘，以防止阳光照射产生热量。

④分体式空调机比窗式空调省电，正确安装，可有较好的省电效果。

⑤定期请专业人员清洗室内机的过滤网和室外机的冷凝器，补充雪种，使空调器保持在较好的工作状态。

⑥利用空调器的定时开关功能，在入睡后定时将空调器关闭，半夜再利用定时功能把空调器开启1～2个小时，可有效地避免空调器整晚频繁启动，达到省电效果。

⑦变频空调器利用变频调节输出能力的特性，有效避免了空调器重复启动而造成的耗电浪费。

⑧与电风扇并用。将空调冷气向上吹可以提高降温的效率。当冷气开始运行时，用电风扇将冷气向上吹，可以使床、沙发等聚集处的冷气得以循环，短时间就可以提高降温效率，使制冷效果上升。并且制冷时将空调的风向向上调节。

⑨外出前30分钟关闭空调。关闭空调30分钟，室温不会有大的变化。所以要养成出门前30分钟切掉电源的习惯。

⑩夏季使用空调的节能模式是冷气、除湿两种功能分开使用。不能单纯地比较冷气和除湿功能耗电的成本。酷暑的晌午，无论如何温度都很高时，就调至冷气功能。而在闷热的梅雨季节，则使用除湿功能。分开使用可以节省电力。

8 如何使电冰箱更省电

现代家庭必不可少的保鲜工具——电冰箱成了人们的好帮手。而人们选择冰箱时，耗电量是最关心的问题之一。其实人们在使用冰箱时的操作方法，也会影响冰箱的耗电量。只有合理使用电冰箱，才能有效地减少耗电量，下面介绍几种节约用电的方法：

（1）选购冰箱的规格大小应根据自己家的需要，不要买过大的冰箱。从我国居民的饮食习惯看，家用电冰箱以每人平均容积50升左右为宜。因此，三口或四口之家可考虑选购容积150～220升的冰箱。冰箱门应密封良好，门封与箱体之间四周应严密吻合。可用一张薄纸片进行测试，看各处是否都夹得很紧，纸片任何一处都不得滑动。旧冰箱也应注意用此法测试，如果密封不良，应予维修或更新。

（2）电冰箱应摆放在环境温度低，而且通风条件良好的地方，要远离热源，避免阳光直射，并且摆放时电冰箱顶部左右两侧以及背部都要留有适当的空间，以利于散热。

（3）减少冰箱门的开关次数，缩短每次开门的时间。因为开门期间冷气逸出，热气进入，须要耗能降温。放入或取出物品动作要快，不要耽误时间。普通家用冰箱，如果每天开关20多次，每次约20～40秒，不仅会增加电费开支，还会影响冰箱的冷冻程度；如果每天开关40多次，电费会增加30%以上，还会影响冰箱寿命。开门次数尽量少而时间短，因为每开门一分钟，箱内温度要恢复原状，压缩机就要工作5分钟，耗电0.008千瓦时。

（4）严禁将热的食品放进电冰箱内，因为，热食品含热量比较高，放进冰箱后，将会使箱内温度急剧上升，同时增加蒸发器表面结霜厚度，压缩机工作时间过长，耗电量增加。

（5）电冰箱存放的食物要适量，不要过满过紧，影响箱内空气的对流，食物散热困难，影响食物的保鲜效果，同时增加压缩机工作时间，使耗电增加。冰箱内食品之间以及食品与箱壁之间应留有10毫米以上的空隙，以利于冰箱内冷空气对流，减少耗电。但冰箱内的食物也不能太少，空冰箱耗电量同样很大。放置冰箱时，冰箱背面以及两侧与墙之间都要留出空隙，这比紧贴墙面每天可以节电20%。

（6）蔬菜、水果等水分较多的食物，应洗净沥干，用塑料袋包好放入冰箱，以减少水分蒸发而加厚霜层，缩短除霜时间，节约电能。

（7）根据所存放的食品恰当选择箱内温度，如鲜肉、鲜鱼的冷藏温度是-1摄氏度左右，鸡蛋、牛奶的冷藏温度是3摄氏度左右，蔬菜、水果的冷藏温度是5摄氏度左右。要注意的是冰箱温控器的旋钮盘面上所标出的1、2、3、4等数字，不是指冰箱内的具体温度值，只是表示低温的程度，一般指示数字越大，表示冰箱内温度越低。可根据所存放食品的温度需要和环境温度，转动温控器的旋转盘进行调节，使冰箱内温度达到要求。

调节温控器可是冰箱省电的关键。夏天时，调温旋钮一般都调到“4”或者最高处。但在冬天，转到“1”就可以了，这样可以减少冰箱压缩机的启动次数，省电是当然的了。

（8）放在冰箱冷冻室内的食品，在食用前可先转移到冰箱冷藏室内逐渐融化，以便使冷量转移入冷藏室，可节省电能。

（9）夏季制作冰块和冷饮应安排在晚间。晚间气温较低，有利于冷凝器散热。

（10）要保持冰室内的清洁，及时除去霜层。冷冻室挂霜太厚时，制冷效果会减弱。化霜宜在放食品时进行，以减少开门次数。完成冰箱清洁作业后，要先使它干燥，否则又会立即结霜，这样也要耗费电能。冰箱霜厚度超过6毫米就应除霜。

（11）冰箱盛水盘上方的滴水管道，是冰箱与外界空气唯一直接交换的通道，所以泄冷现象是不容忽视的，如果用一团棉花裹在滴水漏斗上，然后用细绳或胶布包扎，那么就能达到省电的目的，在夏天外界的温度为35摄氏度时，甚至可以省电10%以上。

9 电脑省电技巧

现在电脑已经成为最常见的电器之一。很多人由于平时不注意细节，使用电脑的同时也使电量猛增。

（1）家用电脑省电技巧

①使用电脑时，如果预计停用在20分钟以内，什么也别动，20分钟至1小时，建议将电脑置于待机或休眠状态，此时耗能17～25瓦；如果停用时间大于1小时，最好关机。

②平时用完电脑关机后，应拔下电源插头或关闭电源接线板上的开关，不要让它处于通电状态，不拔耗能3～5瓦。

③打印机、音箱等外部设备，不用时要及时关闭。

④光驱、软驱、网卡、声卡等暂时不用的设备可以在BIOS里屏蔽掉。

⑤降低显示器亮度。在作文字编辑时，将背景调暗些，节能的同时还可以保护视力，减轻眼睛的疲劳强度。当电脑在播放音乐、评书、小说等单一音频文件时，可以关闭显示器。

⑥很多DIY热衷于超频，作为技术试验未尝不可，如果不超频一样能完全满足性能需要时，还是尽量少超频，既节能，又稳定安全。

⑦同一尺寸的液晶显示器要比纯平显示器节电2/3，有条件的可换用液晶显示器。

⑧对机器经常保养，注意防潮、防尘。机器积尘过多将影响散热，显示器屏幕积尘会影响亮度。保持环境清洁，定期清除机内灰尘，擦拭屏幕，既可节电又能延长电脑的使用寿命。

（2）笔记本电脑省电技巧

如何尽量延长电池的使用时间是众多笔记本电脑用户极为关注的事情。运用一些小技巧和使用中尽量减少不必要的浪费，可以令电池得到最充分的利用，最大限度地延长电池的使用时间，从而提高工作效率，尽享移动办公和娱乐的乐趣。

①调低屏幕的亮度。白天，关闭电脑的键盘灯。

②当不使用无线接收装置时，把它关掉。

③有些用户有事没事都爱打开CD放音乐，电池的电量也就随着音乐的播放悄悄地流走了。建议大家只在想要享受音乐时才放。

④电池使用过程中，尽量进行完全的充放电。

⑤尽量避免在很高或很低的温度下使用电池。

⑥为你的笔记本电脑使用正确的AC适配器。

⑦使用电池管理软件Battery MaxiMiser，选择最适用于你的电力延长方案。

⑧为显示器、硬盘和系统休眠设定待机时间，这样在你不工作时，也让你的笔记本电脑进行休息。其实，笔记本电池也是有灵性的家伙，好好地保护它、善待它，它也将为你带来更美好的移动享受。

10 电视机省电窍门

电视机是几乎每家每户都有的家用电器，一年下来耗电量也很可观，了解一些常识，就可有效省电。

（1）电视的耗电量和音量有关，所以在用电视机的时候要特别注意，一般而言，电视的声音要调到适合的程度，这样一来，不光省了电，也不会干扰邻居。

（2）电视的亮度也与耗能量有关。彩色电视机最亮与最暗时的耗能相差30瓦至50瓦，可在室内开一盏低瓦数的日光灯，把电视亮度调小一点儿，这样不但节电而且不易使眼睛疲劳。白天看电视拉上窗帘，可相应降低电视机亮度。另外，加防尘罩可防止电视机吸进灰尘，灰尘多了就可能漏电，增加电耗，还会影响图像和伴音质量。

（3）看完电视，要立刻关闭电源，而不是把它搁置在待机状态。不拔掉电源插头会消耗电量，因为电视机在待机状态下耗能一般为开机功率的10%左右。

如一台21英寸彩电每天待机16～24个小时，那么每月耗能为4.23千瓦时，拔下插头就可节省大约2.1元。

11 如何使照明灯更省电

把白炽灯改成节能灯，在同样的亮度下用电量可以减少到原来的1/5，而且节能灯的寿命是白炽灯的 6 倍以上。这里，建议大家购买质量好的知名品牌，选择光效高、寿命长、显色好的产品，这样用起来才划算。

（1）如何辨别节能灯的效果

判断一个节能灯是不是节能，节能效果是不是明显，在没有仪器的情况下，我们只能凭眼睛去感觉它亮不亮，如果有对照就比较好，你可点亮同功率的节能灯，看看它们亮的程度如何（当然其中一支你认为质量比较好，可能价格高，另一支亮度差些，价格便宜）。好的节能灯产品发光亮度很高，甚至你会感到一种刺眼的感觉，差的节能灯就像一支烛光，或是像一支T12荧光灯管。

（2）如何挑选优质节能灯

电灯是每个家庭必不可少的东西，但很多人较多关注灯具、灯泡的外观，却忽视了它的性能。正确的选择不但使你的生活更加舒适，而且可以节约电能。

①注意灯上标的使用电压。如果低电压的节能灯在高电压电源下使用，灯就会被烧毁。

②注意使用合格品牌。用户应使用国家质量技术监督局公布的质量合格的品牌，不要使用劣质品。

③选择好节能灯的功率。自镇流荧光灯的光效一般比白炽灯高4倍。家中如果原来使用60瓦的白炽灯，现只使用16瓦的自镇流荧光灯就够了。

④要看有没有国家级的检验报告。

⑤要看产品的外包装，包括产品的商标、功率、标记的内容。用软湿布擦拭，标志应清晰可辨。

⑥要看产品使用寿命合格的自镇流荧光灯在正常使用时必须达到8000小时以上，如达不到标准，即为劣质品。

⑦要看安全要求。在安装、拆卸过程中，看灯头是否松动，有无歪头现象，是否绝缘。

⑧要看灯的材料。看外观材料是否耐热、防火，灯中的荧光粉是否均匀。

如果未使用就出现灯管两端发黑现象，即为不合格产品。

⑨要看价格。一般来说，节能灯由于制造、生产过程中的特殊原因，成本相对来说较高。如果是单价七八元的自镇流荧光灯，很可能是一些小厂生产的劣质品，一般来说，国内知名厂家的自镇流荧光灯单价均在二三十元甚至30元以上，进口的价格就更高。

（2）家庭照明省电窍门

①尽量选择高效照明灯具

在保证满足有效的照明和亮度的前提下，合理选择电光源和灯具，可以用自镇流荧光灯代替白炽灯，细管径双端荧光灯代替粗管径双端荧光灯。如一只5瓦的自镇流荧光灯相当于20瓦白炽灯的亮度，16瓦的自镇流荧光灯可相当于60瓦白炽灯的亮度。

②灯具的安装高度要合适

如20瓦的日光灯，若装1米高，照度是60流明，0.8米高是93.75流明。高度适当放低就可减少灯具瓦数。

③还要关注一下照明装置

合理地利用反射器，把灯转向须要照明的方向，能够节约另外一半的电能和费用，还能让你更加舒适。

④装调光节电装置

床头灯、客厅吊顶灯如采用白炽灯，应加装调光节电装置。

⑤避免长明灯

楼梯、过道等处照明应采用声光控延时开关或人离开时及时关灯。

⑥看电视节目时，只亮所需电灯

既能节电又能保护视力。

⑦双端光灯应采用电子镇流器和节能型电感镇流器

电子镇流器自身功耗低，只有4瓦，而常规电感镇流器自身功耗为9瓦。

12 如何使电热水器更省电

（1）如何选择电热水器

①选择具有认证标志的产品。

好的电热水器应该具有防干烧、防漏水、防触电，以及过热保护装置等多重安全保护功能。电热管是电热水器的核心部件，一定要选不锈钢制作的，才能抗腐蚀，不漏电，可靠耐用。有的产品还在电源插头上安装了漏电保护器，一旦漏电，可在瞬间切断电源。一般来说，凡是经过国家家用电器检测中心检测合格，并有国家相关认证机构颁发的“3C认证”标志的产品，用户可放心选用。

②按家庭人口来选择热水器的大小。选择贮水式电热水器应该根据安装位置和家庭人口多少来定。一般两口之家买容量为40～50升的电热水器即可，或以每人20～25升为宜。

③注意电路的承载能力。在选购电热水器时，还要考虑住宅用电线路以及电表等所能承受的负载，一般加热功率应在2000瓦以下。由于电热水器耗电量较大，电费开支对用户来说是不得不算的一笔账。所以，消费者在选择时应考虑买保温层厚、保温材料密度大的产品。

（2）电热水器省电窍门

①选择高品质、信誉好的电热水器。

②选择保温效果好，带防结垢装置的电热水器。

③执行分时电价的地区，在低谷时开启，蓄热保温，高峰时段关闭，可减少电费支出。

④淋浴器温度设定一般在50～60摄氏度，不需要用水时应及时关机，避免反复烧水。

⑤如果家中每天都需要使用热水，并且热水器保温效果比较好，那么应该让热水器始终通电，并设置在保温状态。因为保温一天所用的电，比把一箱凉水加热到相同温度所用的电要少。

⑥夏天可将温控器调低，改用淋浴代替盆浴可降低费用。

13 常用小家电省电技巧

（1）吸尘器

①先整理房间再使用吸尘器，可以减少吸尘器使用时间。

②使用时应依照地面（地毯或地砖）情况、灰尘的多少来调整风量强弱，并配合适用的吸嘴。

③勤于清理或更换集尘滤袋。

（2）吹风机

①选择适当瓦特数的吹风机，以减少耗电量。

②优先选择附有安全装置的产品，当机体内部温度过高时安全保护装置（即温度开关）会自动断电，待机体内部温度降低后，才可恢复正常使用。

③洗头发后，应用毛巾将头发擦干些再使用吹风机，以减少吹发时间的耗电量。

④请勿在冷气房内使用吹风机吹头发，以免增加空调的耗电量。

⑤使用时，避免让异物掉入吹风机内，或堵塞吹风机的进出风口；并应不定期清除吹风机的进出风口，以免阻碍冷热风的流通，造成机体内部温度过高而导致机件的故障。

（3）微波炉

①微波炉适合用于食物的加温和解冻，参考微波食谱做菜省电效果好。

②密封食物应开启后再放入微波炉加热。

③烹调食物前，可先在食物表面喷洒少许水以提高微波炉的效率，节省用电。

④仔细阅读微波炉操作手册，以提高能源效率。

（4）电饭锅

①选择电饭锅时，应根据家庭人员的多少、经济条件确定功率大小。

②使用电饭锅最好提前淘米，用温水或热水煮饭，这样可以节电30%。

③电热盘表面与锅底如有污渍，应擦拭干净或用细砂纸轻轻打磨干净，以免影响传感效率，浪费电能。

④要充分利用电饭锅的余热，如用电饭锅煮饭时，可在沸腾后断电7～8分钟，再重新通电。一般情况下，开始吃饭就可以拔下电源插头，靠饭锅的保温性能完全能保持就餐时的温度需要。电饭锅上盖一条毛巾，可减少热量损失。

（5）电熨斗

①购买电熨斗时选择附有温控调节器和蒸汽熨烫功能的产品。

②配合衣料调整合适温度，适时使用蒸汽熨烫。

③连续熨烫用完即切电，避免一次只烫一两件或让熨斗空摆加热。

（6）饮水机

①在饮水机电源侧加装时控开关。一般饮水机只要接通电源开关后，桶内的纯水就被长时间地反复加热，这不但不利于饮用卫生，而且还浪费电能。其实只要给饮水机加装一个简单的节电开关电路，就能解决这个问题。

②大多数饮水机采取的保温措施都很简单，仅用两片泡沫塑料将加热桶围住而已，所以散热很快，效率较低。最好能用聚氨脂材料（一般电冰箱的修理部有）在加热桶四周进行发泡填充，这样可以大大提高保温效果。

（7）电风扇

一般扇叶越大的电风扇电功率越大，消耗的电能越多。电风扇的耗电量与扇叶的转速成正比，同一台电风扇的最快挡与最慢挡的耗电量相差约40%，在快挡上使用1小时的耗电量可在慢挡上使用将近两小时。因此，在风扇满足使用要求的情况下，应尽量使用中挡或慢挡。

14 家庭日常用电的误区

在家庭日常生活中，很多人注意节电，但由于存在一些用电误区，节电效果常常适得其反。

误区一：有些人用电饭锅煮米饭，插上插销就去忙别的事情，过了很久才回来把插销拔下来。其实，当锅内温度下降到70摄氏度以下时会连续自动通电，既浪费电又减少使用寿命。

误区二：洗衣机有强洗和弱洗的功能，人们往往认为弱洗会比较省电。实际上强洗比弱洗不仅省电，还可以延长洗衣机的寿命。

误区三：有人觉得冰箱内放的东西越少越省电。其实不然，冰箱内东西过少，热容量就会变小，压缩机开停时间也随着缩短，累计耗电量就会增加。放的东西也不能过多，不要超过冰箱容积的80%，否则也会费电。而且，食品之间应该留有10毫米以上的空隙，这样有利于冷空气对流，使箱内温度均匀稳定，减少耗电。

15 如何省气省钱

燃气是家庭能源支出的一个“大头”，如果不节约使用，费钱不说，还特别容易造成燃烧不充分或者泄漏，危害家人的健康，甚至导致人身伤害事故。

下面是12个节气小窍门，不妨一试：

（1）作好准备。使用燃气前先要做好用火前的准备工作，防止燃气空烧现象。做饭时，应先把要做的食物准备好再点火；若是烧汤，炖东西，先用大火烧开，然后关小火，只要保持锅内滚开而又不溢就行。用火时要尽量减少炉具开关次数，减少跑气，减少空气污染和对电子打火件、灶具开关的磨损。

（2）适当运用大小火。做饭时避免烧“空灶”。烧汤或炖东西，先用大火烧开，再用小火。炒菜、蒸馒头，用大火。熬汤、烙饼用文火，食物熟或沸腾后，把火关小，保持微沸即可。烧水时，先用小火，等水温升高后，再用大火烧。

（3）多焖少蒸。蒸饭所用的时间是焖饭的3倍，因此你可以选择焖替代蒸。

（4）调整风量。随时调整风量，使灶具火焰保持蓝色状态。天然气、煤制气或者液化气灶具燃烧时有时出现黄火苗，说明缺氧，产生“脱火”现象则说明空气过多，此时可适当调整灶具风门，待火焰呈紫蓝色时，表示燃烧充分。

（5）锅底与灶头保持20～30毫米距离。锅底与灶头的最佳距离应保持在20～30毫米，还要注意保持锅底清洁、干爽，以便热尽快传到锅内，达到节气的目的。

（6）保养灶具。注意定期清洗、保养灶具部件，使燃气能充分燃烧。灶具使用时间稍长后，有时出现火苗变小，火苗发红，灶头发黑现象。这是油污和积炭掉入燃烧器小孔或喷嘴里造成的，应及时清除油污积炭，使火苗保持正常燃烧状态。

（7）擦干锅、壶。应先把锅、壶表面的水渍抹干再放到火上去，这样能使热尽快传进锅内，节约用气。

（8）炊具节能。使用节能炊具，改进烹调方法。有蒸饭习惯的改为焖饭，利用高压锅做主副食，以较薄铁炊具代替既厚又笨重的铸铁锅。

（9）做好挡风。若有风把火焰吹得摇摆不定，可用薄铁皮做一个“挡风罩”，这样能保证火力集中。

（10）检查漏气。经常检查灶具以及与之相连的胶管，避免漏气现象发生。检查重点是：输气管接头是否松动，输气胶管是否有脱落、松动、龟裂等情况，如发现有跑漏气问题，应尽快设法解决。

（11）注意温度。使用液化气的用户，还要注意液化气钢瓶放置处的环境温度。液化气钢瓶适宜温度以10～20摄氏度为好，冬天不能把钢瓶放置于厨房外。

（12）选好灶具。灶具应是大厂名牌产品。居民用户一定要到大商店或专卖店购买知名品牌，切忌图便宜在地摊上买个杂牌炉具，这种灶具大多质量不能保证而且往往故障多，燃烧不良，冒黑烟，既浪费燃气又危害人体健康。

第五章

买房房贷省钱

——买楼省钱按揭有妙招

随着房地产市场的逐步完善和一些房产交易税费的降低，选择房产投资，已经成了家庭财产保值增值的新时尚。而要达到房子保值增值的最大化，购房者可以在购房时就省一些钱。

买房谁都想越便宜越好，尤其在房价不低的城市里，当然要动足每一根脑筋。因为买房子不同于购买其他商品，绝对是人生的一件大事。许多人花费了大量的时间和精力，却难以选到一套满意的房子，让人整天牵肠挂肚。

当前，无论自住或投资，普通购房者大多须要借助银行房贷，而各家银行推出的房贷产品差别大，优势各异。在贷款买房时你应注意哪些方面才能轻松贷款，合理理财呢？还有在按揭买房时，什么时候出手，怎么付款最合算呢？

下面将详细地为你解答。

1 买房须先多考量

不少人买房前急躁，买房时冲动，买房后后悔。产生这样现象的主要原因是没有根据自身实际情况对自己的买房行为进行理性分析。

房地产作为一种特殊的商品，价值比较大，往往动辄几十万元甚至几百万元。对于广大买房者而言，如何在买房过程中省钱，避免多花钱却不实用的遗憾，也是一门学问。专家分析归纳了买房时可以多加考虑的六个方面，供大家参考。

（1）房在于精不在于大

很多人认为，只要条件许可，房子就应该买得大一点，大总比小住得舒适。其实，房子并非越大越好，最理想的方式是布局合理、分工明确、够用就好。比如三口之家，住在200多平方米的大房子里，难免会有缺乏人气、不方便整理和打扫的困扰。因此，买房前首先要有“房在于精不在于大”的观念。所谓精，就是指房型要紧凑，过道、阳台等面积控制合理，厅的进深不宜太大，一切从实际需要出发，避免无谓的面积浪费。

（2）有时低一点也不错

现在市中心地区的许多高层、小高层，同一房型，同一建筑面积，每上一层楼，总价要提高几千元到几万元不等。一幢20多层的房子，高区和低区的总价差额达十几万元。虽说高一点风景、采光等条件比较好，但如果楼距较大，低一点也无妨。高也有高的缺点，比如，越高风越大，不能随意开窗，上下楼乘坐电梯的时间较多，不适宜恐高症患者居住等。另外，拿底楼与二楼相比，底楼每月可节省电梯运行费几十元，日积月累，也是一笔不小的积蓄。因此，买房不必一味追求楼层高，从经济的角度出发，有时低一点也不错。

（3）要风度更要有温度

近两年建成的商品住宅，大都是外凸式大开窗，有的还是270度转角型大窗。这类大窗固然美观，采光和视野都无可挑剔，但有一个弱点——保温性较差。前不久，上海市已正式实施《建筑节能管理办法》，要求新建住宅全部按照节能50%设计建造，规定节约型住宅除了窗户墙体的面积比例不得超过60%外，还要采用外墙保温技术、节能型门窗、太阳能照明技术、太阳能热水系统等等。虽然每平方米住宅造价会增加100元左右，但这些支出与日常节省下来的水、电、煤等费用相比，短短几年时间就可以收回。

（4）毛坯装修自己做主

有的人喜欢个性化的家庭装潢，那么，在同一个既有毛坯房又有全装修房的小区内，可以考虑购买前者。因为与其买下全装修房后，自己敲敲打打再重新装修，造成资源和资金的大量浪费，不如直接购买毛坯房。身边确实有不少购房者看中的是全装修房，买下来后又重新装修，实在有点可惜。因此，从节约的角度出发，毛坯房还是全装修房，自己在买房前一定要想好。

（5）宁要绿化不要水景

购房者在买房时，还要问问物业管理费的标准。有的小区看起来地段一般，品质也不高，但物业管理费蛮高，究其原委，主要是小区内有人工水景，甚至是人工湖，这类景观的养护成本要比一般小区高很多。因此，建议购房者在同样容积率的情况下，宁可选择绿化多的小区，不要选择水景多的小区。因为人工水景(包括人工湖)，并不是活水，要保持水质优良，就必须常换水，用水要花钱，再加上抽水的电费，肯定要比养护一般的绿化成本高。

（6）“面子设施”不要也罢

所谓“面子设施”，是指小区内的会所设施。许多小区内的会所，大都不开张营业。少数开张的，无论是开发商自主经营，还是委托承包经营，基本上都处在亏损或微利的状态。因此，会所对本小区业主的好处，更多的只是停留在面子好看、名声好听而已。但是这个面子是有成本的，是计入开发商开发成本之中的。所以，一些务实的购房者，大都会选择购买没有会所的楼盘，价格相对会便宜一些。

2 买房先掂掂钱袋

第一类　财大气粗型

资金指数：★★★★★

购买力指数：★★★★★

理财指数：★★★★★

情况分析：这一类人群，要么属于“金领”一族，要么就是家底相当殷实。他们通常拥有较高的收入，可供选择的房屋种类也相当多。鉴于年轻人的天性，建议还是购买城区的高档房屋，这样无论是生活还是工作，甚至今后子女受教育都相当方便。

理财建议：虽然可支付房屋全款，但同样可以通过贷款的方式购房，从而将资金投入其他渠道获取更多收益。

第二类 父母支援型

资金指数：★★★★

购买力指数：★★★★

理财指数：★★★

情况分析：首付款依赖父母资助的人群又分两种情况，一种是家庭相对富有的年轻购房者，第二种是父母只能勉强资助，略尽心意。两者均应该充分考虑父母的收入状况、身体健康状况、年龄状况等，不可太过勉强。尤其后者，在能力所及范围内，应考虑降低选房标准或者分阶段完成家庭买房目标，并且应当选择保值性好、转售较容易的过渡型房子进行阶段性购房。

理财建议：应将关注重心放在月还款金额上，一般以月收入的50%～55%为上限（确保满足日常生活支出底线），还款能力强的可以适当提高房屋总价，降低首付款比例；月收入2000元以下者，建议购房贷款额度越小越好。

第三类 自给自足型

资金指数：★★★

购买力指数：★★★

理财指数：★★★

情况分析：这些人没有父母资助，完全依赖自有存款购房。如果靠自己就能买房，那么他们一般可承受的首付款在20万元以内，但是月还款能力较高，收入预期也比较好，同时他们对生活质量的要求比较高。

理财建议：避免选择“高成本投入”的房子，比如市中心高价房源。如果排除作为婚房等要求，建议选择交付较早的主城边缘或近郊期房。

第四类 亲友借贷型

资金指数：★★

购买力指数：★★

理财指数：★★

情况分析：第四类是主要依靠向亲人、朋友借款买房的人群。这部分人群又有两种情况：一种是收入状况或可预见收入状况较好、以往理财状况不理想的年轻人，只要借款偿还计划以及月还款额在他们可承受范围内即可；另一类是收入状况较不理想人群，可以更多地考虑经济适用房或者租房过渡，慢慢积累首付款。

理财建议：因为在还贷款的同时，还要定期归还向亲友所借的款项，再加上生活支出等，日后资金会比较吃紧。因此，这类年轻人一定要理智分析自己的财力，避免选择过高价房屋，从而导致日后的生活困难。

第五类 收入较低型

资金指数：★

购买力指数：★

理财指数：★

情况分析：这部分人群收入相对低，比如首付能力在8万元以下，月收入在2000元以下，他们目前选择的房源只能为远郊楼盘，但同时那也会造成生活、交通成本相对偏高。

3 利用楼盘打折信息以及推介会

目前网络媒体的更新速度非常快，一般情况下最新的楼盘项目的优惠打折信息都会非常及时地公布在网站上，经常关注网上信息，你就不会落在别人的后面，真正做到买房省钱，而且绝对不是小数目。

推介会是开发商为了扩大项目的知名度，而举办的介绍和推广项目的会议，一般参会人员都会拿到该开发商系列项目买房的折扣卡。

开发商们的促销手段也多种多样。首先是最直接的打折。据了解，超过80%的京城在售项目都有大小不等的折扣，并且一次性付款可以拿到较大折扣。

推出特价房，也是开发商打开销售渠道的另一手段。从近期的市场表现看，特价房的折扣普遍都在 9 折以下，甚至已经有低于 8 折的项目。比如北京的远洋一方推出少量特价房，8.5 折起，珠江奥古斯塔城邦推出毛坯房特价，金都杭城推出 10 套左右特价房，金地格林小镇 6 推出 10 套特价房等。

比如，一个网友看房时说："平时没事就上搜房网，不少一线楼盘开盘打折的消息都是从搜房网上看到的，这为我们提供了不少帮助呢。"

4 团购买房更省钱

团购即为团体采购。中国最早出现团购是公司为了降低成本而集合所有子公司进行采购。而发展到目前个人层面，得归功于互联网。由业内有影响的个人或专业的团购服务公司（团购网站）进行召集，将有相同购买意向的会员常年组织起来，向厂商进行大宗购买，从而在保证质量的情况下，获得产品超低价格和服务保障。团购最早在北京、上海、深圳等城市兴起，目前已经迅速在全国各大城市成熟起来，成为众多消费者追求的一种现代、时尚的购物方式，并逐渐发展成为一种新型的消费模式。

比如，买了新房的张女士首先提到的就是团购。“当时我们一家三口住在一套一室一厅的小房子里，儿子越来越大，正准备买房子，机会就来了。”张女士说，这个机会就是单位组织的团购，在当时房价已经3000元/平方米的情况下，他们团购享受到了2600元/平方米的“批发价”。对于一套大房子来说，省下的钱可不是个小数目，那是像她这样普通的工薪阶层半年甚至一年的工资收入。“如果有机会，一定要团购！”

（1）团购买房主要方式

团购买房形式多种多样，主要团购方式分为两种：

①业主自发在网络中组织，形成一个谈判的核心代表队伍，然后由团购成员代表去开发商处谈判，谈相关的折扣、合约更改等。目前此种形式成功率很低。

②借助网络媒体力量并且直接由网络媒体出面与开发商进行谈判，谈好条件后，再组织成员进行团购。目前此种类型成功率颇高，既能优先选房又省时省力省钱。

（2）团购买房的优势

参加团购买房的优势在于：

①得到更低的折扣和更多优惠。

②签订更详细的补充协议，保障自身权益。

③得到更多房源信息，便于选择。

（3）如何参加

①点击进入各团购活动网了解详情。

②拨打报名热线或通过在线客服填写个人联系方式（留下手机号码）。

③对方将发送短信和你确认。

④团购会现场签到，领取活动相关资料。

⑤进入砍价大军的行列，跟商家砍价获得最终团购价格，根据自己的需要现场下订单。

（4）参与团购要注意什么

但参与团购也会有风险，必须谨慎对待。消费者参与团购时，不仅要慎重选择组织者，还要提前了解所要团购房产的一些具体情况，以防在签订团购协议中处于被动地位。特别是在参与团购和签订正式购房合同之前，还须要把房产和自己的要求进行比较，再在团购协议和购房合同上签字，建议最好聘请专业律师陪同。要注意如下几点：

首先，要搞清楚该房屋建设是否具备三证：土地使用权证、规划许可证、建设许可证。主体封顶后，还要看是否有预售许可证。

其次，审查团购合同。

再次，审查开发商与卖房人是否有其他合同或条件，如带有福利性质、解除劳动合同后房屋的归属等。

最后，合同价款以及付款方式双方应充分协商。必要时争取单位与你签署合同。

5 选准好时机，买房得实惠

一般一手楼的房价的变动走势是“先低后高再低”。即开发商所谓“内部认购期”时价格较低，正式开盘后的销售期价格将较高，到尾盘时将会有较多优惠，在有些楼盘开发商将尾盘一并交给地产代理或抵给承建商等机构的情况下，价格将会更优惠。这些阶段均可贷款，但须要注意“内部认购期”间购房要确认开发商已取得预售许可证。

一位专业人士举例说明：一套商品房，在开盘初期的价格为2500元／平方米，保险率为60%，可选择率可达80%；销售阶段中期价格为3000元／平方米，保险率为80%，可选择率为40%；尾盘期价格为2800元／平方米，保险率接近100%，但可选择率仅为20%。

楼盘刚开盘时，有很多不确定的因素。楼盘刚刚开始施工，将来的房子是否和开发商所说的或者广告所宣传的一样、能否如期入住、面积有没有缩水、工程质量有无保证，这一连串的未知和疑问，都需要时间去证实，此时购房风险最大。

销售中期，楼盘临近竣工阶段，尽管对工程质量情况已有所了解，交工时间也大概可以测算出，风险相对开盘期要小很多，但此时物业管理的水平如何、社区到何时才能彻底完善、小区安全保卫怎样等问题，只有在入住后才能真正了解，因此还是具有一定的风险。

到了尾盘期，房屋质量、物业管理、小区入住率、小区环境、安全保卫等情况都已一目了然，不少购房者已经入住。因此，消费者购买尾盘可以说几乎没有风险。很多消费者的心里会有这样一种想法，认为处于尾盘期的房屋是被别人挑剩下的，对它的质量存在很大的疑虑。其实，尾盘期的房屋并不见得都是不好的房屋。如开发商前期将部分房屋留在日后作为出租房用，但后期因为种种原因决定再售，从而形成尾房；有的开发商采用“低开高走”的价格策略，项目刚动工时拿出小部分房子低价销售，然后根据工程进度不断提高价格，但是有的楼盘在开始阶段没有获得市场认可，销售后期就承受了很大的销售压力，从而形成尾房。而这类房屋的质量跟开盘期的房屋相比，质量并没有区别。不过，业内人士还是建议，消费者在购买尾盘期楼盘时，应仔细分辨尾盘期的形成原因，防止买到烂尾房。

6 观望期买房，获得意想不到的优惠

在观望期买房，不会因为一味追涨而丧失理性，而且还有了更多的选择，同时还有可能获得意想不到的优惠，何乐而不为呢？

大家都在观望，这其实预示着购房时机已经到来。专家表示，在观望期内，不管是新房还是二手房，购房者都有可能得到优惠；同时对于购房者来说，由于不会产生因为追涨而造成的焦虑心情，因此在下决定时会理性得多。

根据以往的经验来看，在观望期房价会出现松动，因此购房者可以获得更多的优惠。就新房来说，开发商为了尽快回笼资金，往往在这个时期会想方设法吸引购房者的注意，打折让利以及买房送礼等促销将会层出不穷，购房者由此会享受到更多的优惠。而这在房价上涨阶段是不大可能碰到的，因为在房价上涨时，开发商手中的房子如同皇帝的女儿——不愁嫁，不少楼盘尚未开盘，就被预订一空，在开盘前几天，就有人开始排队认购，在这种情况下，开发商只会提价，而不会考虑让利优惠。

而对于二手房市场来说，在观望期也能淘到物美价廉的房子。在二手房市场，当市场趋冷时，有不少投资者出于解套考虑，往往会以低于市场价的价格抛售手中的物业，以求落袋为安，因此这时候如果耐心“淘房”，可谓放长线钓大鱼，很有可能会遇到很好的机会。

7 岁末购房便宜多

时值冬季，人们的购房热情不再高涨，很多人都将置业计划安排在了其他

的季节。但是业内人士认为，其实相比较于购房旺季，在冬季这一相对淡季购置房产也具有一些特殊的好处。

首先，能够拥有很大的选择余地。在冬季购房的人相对较少，因此房源相对充足，购房者的选择余地和空间更大，更有可能选择到心仪的房屋。

其次，在冬季看房验房，对于房屋质量特别是装修质量能够认识得更加清楚。如不但能够亲身体验暖气的运行情况是否理想，水管是否存在上冻现象，而且因为冬季天气干燥，因此还能够更好考察墙面、地板以及地板砖是否存在裂缝、鼓起的情况。

最后，冬季购房在价格上能够得到更加优惠。专家认为，根据历年的经验，每年临近岁末房屋的价格还是比较平和的，到次年年初一般会有一定的涨幅，在此时购房价格上还是比较实惠的。

8 挑个尾房捡个便宜

有人说尾盘的楼层、户型都无法挑拣，但对于老百姓来说，省钱、便宜是最主要的。一般来说，买房人不喜欢尾房，因为觉得它是别人挑剩下的“次品”，开发商不喜欢尾房，因为它是积压资金、影响新盘开发的“累赘”。结果，尾房被买房人遗弃，令开发商头疼。但事实上，尾房并非一无是处，反而更受一些精明买家的青睐，挑选得当，便很可能会捡个大便宜。

（1）买尾房的优势

①价格、付款方式及谈判有空间。购买尾房时，买家可以在价格、付款方式上有一定的讨价空间。

②能更客观、冷静。一般项目在开盘时都能造成令人产生购买冲动的销售氛围，不少买家就是在这种被炒热的情况下一时冲动买房的。买家在项目接近尾声时会变得更客观、冷静。

③风险低，买得更踏实。在尾房时期去挑房，会对项目的前期承诺、质量，特别是将来邻居的构成有更准确的认定，能看到的东西比在图中看到的更真实，买房也买得更踏实。

④性价比更合算。同一幢楼宇的成本中，地价、配套设施等对每个买家来说是一样的，而所不同的只是体现在朝向，尾盘因此在售价上又有比较大的优势，购买此类尾房性价比相对来说也许就更高些。

（2）怎样在尾房中“淘金”呢？

但想买尾房的购房人寻找起来非常吃力，原因是信息不通畅。

因为对于多数开发商来说，很少会为区区几套或十几套尾房而投入大量的资金作广告宣传。但是，有尾房需求的消费者又不在少数，那么，怎样让尾房浮出楼市呢？那么，应该如何淘尾房呢？寻找尾房可以从四个渠道入手。

①中介公司：有尾房房源的中介公司有两种，一种是以二手房销售为主的中介公司，另一种是完全代理尾房的中介公司。一般大的中介公司都有尾房房源。但购买时要注意，有些中介公司是代售，赚取的是佣金；有些公司则是收购之后销售，以赚取其中差价。同地段同品质的一套尾房房源，在这两类公司里，售价并不一致，需要消费者多加辨别。

②开发商或物业公司：多转转售楼处或物业公司总会有些收获。项目销售到尾盘阶段，一些开发商为降低成本，不再打广告，或者干脆就把尾房移交给物业公司代销或者开发商留下一两个销售人员销售尾房。

③网站：房地产专业网站上总有尾房的踪迹。

④拍卖行：因债务问题，银行、法院手中经常会有亟待处理的商品房，这部分房源一般都会被交到拍卖行，集中拍卖。其中不乏好地段、好户型的房子。

（3）选尾房应关注配套与交通

假如购买尾房是用于投资，那么应该更多注意的是项目的规模、周边的配套以及楼盘所处位置的交通状况。一般规模大、配套齐全的项目保值与增值潜力更大，而处于公路主干线或轨道交通线附近楼盘中的房子更容易出租或转售。

9 淘二手房实惠多多

到二手市场去淘房子，已经成为很多人购买房屋行之有效的途径。那么，如何花更少的钱买到更好的房子？在二手房交易的过程中，有哪些渠道可以合理减低相关费用，又有哪些看似有效的手段，其实使用起来后患无穷呢？

（1）中介费用打折

典型个案：孙先生经中介介绍，看中了一套两居室房源。在房屋交易的过程中，中介人员由于让上家觉得缺乏诚信，始终没有办法就过户细节与上家达成共识，同时无法按照孙先生的要求为他办妥贷款事项。后来，还是孙先生自己出面与上家谈判，彼此获得信任后促成了这笔交易。孙先生的贷款最后也是完全由自己出面全权办理的。由于中介只完成了一部分服务，最后，孙先生和中介方达成协议，中介费打6折后支付。

点评：房产中介提供的服务，不仅包括为房源寻找上下家，还包括居中协商价格，为上下家具体操办还款、贷款事宜，从技术层面确保房屋安全过户等。如果中介公司无法完成上述相关事宜，而将一些原本应该在义务范围内的事情交由交易双方自主独立完成的话，交易双方有权提出中介费打折的要求。还有一些中小型的中介公司，本来中介费收取标准就是松动的，有比较大的优惠余地。即使一些大公司，对于一些老客户，往往在中介费上也能给予一定的优惠，不妨试着谈谈。

（2）和中介人员交朋友

典型个案：张先生打算在居家附近再购置一套大三房。颇有买房经验的他通过几次看房行动，在附近好几家中介公司都交上了朋友。张先生总会隔三差五地去中介公司坐坐，和那几位熟识的中介人员聊聊近来的行情。这样，张先生不但对附近各楼盘的房价了如指掌，而且彼此间有了朋友情谊。后来，某楼盘推出一套非常适合居住的好房，而且挂牌价明显低于市场价。中介公司的朋友在第一时间将信息传递给他，结果他当天就下定，比市场价少花了20多万元买下这套很抢手的好房源。

点评：就目前的市场情况来看，低价急抛的二手房已经不多。一旦出现明显低于市场价同时又适合居住的好房源，还是颇为抢手的，一般两三天就消化掉了。这样的房源一出来，中介从业人员人人都希望这单生意在自己手中完成，为了提高成功率，他们自然将房源首先推荐给熟悉的、他们认为有购买诚意的客户。你不妨在中介公司多交几位朋友，这样，一旦有性价比高的房源出来，你可以第一时间知道信息。

和中介人员交朋友还有一个好处——你可以在平时随意的聊天中获得更多更真实的信息。要知道，现在的中介为了促成成交，很多时候也是欺“上”瞒“下”，玩弄小伎俩。而这些，你都可以通过平时无目的性的交流而洞察，等到真正交易的时候，就不会因不知情而上当受骗，多花冤枉钱了。

（3）做低合同价有后遗症

典型个案：邱先生看中了一套三房。签订合同的时候，上家提出，要将合同上的成交价做低，实际成交价250万元，合同上只写180万元，另外再签订一份补充协议，标明实际成交价。中介人员反复对邱先生说，这样做上家可以少缴不少税费，所以房价才会是现在这个价格，如果邱先生不同意，那么房价也要随之往上涨。中介方还说，写低房价邱先生也可以少支付一些契税，这样也能省不少钱。

邱先生一开始有些动心，好在陪他同去的朋友对房产知识和相关法律比较熟悉，劝邱先生不要这样做，因为后遗症很大。一来，做低合同价来避税是违规的；二来，合同价和实际成交价不一样，一旦发生纠纷非常麻烦；三来，如果邱先生以后又想将这套房子卖出，只能按照180万元计算买进成本，支付差价税、营业税等税收的时候就要多缴纳70万元差价的税收。也就是说，现在上家要缴纳的税收转移给邱先生将来缴纳了。因为上家坚持要做低成交价，最后，邱先生放弃了这套房源。

点评：做低合同成交价以避税的情况如今十分普遍。应该说，中介公司想出这么一招也属于无奈之举。从目前的二手房市场情况来看，上家的房屋挂牌价和下家的承受价差距很大，其中很重要的原因，就是上家要缴纳的税收比较多，尤其是购进不足5年的次新房，营业税、差价税是一笔很大的开销。中介方面曾经作过调查，如果扣除这些税费，上下家的心理价格还是比较接近的。由此一来，为促进成交，中介只能在“避税”两字上做文章，这才导致了做低合同价情况的普遍出现。

做低合同价虽然购买时的确能减少不少支出，但是对于上下家来说后遗症都很大。上家的后遗症主要在于合同价和实际成交价不一致，房产交易不是一手交钱一手交房，持续过程比较长，一旦过户手续办到一半，下家提出要求按照合同价支付房款，纠纷四起。对于下家来说，上面已经分析过，明明高价买房却写成低价，以后一旦要售出此房，在支付差价税、营业税等税收的时候要多缴一笔冤枉钱，这笔冤枉钱搞不好比现在省下的多得多。

（4）在维修基金上做文章

典型个案：宁小姐看中一套20世纪80年代初期的小两房，打算买来投资租赁市场的。上家认为挂牌价比较适中，所以不愿意在房价上作任何让步，并要求宁小姐额外支付维修基金。最后宁小姐提出，上家卖房时是不能提走维修基金的，而且，维修基金从当初缴纳使用至今还剩余多少计算起来也很麻烦，还是包含在房价里，不要额外结算了。上家想想也有道理，这样一来，宁小姐又节约了不少钱。

点评：一般情况下，二手房买卖时合同价都是包含维修基金的，但是，也有一些上家会要求维修基金额外结算，尤其是一些大面积的次新房，维修基金是一个不小的数字。如果你碰到这种情况，不妨学学宁小姐，应该说，成功的概率还是比较大的。

10 买拍卖房，享受优惠价

拍卖物业的主要特点是住宅拍卖价接近市场价或者低于市场价20%～30%。不过买拍卖房一般是一次性付清，须要一次性凑足房款。

房产投资置业者在购买拍卖房时还是应该对一些细节有比较清楚的了解，避免得不偿失。消费者购买拍卖房还要注意一些关键事项。

（1）购买拍卖房的七个流程

消费者在购买拍卖房的过程中，事先须要了解最基本的流程。购买拍卖房的流程一般可以分为七个步骤：第一步就是先了解拍卖房的信息，主要获取渠道是房产交易中心刊登的拍卖信息、各大媒体的拍卖公告以及一些拍卖公司的网站或者可以咨询一些知名的房产经纪公司；第二步就要仔细查阅拍卖房产的相关内容，比如拍卖公告、竞买须知和竞买申请书等；第三步就是申请竞买并办理相关竞买手续，存入保证金；第四步就须要进行实地考察拍卖房；第五步现场竞买，自己评估该房地产拍卖成交后所须交纳的转让税费，并以此作为竞买出价的参考之一；第六步签订成交确认书，并在成交确认书约定的时间内付清全款，开具房款收据；第七步办理产权证入住。

（2）淘好拍卖房四招

如何能淘到好房？这里有四大“黄金法则”。

一是广泛收集信息。报纸是拍卖公司首选的广告刊登载体，应该密切关注每次发布的拍卖信息，了解透彻。

二是理顺权属关系。产权是否清晰、有无贷款抵押等，是市民应该尤为注意的。

三是理性把握心态。拍卖会现场，买家们你争我抢的气氛屡见不鲜，这时自己可根据事先拟定的心理价位，有的放矢，切不可一时冲动失去理智，被现场竞价环境牵着鼻子走。

四是忠实履行义务。从拍卖师槌声响起的那一刻，就意味着拍卖法律关系的事实成立。竞拍者要及时在规定时间内，向拍卖行交付佣金和价款。否则，拍得人将承担法律责任。

（3）购买拍卖房须牢记三大点

第一，了解产权办理等方面是否存在瑕疵。要确认所竞买的房屋是否具有完全产权，是否具备房地产转让的各项条件；同时，须了解房屋产权的使用年限、面积和税费情况。

第二，实地考察计划购买的房地产，除了了解房屋的建筑面积、户型，房屋的布局、朝向是否合适，配套的水、电、气是否齐全，房屋的结构、外观质量有无问题，物业管理水平以及周围环境、交通条件是否理想外，更重要的是查询该物业是否有拖欠水费、电费、管理费、维修基金等情况。

第三，房屋里的附属设施，比如一些家具、家电之类的，要明确这些附属物与拍卖物业的关系。

以上所述，是消费者在购买拍卖房的过程中须要密切关注的。但是，最后还是须要提醒消费者，在当前的拍卖房中，有很多都是“整拍”，作为一般的消费者可能很难进入拍卖市场，而这些“整拍”房产的地段相对都较好，如果想获得这一部分房产，建议还是须要寻找一些大型的经纪公司，一方面能够获得好的房源，另一方面还可以保证购买房产的产权完整和清晰。

11 一次性付款，得付款折扣

购房者购买房屋时，开发商一般接受的付款方式有一次性付款和按揭付款。一般一次性付款方式的价格折扣要比按揭方式的房价低3%～5%。低3%～5%，算下来，一套房子就可以便宜几万、十几万，甚至几十万元。

也许有的人不愿承担利息支出，不想负债，而将自己所有的积蓄一并取出，一次性付清了房款。但是等房屋交付使用时，如果想申请贷款装修新家，这时再进行融资，可以申请个人信用贷款或住房抵押贷款，但要承担期限贷款利率，其中10年期的贷款利率为6.21%。同样是拿出所新购的住房抵押，由于借款人所选择的贷款品种存在差异，利率是不同的。若借款人在购房时就申请个人住房贷款，其中10年期的贷款利率为5.58%，同样的融资，利率比期限利率低0.63%，以10万元贷款为例，10年里将少支出利息3786元。由此可以看出，个人住房贷款的利率远低于普通贷款。

但一次性付款的资金压力大，承受的风险也大。付款前，购房者一定要想好自己有无能力一下子拿出全部的房款，拿出房款后，是否会影响装修，影响生活的稳定，影响教育计划、养老计划等。

12 用足政策上限，购买普通住房优惠多多

房产新政对购买普通住房的优惠力度加大，且选择面更宽，将来即使政策进一步放松，优惠向普通住宅倾斜的既定方针也是不会变的，所以购房者应首先在符合普通住房标准的房产中寻找房源。

普通住房成了香饽饽，因为从今往后购买普通住房很划算。普通住房目前的境遇好似家中的宝贝，舅舅疼，姥姥爱。政府出台的各项财税政策，对象全都是普通住房，如降低首付比例，给予更大的贷款利率优惠，上海甚至减免交易环节中的税费，如营业税、个税以及交易手续费等。此外，地方政府给予购房财政补贴的对象也是普通住房，由此看来，购买普通住房无疑是实惠多多。

因此专家建议，在现阶段，购房者应该将目光锁定在普通住房上面，以获取更多的政策支持和优惠，降低购房成本。

由于当前政策鼓励首次购房，因此须对梯级购房策略进行调整，也就是说，如何用足政策成为购房者要思考的问题。

到了该调整一下梯级购房策略的时候了。因为政策的变化，如果此时依然机械地套用梯级购房策略，会让自己错失享受优惠政策的良机，这显然有些得不偿失。因此给出的建议是，在自己力所能及的前提下，目前尽量选择购买那些面积较大的物业。而对改善型来说，由于政策尚未明朗，因此要达到目的则必须变通。

北京的小李作出了买大房的决定。小李将与未婚妻于小姐走进婚姻的殿堂，因此最近一段时间以来，一直在为买房而准备着。小李原本打算购买一套小房子用来过渡，等到自己经济条件改善之后再换大房。这种思路本来是正确的，因为住房消费应该讲究梯级消费。

但是现实问题是，目前政府出台的各项“救市”政策显然对这种策略有些不利。小李说，如果自己还坚持先买小房、再换大房的步骤，由于政策对第二套房的控制没有放松，因此当他在此后再次考虑换房时，可能会因为自己已经买过了房，而无法享受到相应的优惠措施。

小李的想法符合当前的市场实际。根据国家最近出台的一系列“救市”政策，我们不难发现，对购买首套住房的优惠幅度最大，如公积金贷款可以申请最高额度，贷款利率可以下浮至基准利率的70%，税费予以部分或全部减免等。请注意，所有的优惠政策对首次购房都非常有利。因此，现在有必要对梯级购房理念进行调整。

那么，现阶段如何安排自己的置业计划呢？专家分析认为，在力所能及的情况下，应该考虑充分利用政策，购买符合普通住房政策上限的房子，这样可以避免短期内住房条件不够又要改善时可能享受不到第一套普通住房贷款方面的优惠。

如何用足政策？无非是在税费减免、信贷政策方面，越接近政策的上限越有利。当然，这要看政策对哪些房源最为“眷顾”。也就是说，尽量选择那些被所有优惠政策“眷顾”的房源，也就能够得到更多的好处。就目前的情形而言，建筑面积接近90平方米的两房可谓是“集万千宠爱于一身”。购买此类房源，不但契税降至1%，可以尽量多地申请公积金贷款，同时商业贷款利率还有最大幅度的优惠，有些地方政府给予的购房财政补贴也是最高。

就小李而言，专家建议他购买一套面积在80多平方米的两房，此类物业既可以享受到更多的优惠政策，又可避免在近期换房。

13 公积金贷款买房，享受低利息

与诸多新政相配套，公积金贷款政策也作出了较大幅度的调整，从而变得更加惠民，而且受惠面更宽，受惠幅度更大，因此购房者如能灵活运用住房公积金贷款，可让购房变得更为轻松一些。

买房要用好、用足住房公积金贷款。与普通商业按揭贷款相比，住房公积金贷款最大的好处就是能够减少购房者的利息支出，降低购房开支。目前住房公积金贷款政策的调整，使得原本就有优势的住房公积金贷款更有吸引力。那么，如何用好、用足住房公积金贷款呢？

（1）降低利息成本的途径

购房依靠住房公积金贷款，能让购房者轻松不少。对于普通购房者来说，依靠自己的力量，一次性支付房款存在不小的难度，因此向银行申请住房按揭已成为购房者的首要选择。一般情况下，居民购房申请按揭贷款有两个选择，一是申请商业贷款，二是申请住房公积金与商业组合贷款。如果能够申请到尽量多的住房公积金贷款，那么肯定能够让购房成本降下来，因为住房公积金贷款与商业贷款相比，利率方面存在较大的优势。

央行最近一次下调之后的住房公积金贷款利率标准，五年期以下利率为4.05%，五年期以上贷款利率调整为4.59%。就中长期贷款来说，住房公积金贷款利率比最大限度下浮至基准利率的70%，还要低0.45个百分点。对于同样一笔

40万元的按揭贷款，以等额本息还款法还款，商业贷款与住房公积金贷款之间每月还款额相差98.6元。

新政对普通购房者在税收、贷款利率等多个方面给予了优惠，相比较税收标准降低、所得税免征等一些措施而言，贷款利率因贷款数额大、贷款期限长，这方面涉及的资金成本更值得关注。除了商业性贷款之外，从节省成本的角度考虑，普通购房者首先应该考虑用足住房公积金贷款，用好、用足住房公积金贷款可以大大省钱。

（2）贷款标准心知肚明

目前有不少地方对住房公积金标准作出了调整。住房公积金贷款政策的调整，基本出发点无非是扩大受惠人群，让住房公积金贷款发挥更大的作用，具体做法有提高贷款额度，延长贷款时限，降低首付比例，等等。不过通过综合对比发现，各地具体操作的方式有所不同。

贷款最高限额有所提高，提高额度一般在5万～10万元，最高达30万元。此前上海公积金贷款最高额度为50万元，此次提高到80万元。北京和广州的最高额度则没有变化，仍为78万元和80万元。此外，长沙、成都、福州等地住房公积金贷款最高额度有所提高。

还有一个不可忽略的调整是公积金贷款首付比例的调整。据了解，目前北京和上海下调了购买普通住房的首付比例，由原来的30%调整至20%。此外，南京、武汉、成都、郑州等城市的住房公积金贷款首付比例也下调至20%。

除了少数情况外，各地对申请住房公积金贷款的条件并未调整。如北京、上海、广州等地的申请条件与原来相比，几乎没有变化，总体来看，既未放松，当然也没有从紧。不过，某些特殊情况还是提出了较高的要求，如上海对于申请贷款总额80万元的情形，要求申请人除了符合住房公积金缴存、还款能力等条件外，还必须是第一次购买自住房，且以户为单位申请（两个或者两个以上同户成员共同参与贷款）。如北京对申请总额为78万元的情形，也要求借款人必需的信用等级为最高的AAA级。

值得注意的是有些地区推出了一些新的举措，如放松借款申请人的年龄限制，如北京贷款期限最长可以计算到借款人70周岁；或者实行异地贷款，如在其他城市缴存公积金而在异地买房，也可申请住房公积金贷款；或者实施商业贷款转为住房公积金贷款业务，如温州市对符合条件的购房者，允许将商业贷款转办为公积金贷款，最高额度可达50万元。

（3）灵活运用新政策来省钱

根据政策的变化，如何灵活运用政策，并根据政策的调整来达到减少购房成本的目的，这需要购房者根据自身的特点，并结合当地的政策特点来认真研究。在此推出几个例子，以期达到抛砖引玉的作用。

①提前还清贷款

在北京，如果已经办理过住房公积金贷款，第二次购房时能否享受到首次申请贷款的优惠政策呢？答案是可以的，但考虑到这贷款没有还清之前，无法第二次申请，因此须要还清贷款。按照北京公积金贷款的有关规定，借款人在第一笔住房公积金贷款还清后，就可以申请第二笔公积金贷款，因此公积金贷款不存在二套房提高首付或利率的问题。至于第一套住房要不要售出，政策没有明确规定，因此购房者可以灵活调整，在这点上与享受下浮至基准利率0.7倍的商业贷款优惠措施有所区别。

②家庭成员来帮忙

为了能够获得更高额度的住房公积金贷款，可以尝试家庭成员组合申请贷款。如上海规定，与在一起居住满一年以上的直系血亲，共同申请住房公积金贷款，最高可达80万元。因此有专家建议，可以让与自己同住的父母、子女等一起申请房贷，贷款额度比个人要高得多。

当然，还有一个方式就是利用直系亲属的公积金来冲还贷。如福州公积金新规规定，住房公积金贷款人购房时可提取本人配偶或同在一户的贷款人本人父母、子女等直系亲属的住房公积金用于购买普通商品住房。

③早早备足缴存余额

在上海，对于希望获得个人最高30万元的住房公积金的改善型购房者来说，必须先作好准备，因为根据住房公积金贷款的条件，缴存余额必须达到一定金额，才有可能足额申请贷款。上海规定，基本住房公积金账户的缴存余额达到7500元，就可以获得30万元的基本住房公积金可贷额度。但是不要小看这7500元的缴存余额，因为对于一般的家庭来说，只要还在还贷过程中，每月缴存的公积金资金都会自动用于冲还贷，余额所剩无几。因此这个时候要做的就是停止冲还贷，而改用现金还贷，使公积金账户中的资金沉淀下来。

④尽量转办“商转公”

如果能够将商业贷款转为公积金贷款，因为两者之间有利率差，无疑能够让购房者省下一大笔开支。假如温州某市民早前购置商品房时，按基准利率向商业银行申请贷款50万元，分20年还清，目前商业性贷款还剩40万元；若申请转贷成功，该市民每个月可减少600余元的利息支出。

⑤合理利用异地贷款

目前有些地区推出了异地办理住房公积金贷款业务，对购房者来说，就是在异地缴存公积金，而在工作、生活的城市购房，能够申请公积金贷款。因为公积金贷款的地域性，这在以前是不可想象的。目前有河南、四川、辽宁、湖南等省份的部分城市已经开始办理此类业务。

14 购房砍价有绝招

商品房的价格，大致可分为底价、表价和成交价三种。善于砍价者，用低于表价，甚至低于底价的价格来作为成交价，就是真正得到了实惠。

人们在买一般商品时，首先想到的是价格能否便宜一些，而房屋的本质是一种商品，肯定有议价的空间，这也是购房过程中很重要的地方。

因为在一些小的细节上开发商即使作出让步，却以较高的价格出售，所以吃亏的还是购房者，这好比是“捡了芝麻，丢了西瓜”。

首先，分析一下商品房价格的构成。根据新颁布的《商品房住宅销售价格构成管理办法》，商品房的销售价格是由成本费用、期间费用、税金、依法应当缴纳的其他行政性事业性收费和利润组成，其中期间费用和利润是有弹性的，开发商可以根据自己的实际情况来作相应的调整，这也就是购房者砍价的关键所在。

对于目前商品房的销售价格，底价是开发商自己或者是委托销售公司销售的最后底线价格；表价是开发商做广告对外所宣称的价格；而成交价就是购房者和开发商经过协商以后签订购房合同时所确定的价格，在底价和表价之间每平方米相差可能有几百元之多。

不善于砍价者，用表价来作为成交价，这样即使你的购房合同签订得再详细，补充协议签订得再多，你实际上还是吃亏了，只不过在表面上维护将来可能发生也可能不会发生的利益。善于砍价者，用低于表价，甚至低于底价的价格来作为成交价，就是真正得到了实惠。即使在签订合同时不违背基本原则的情况下作出一些小的让步，也不失为明智之举。

具体来说，对于期房，销售人员最初会基于期房的某些不足之处，对于购房者提出的让价要求，可能会在权限范围内每平方米让个几十元。对此，购房者可不要满足于这个价格，而应进一步提出让价的要求。这样，销售人员一般就会请出业务主管来和购房者谈具体价格，只有让销售人员请出业务主管，购房者才有可能进一步把价格给谈下去，因为一般销售人员没有进一步让价的权力了。

购房者和业务主管谈价时，要从挑剔房屋着手，如对公共设施的计算、相关管线的设计、营建成本等方面提出合理的看法，或者是对小区绿化、房屋朝向、电梯数量等挑出合理的毛病后，业务主管才有可能作出进一步让价的考虑。不管怎样，购房者提出让价的要求后，要做到成交价一定要低于表价，至于成交价是否接近底价，甚至低于底价，就要看购房者个人谈判水平和楼盘销售情况了。

对于现房，如果楼盘的规模比较大，一般议价的空间就比较小，因为个案数量多，给某个购房者大幅度让价的话，可能会引起大的混乱，开发商通常不会冒这么大风险的。如果楼盘规模较小，议价的可能性就大些，不过关键还是看购房者如何去和开发商交涉。

当然，对于热销楼盘，开发商一般不会考虑让价的问题，而对于销售状况一般或者是滞销的楼盘，购房者不妨用上述办法一试。

15 慎选还款方式，省贷款利息

在目前银行提供的还款方式中，等额本息、等额本金、双周供是较为常用的三种方式。而每种方式又有着不同的适用人群以及还款特点。

三种还款方式优劣势的比较，专业人士建议购房者，如果贷款年限在15年以上的宜选等额本金，而15年以下的则宜选双周供。以一套贷款40万元的房屋为例，利率按5.814%计算的话，采取不同还款方式的利息支出也是大有玄机。

专业人士分析认为，在等额本息、等额本金、双周供还款法中，从总利息支出角度考虑，等额本息方式支出利息最高。对于贷40万元的来说，15年支出利息达200366.03元，20年支出利息达277511.99元。同样以贷款40万元为例，25年期，采用等额本金则可比等额本息节省支息达67906.17元。

而等额本金与双周供相比，利息支出差随着贷款年限的增加出现小剪刀差现象。以贷款15年为一平衡点，在这一基点上，等额本金与双周供支出利息基本相当。而从15年往下，双周供利息支出略低于等额本金方式，以贷款40万元10年期为例，双周供比等额本金要少支出2767.12元；从15年往上，两者之间差距明显加大，以贷款40万元25年期为例，双周供比等额本金多支付8332.91元。

总之，相同条件下，等额本息的累计付息额要高于等本、递减本息等还款方式的累计付息额，但前期支付的本息额较小，负担相对较轻。如果前期资金较为紧张或有其他资金投资渠道，建议选择等额本息方式；如果收入比较稳定不作其他投资的，建议选择等本、递减本息方式。当然，在整个贷款期间，一般银行都可接受还款方式变更的申请，你可根据你的情况随时调整。

16 提前还贷，省钱有秘诀

目前银行的主要还贷方式有：一次性还清；月供不变，压缩期限；减少月供，保持还款期限；月供、期限双减；增加月供，缩短期限。各种方式各具特点，贷款人是否要提前还贷，须综合考虑。

举例：市民张先生，贷款额为35万元，按揭贷款期限为15年。眼下，按照等额本息还款算，他合计应付利息总额为175184.62元。至今他已贷款4个月，故按揭贷款本金剩下345071.92元，应付利息还剩下168441.94元。

（1）提前还贷的几种方式

全部还清贷款，这意味着借款人须要将全部的本金和利息结算清楚。这种方式对购房者最为划算，也对还贷人的经济要求最高。

①月供不变，压缩期限

如果先还款10万元，选择保持月供水平不变，即每月还2917.69元，而贷款期限就相应缩短为9年，今后应付出的总利息将为70212.33元，按揭贷款的利息总额为76955.01元，利息减少了98229.61元。

②减少月供，保持还款期限

如果先还款10万元，选择15年贷款期限不变，则目前剩余14年8个月，由此每月还款金额为2072.16元，月供水平相应减少845.53元，这样今后的总利息支出为119628.36元，按揭贷款的利息总额为126371.04元，利息减少了48813.58元。

③月供、期限双减

如果提前还款10万元，再将其余贷款的还款期限缩短为10年，提前5年还清剩余贷款，那么月供为2697.48元，相应减少220.21元，这样今后的利息支出为78625.25元，按揭贷款的利息总额为85367.93元，利息减少了89816.69元。

如果提前还款10万元，将其余贷款还款期限缩短为8年，提前7年还清剩余贷款，则月供会相应增加到3197.97元，这样今后的利息支出为61933.27元，按揭贷款的利息总额为68675.95元，利息减少了106508.67元。

（2）提前还贷“秘诀”

对于如何提前还贷最划算的问题，银行人士表示：“市民选择提前还贷，主要是为了减少利息。而在贷款前几年中，一般本金的数量大，所以利息也较高，所以建议贷款前几年时间内，多还点款，这样总贷款数额会下降，利息负担也会相应减少。”同时，该人士还表示，如果贷款人手上有闲钱而又没有好的投资方向，则建议选择提前还款比较好，可以省去一笔利息；若贷款人有不错的投资，可得到较多的投资回报的话，则不妨好好利用贷款。

至于提前还贷选择何种方式最划算，专业人士称并无最划算的说法，选择哪种方式要根据贷款人的具体情况来确定。“比如贷款人预期未来收入会大幅增加，就可以选择增加月供，挤压期限的方式。”

特别提醒：

①办理手续须预约

据介绍，贷款人提前还款，首先要和银行签署补充协议。协议主要是用来更改借款额或者借款期限。第二，要办理提前还贷手续。提前还贷，须要提前向贷款银行提交申请，等银行回复后，才可前往银行办理提前还款手续。通常，银行会在一个月左右给予回复。因此，消费者如要提前还款就应提前申请，以免延误时机。

②提前还贷勿忘退保

贷款人提前还贷后，银行会出具证明，借款人拿着银行开具的贷款结清证明，到房产管理部门的抵押科办理撤销抵押登记手续。此外，提前偿还全部贷款后，原个人住房贷款的房屋保险合同此时也提前终止。借款人可携带保险单正本和提前还清贷款证明到保险公司要求退还未到期的保险费。须要注意的是，如果购房人没有一次性付清所有贷款，是不能要求退保的。

第六章

家装省钱

——明明白白装修，轻轻松松省钱

家是工作之外所待最长久之处，温暖安全的家也是最佳的避风港。家庭装修，想必最心痛的就是不菲的造价。有的家庭装修，钱虽然花了不少，效果却不一定令人满意。事实上，单靠一味堆砌昂贵的材料未必能取得好的效果。相反，如果多花点心思，别出心裁，精打细算，就可以既节约开支，又独具特色，收到事半功倍之效。

如果装修不用考虑成本，那当然是最舒心的事情。但往往在装修的时候，手头上的资金是有限的。在资金有限的前提下，能够装修出效果不错的房子，那才是高手。

那么，如何控制预算，以有限金钱创造无限空间，又如何让心爱的房子为你省钱，而不是成为金钱流失的大缺口？下面是装修省钱的几大攻略。

1 合理安排是装修省钱的前提

装修规划相当重要，规划不好的话整个装修会陷入被动，经常会听到人说装到一半没钱了，甚至装修不久就停工了，等有钱才能继续装，装修的第一前提就是须要规划。

那么，如何安排才开始，哪些是装修重点，如何布置，你心里都要先有个“谱”。下面有几条建议：

（1）地砖省钱：小瓷砖经过特殊铺贴，既省钱又好看

地板、地砖、墙砖、移门、橱柜等等有个大致平方数。我们拿三室两厅来举例，三个卧室铺实木地板，客厅铺瓷砖，这个地板和瓷砖怎么去铺也有省钱技巧的。

客厅基本都用玻化砖，效果比较好，但也很贵。有些人认为，砖越大越好，其实不是这个样子，仿古效果、田园效果、欧式效果的小空间，采用小的哑光砖也有非常好的效果，这须要运用些铺贴方法。追求温馨舒适的小空间适合用哑光砖，可用错缝铺贴达到特殊效果；也可以把砖加工成更小的，走一刀，一刀两块钱，能做出来很多效果，也很省钱。

我们现在来算一下，哑光砖80厘米×80厘米的，马可波罗的要卖到95～165元/片，而其中60厘米×60厘米有款特价只要27元/片，小瓷砖2.77片一平方米，2.77厘米×27厘米才60多元；如果是80厘米×80厘米的，1.7片一平方米，这就要一百六七十元。采用小瓷砖，整个资金就折半了，对瓷砖进行技巧性的铺贴能省下不少钱。家里瓷砖铺80厘米×80厘米的40平方米要6000元，铺60厘米×60厘米的就省了2000元。简单对砖进行一下规划，这笔钱就省下来了。瓷砖这东西，效果不要刻意地追求，有意地分割、丢缝、排布，做出来的效果也很漂亮。不要听从设计师这好那好，好的都是要花钱的。

像阳台、厨房等地方用砖，也要有个规划。有人说阳台墙面一定要满贴，比如四四方方的阳台。考虑怎样去使用，满贴的功能是什么？其实这个效果不是很明显，黏墙、砍墙，买瓷砖铺贴起码要五六百元。用砖目的是容易打理、防污染，而外墙漆也能满足这个要求，完全可代替。

（2）地板省钱：建议买非标准板，注重铺贴效果

木地板根据自己的能力、资金、喜好来选择，在卧室地板方面还有省钱的方式。地板有个标准是90厘米长的，按照标准价，铁苏木大品牌要350元/平方米；木地板是90厘米长，也有很多人需要宽板、加长板，按照规范来讲，每加宽5厘米，要加10元钱，原来是350元/平方米，现在要360元/平方米了。

其实真正在卧室里面，床、衣柜等等东西覆盖了很大的空间，暴露的地板面积是不多的。假如卧室15平方米的，一般剩下8平方米且是零散分布，剩下的空间不多，体现不了款板的大气，那干吗用款板呢？如果选择60厘米的短板，效果也非常好。

专家建议：在卧室里，同样价位，买大品牌的非标板，不要买小品牌的超宽板。大品牌在服务意识上更强，在安装上更有保障，小品牌没有养护的过程，板材只有经过养护期，木材变形率才小。

我们来算一下：家里一般3个卧室，一共50平方米，如果买的是标准板价格（每平方米）是350元，而非标板是300元，比较一下就省下一些钱了。地板是硬装的一部分，呼应着后期的沙发等软装，只要能够融合就可以了，一般铺贴质量不会出问题，出好的效果也不是问题。

（3）墙面的省钱：不须要追求品牌

墙面并不是日常生活中所直接接触的地方，且四面墙的花费不菲，因此业主根据自己的喜好选择花色好看质量过关的产品即可，不须要追求品牌。

专家建议：一般可以用普通的广东佛山砖，35元/平方米。以一个面积在4平方米左右的卫生间为例，墙面用“现代”瓷砖和普通佛山砖差价可达到440元左右。

（4）顶的省钱：花哨吊顶尽量少做

现在很多装修都流行吊平顶，装嵌入式样的灯，那样灯的成本和吊顶的成本就都高起来了。

装修中吊顶起遮掩原有梁和装饰作用，但小居室花哨吊顶既浪费钱又会显得杂乱、压抑，而且装饰射灯和水晶灯等不仅浪费电还很容易坏。许多业主花了很多心思和金钱去做了好看的吊顶，但日常生活为省钱往往不开射灯、大灯，这等于把原先的装潢浪费了。

专家建议：小面积住宅只要做上能遮掩原有梁的简单吊顶就可以，不仅简单大方，还比较容易搭配室内陈设。

2 预防装修预算超支有秘方

目前市场上有很多装修公司，在报价上的差异往往也很大。许多业主遇到过这样的困惑：在同一个家装市场里，同样是面积为120平方米的新房，一家公司的报价是4.8万元，而旁边的另一家公司报价只有3.2万元。几乎相同的装修内容，在价格上竟然相差上万元。装修报价为什么会有这么大的差异呢？

业内专家指出，在家装价格管理上，因为受地区差异的影响，目前国家并没有统一的报价标准，一些家装市场也仅仅列出指导价供消费者参考。但装修项目和工程量的多少是影响整个装修造价的直接因素，同时装修公司的规模、资质、等级、管理制度不同，它们的收费标准也有所不同。总体来说，装饰装修中的费用应该包括：设计费、主材费、辅助材料费、工时费、管理费和税金。但须要提醒消费者的是，不要单纯以价格来选择装修企业。

那么，审核装修公司的报价应从哪些方面入手呢？

（1）注意核实装修报价中的“加法”。有些装修公司尽管在初期报价很低，但在与业主签订家装合同后，往往会有很多增项，有些甚至是设计师故意丢、漏项。如本来是和设计师谈好的内容，然而合同中没有注明，而业主又没有注意到。这样尽管签订合同时价格并不高，但等到工程竣工时，业主才发现增加了很多内容，花销随之增加。最常见的“加法内容”包括：在签订合同前，装修公司并不报清水电路改造的价格，不分明暗管，而在最终的结算中全部算最高价；或在水电路改造施工时，有意延长水、电路管道的长度，业主因此受到额外损失。

（2）注意核实装修工程中的“减法”。业主一般对木工、瓦工、油工等这些“看得见、摸得着”的常规工程项目比较注意，监督得也紧些，但对于隐蔽工程和一些细节问题知之甚少。如上下水改造、防水防漏工程、强电弱电改造、空调管道等工程做得如何，短期内很难看出来，也无法深究，不少施工人员常在这上面做文章。又如有些公司规定内墙要刷3遍墙漆，但施工队员只刷了1遍，表面上看不出有任何区别，但实际上降低了工艺标准，这暂时是看不出问题，时间一长，毛病就会暴露出来。

（3）注意核实装修报价中的“分项计算”。这些公司表面做得比较正规，将某一单项工程随意地分解成多个分项，按每一个分项分别报价。业主通常会觉得选这样的公司是明白消费，却不知其中“猫腻”：如做门套，把门扇、门套、合页等五金件分别作为单独的项目计价，他们往往把一些分项价格各提高一小部分，业主不易觉察，就在这不知不觉中总体价格提高了很多。更有甚者，把安装和油漆的人工费也作为一项收费内容让业主再次交钱。由于受专业知识的限制，业主往往不能识别这其中的秘密，也说不出这种报价不合理的原因，因此也就只有交钱了。实际上，这种分项计价很容易重复计费，使得大部分消费者被“宰”还不知所以。

特别是如果一个装修工程，装修公司上来就给你打到8折甚至更低，那就一定要小心了。在施工的过程中，装修公司一定会慢慢地添加项目，把自己的损失赚回来。最后一核算，不仅没省钱，很可能还花了更多的装修费用。

3 装修省钱要把好设计关

装修一定要有主心骨，捂紧自己的钱袋子，不要被装修公司或装修散工忽悠了。有些设计师为了提高造价，往往怂恿消费者在装修设计中增项，增加的很多都是不实用的功能或表面陈设，所以一定要把好设计关。应提倡简约、实用的设计原则，简约装修不仅减少浪费，还可以减少污染，因为装修材料用得越多，污染程度越高。

作装修设计一定要仔细考虑各个环节，尽量一次定夺，避免装修过程中再进行修改，造成一些不必要的浪费。

（1）设计时就应考虑进节约的因素，比如在装修厨房时，可以将橱柜遮住的地面和墙面贴上廉价的地砖和墙砖，而露在外面的部分用精心选购的好砖。

（2）最好在设计上就放弃某些部件，改用其他方式体现家装效果。吊顶用得好，的确可以增加室内装修效果和品质，但是，在目前标准楼层普遍偏低的情况下，中小户型如果一味要求吊顶效果，可能会适得其反。背景墙在营造室内氛围上有很好的效果，但打造一面漂亮的背景墙耗资不小，因此，在设计时可以考虑用不同颜色或材质的墙面、壁纸代替，即便时间久了不喜欢了，更换起来也很方便。至于木质造型，虽然可以增加室内的格调，但一方面造价偏高，另一方面容易过时，更换成本偏高，放在中小户型里，反而显得累赘。

（3）寻找合适的替代品也是一个好的方法。一般人喜欢大理石光滑的质感，有些屋主希望客厅能铺上大理石。但因为大理石不含施工，光材料就很贵，建议采用抛光石英砖代替，就可以省下不少钱。看样子，这装修省钱的学问还真的挺大呢。

另外，为了节约设计费用，大家可以到处看看，反正各大装修公司的样板间都是免费开放的，还有免费的班车接送。言语上敷衍装修公司的同时，要留心观察别人好的装修方案。

4 装修省钱，量房也是十分重要的

业主与设计人员接触后，如果已经认可该公司以及设计人员，这时交纳完量房订金后就开始进入房屋实地测量阶段。很多业主认为量房是一个非常专业的工作，只是对设计师作设计起到作用，但实际上量房工作的仔细程度对于家装费用的控制会起到很重要的作用。

量房时业主应与设计师到新房现场实地测量，对房屋各个房间的长、宽、高以及门窗和暖气等设备的位置逐一进行测量。专业人士建议，业主对于所得数据也要进行记录，作为后期自己审核预算表中工程量的一个依据。同时业主在做好记录工作的同时也要注意和设计师就一些项目工程量的计算依据进行沟通，比如：乳胶漆，表面上看是墙面的长×高就可以了，但是这个“高”应该是减去将来地面处理高度后的净高，而不是现在的原始高度。这些虽然都是一些很细小的费用，可能很多业主都不是很重视，但费用控制就是要“钱花在刀刃上”，该花的一定要花，不该花的最好一分都不花。

在新房现场，应该让设计师对他设计中的造型部位进行描述，业主可以依据现场的空间来感觉该设计是否可行。这时一定要注意这些造型的边缘收口处是否合理，这是一些经验不丰富的设计人员容易忽视的部位，这些忽视会造成业主后期为了弥补这些缺憾再次发生费用支出。

同时，在进行量房时，业主应要求设计人员仔细关注房屋主体的现状，观察地面、墙面、顶棚的平整度误差是否很大，墙面空鼓、裂缝程度如何，卫生间的防水情况以及在预备装淋浴器区域的墙面是否已作防水等。这些部位如果须要特别处理应要求设计人员将这些费用也一并计入预算报价中，因为当这些都进入预算报价的时候，这份报价才是一份较为真实的报价。

5 节能装修，花小钱省大钱

新房装修时，怎样打好节能基础，花小钱省大钱？专家提示，关键是在设计和施工时做好保温、节水和节电三方面的措施。

（1）保温

如果原有的外窗是单玻璃普通窗，那么装修时最好换成中空玻璃断桥金属窗，并且在东西向的窗户外安装活动外遮阳装置。选择窗帘时尽量选择布质厚密、隔热保暖效果好的窗帘。如果原有墙面有内保温层，在装修时注意不要破坏掉。如果设计方案是将阳台与居室打通，就要在阳台的墙面、顶面加装保温层。在铺设木地板时，可在地板下的格栅间放置保温材料，如矿棉板、阻燃型泡沫塑料等。在订制大门时，可要求生产厂家填充玻璃棉或矿棉等防火保温材料，门窗都要加装密封条。家住顶层的住户，还可在吊顶时在纸面石膏板上放置保温材料，以提高保温隔热性。

（2）节水

节水的重点是控制好厨房、卫生间设备的选配与安装，最好安装节水龙头和流量控制阀门，选用节水马桶和节水洗浴器具。传统观念认为，使用淋浴比较节水，但从实际运用情况看，安装新型的节能浴缸并与淋浴配合使用，节水效果会更好。目前一般家庭厨房和卫生间使用的水龙头都是扳把式的，这种水龙头操作起来很难自如地控制流量。因此，可在橱柜和浴柜的龙头下安装流量控制阀门，这样就能根据住房的水压合理控制水流，达到节约用水的目的。除此之外，还要尽量缩短热水器与出水口的距离，并要对热水管道进行保温处理。

（3）节电

除了要选择节能型灯具外，装修时还可选择有调光功能的开关，以实现有效节能。客厅内尽量不要选择式样太过繁杂的吊灯，卫生间最好安装感应照明开关。另外，尽量选择节能的家用电器，合理设计墙面插座，尽量减少使用连线插板，应选择有控制开关的插座，平时使用时不宜频繁插拔。

6 装修省钱是从选购材料开始的

装修公司价格高但省心，想省钱还得找装修队。装修方式分为包工包料和包工不包料两种。一些装修公司和装修队在接活时，都热衷于包工包料。一般来说，他们都是先和材料厂家谈好回扣的，买料的回扣一般在5%左右。

当然，如果选择包工不包料，那就意味着瓷砖、瓷片、门等装修材料都由自己去选购，那须要花费不少的时间成本。平时工作忙、没有太多闲暇的消费者，只有在自己对装修材料懂行的情况下，才能选择包工包料的方式。要切记，与装修公司签订装修合同时，应指定自己信任的建材品牌，并写入合同，之后还要到现场验收。

如果对装修材料不懂行的话，可以先做些功课。注意不要去无执照的建材小店，而要选择一些上规模的建材公司或是品牌店。购买时一定要索取发票，以备日后产生各种消费纠纷时维权之用。你可以从几个方面来选购材料：

（1）找稍远的市场淘货

“到各大建材、家具卖场砍价淘货其实挺有意思的，不但可以货比三家选到质优价廉的货品，还可以偷师学艺。一个个卖场逛下来，其实自己对房子的设计已经心中有数了。”杨先生认为，装修的快乐在于奔走于各大卖场之间，在成堆的货品中挑选对比，然后再进行综合考虑作出决定。

现在，每逢晚上有空闲时间或是周末假期，杨先生就开着小车带上他的女朋友到处淘货，凡是广州稍有名气的建材、家具卖场几乎都有他们的足迹。

杨先生发现了这样一个规律：以市中心为原点，以市中心到郊区为半径，半径越长的卖场价格相对越便宜，因为一些建材、洁具生产厂家的直销点或经销商一般都设在边远地方的卖场，所以直接到这里拿货价格可能会有更多折扣。

（2）团购也是好的选择

团购不止可用在购买生活用品上，也可以用在室内设计上。同一社区如大家有新屋装潢需求，集合邻居力量团购，室内设计公司可以为客户争取更多的优惠折扣。大家也可借此增进感情、熟识，彼此互相帮忙监工，依照每户作息时间不同，可随时关心工程进度，发挥个体结合为群体的优势力量。

邹先生家去年秋天开始装修，前年他就开始在各大装修网站“潜水”。为了省钱，他选择了包工不包料，通过网友推荐选择了施工队。因为装修的辅材跟主材都要自己购买，他先索要了装修清单，然后和几个志同道合的网友一起到建材市场去购买。在购买洁具、复合地板等主材时，他先到市场实地探访，问好价格，再在网上打探折扣。最后，他或参加小区业主组织的团购，或参加网上团购，买回的建材价格折扣都比较满意。

因家装存在吃回扣的问题，购买某品牌洁具时，邹先生还“演”了一回设计师，高达15%的回扣自然是省下来了。购买瓷砖，他则直接到仓库去淘尾货，价格很实惠，色彩搭配好了也很出效果。

（3）上网寻找有价值的信息

所谓有价值的信息可以是指商品的优惠促销广告、商品的测评报告、商品的介绍、网友的经验、网友的推荐等信息，它可以使自己有效避免购买不适合的产品，有效避免由于知识的缺陷而上当受骗，有效地降低须要花时间去比较、仔细甄别筛选等成本，从而节省时间节省金钱。

（4）选大公司二线品牌

除了上网逛各种装修论坛吸取大家的装修经验以外，还可以向各位有过装修经历的朋友进行请教。

洗手盆、浴缸、坐厕等厕所洁具，以及瓷砖、地板等材料，这种装上去就不方便拆换的物品一定要选品牌货。

因此选购的原则是，厕所洁具一定选大品牌的打折货。厕所和厨房的瓷片、瓷砖方面，选择知名生产厂家的二线品牌。陶瓷生产厂家比较知名的往往是1～2个品牌，但其实他们生产的牌子远不止于此，往往有4～5个品牌，都是一条生产线出来的。瓷砖、瓷片出口往往容易遇到反倾销措施，一个品牌倒下来了马上有另外一个品牌顶上。其实，大生产厂家的二线品牌往往性价比更高。

挂在墙上的装饰品以及窗帘、灯具等，则可以选择较便宜的，因为这些物件修理更换很方便，而且时间长了总会有审美疲劳，要换也不会太心疼。

（5）家具DIY统一风格

至于家具方面，除了到卖场买现成品以外，现在也流行DIY。注意，这里的“DIY”不是DO IT YOUSELF，而是DESIGN IT YOUSELF，价格方面不仅会更理想，而且更具个性化和差异化，也更容易统一家中的风格。

家具中率先掀起DIY风潮的应算是衣柜、书柜和橱柜，现在这些店铺比比皆是，只要将想法告诉他们，就能实现你的想法。一些橱柜厂家甚至设有DIY大厅，厂家提供各种木板、五金等材料，顾客可以在大厅中亲自动手做出自己设计的橱柜。当然，如果你把握不准，或是对自己的设计没信心，可以翻看家居杂志，找到符合你心意的家具款式，然后请厂家进行定制。

7 装修省钱，不该省的地方不能省

装修省钱固然重要，但是有些地方是不能省去的，省去之后说不定会带来更大的麻烦，可能还会浪费钱财。

省钱虽然重要，但装修质量更重要，要知道过硬的质量其实就是在为未来的维修省钱。因此，基础工程要扎实，千万不能省。

基础工程包括结构改造、水电路改造、防水工程、墙面施工等。如果你买的房子户型不是很合理，最好在家装时就改造，省得日后住着闹心。基础工程中，水电路改造是花钱最多的环节，很多人觉得没必要，就把这个环节能砍就砍，能省就省，其实，万万不可以，因为这个环节对日后居住的便利非常重要，现在省钱了，日后就不省心了。因此，装修前要找装修公司，利用原有的线路，做好水电路改造的设计工作，设计原则就是日后使用时方便实用。卫生间的防漏工程之重要，已经没必要强调了，别忘了做好闭水试验。

从这几个环节看，家装一定要找施工品质过硬的装修公司，他们有经验、有质量、有信誉，而且在后期的维护中有能力。

（1）选择适合自己的装修方案很重要

无论是设计师还是装修公司，出于盈利的本能，都会在最初的报价上列出一些可要可不要的项目。这时消费者就要擦亮眼睛，删去那些可有可无的项目，以节省开支，但也不是所有东西都能省，消费者在和装修公司谈合同时，事先要心中有数：像人工费用和装修主材的质量是不能省的。现在有些装修公司为降低成本，往往在代购材料时选择伪劣产品，以次充好来牟取暴利，所以，在报价单上，消费者一定要让装修公司列出所代购主材的品牌，然后找懂行的人咨询或亲自到市场上去调查，查清楚这些主材是否货真价实。

（2）地砖：踩的就是踏实

地砖是易磨损件，太低档的一般不耐磨，时间一长容易刮花，看起来“伤痕累累”。这时候再想换，就要一块一块凿起来，麻烦！而且，太便宜的地砖多半不防滑，容易造成意外伤害。而高档的品牌地砖质量和品相都有保障，所以，买地砖万万不可贪图便宜，马虎了事。

（3）电线、水管：钱财第二，质量第一

电线、水管也是一项大支出。正是因为是“大支出”，有人往往不太关注质量，而只看重价格。俗话说一分钱一分货，一味贪图便宜，质量就难以得到保证，电线、水管如果质量不达标，装潢后将会给生活带来极大的不便，甚至成为安全隐患。

（4）电源插座：一个都不能少

随着家居电器化的发展，家用电器会越来越多，一旦有了新电器却没有插座，要想再安装就难了，只能在地板上拖一条移动插座，难看不说还容易绊脚。另外，还要尽量避免几件家电同时使用一个插座导致超负荷，引发事故。正确的做法是：根据住房面积，按照专业电工的设计，再综合家庭实际电器数量，合理安置电源插座，并留出一些待用插座，以利于将来的扩容。

（5）切忌在辅料上面省小钱

一次装修下来，几万到十几万元甚至还会花费得更多，人们当然都希望最后是物有所值的，希望达到那种花多少钱就能体现出多少的立竿见影的效果，因此有一些消费者往往只注重在家装的“面子工程”上花大价钱，而对于那些自认为没有装修效果的辅料则能省就省。但事实上，这是家庭装修的一个消费误区。

基础工程有多重要就意味着辅料的使用有多重要。在众多的辅料中，有一些是尤其值得消费者注意的，因为它们关乎装修的安全使用、效果呈现和环保质量，这些也是绝对不能计较花费的地方。

通常辅料由家装公司施工队配送，但专家提醒消费者，为了自己家未来的环保，要多把关。

①防水涂料。使用最多的地方就是卫浴间和厨房，防水层需要一定的厚度，材料的使用量就会相对较大，同时一些含有焦油的聚氨酯类防水涂料焦油气的分子量非常大，且易挥发，容易在室内沉积，因此，一旦使用了劣质防水涂料就会长时间地污染室内环境，同时防水效果不好造成渗漏，再好的装修效果也无济于事。

②防火涂料。做暖气柜、吊顶，铺装实木地板时，都要使用木龙骨，除了要注重木材的好坏外，为防火需要，消费者还应注意木龙骨应刷一两遍防火涂料，所有的木工活都要使用防火涂料，因此质量过关的防火涂料也显得尤为重要。消费者在选择时，应该同时兼顾防火性能和环保性能。

③勾缝剂。勾缝剂分为无沙勾缝剂和有沙勾缝剂两种。据了解，无沙勾缝剂适用于缝宽1～10毫米，颗粒小，耐擦洗，如果缝宽相对较大，使用无沙勾缝剂不仅费料而且容易造成开裂。而有沙勾缝剂适用于缝宽10～12毫米甚至更宽。好的勾缝剂不但牢固、美观，防水性能也很强，它有时甚至可以弥补防水层的一些瑕疵，因此，消费者还是应该选择那些比较细腻，而且比较牢固不易脱落、使用寿命长的勾缝剂。

总之，“省钱”应该是指合理用钱，把钱花在刀刃上，而不是以低质、低效为代价。在装修的重点问题上，不该省的钱是不能省的，该省的一分钱也不应多花，这是现代人的意识。如果一味追求“省钱”，最后得到的可能会是伪劣产品。

8 装修过程中省钱的几个窍门

（1）展示柜不做壁板

木板要省钱也可以在壁板上动脑筋。柜子钉壁板除了有防潮的功能外，还有受重的考量。若壁面没有渗水的问题，没有放置重物，就不用钉柜子的壁板。像主卧里的展示柜，主要是要让屋主放置个人收藏品以及化妆品，所以设计师并没有钉上壁板，这样既省钱又有美感。

（2）厨房设备用国货

厨房要省钱一定要从厨具以及瓷砖下手，考虑到预算，设计师全部采用国产用品。本来台面是用珍珠板，但预算又不足，就选了人造石台面。其实人造石台面的性价比是很高的。

（3）三面铝窗造型最省钱

阳台上，本来装有铝窗，但因为太过陈旧，设计师将原有的铝窗拆除，再换上新的铝窗。铝窗最省钱的做法，就是用三面铝窗，搭配5毫米厚的强化玻璃，若是用格子造型的铝窗，价格得贵1倍。

（4）格子玻璃取代格子落地门

通往后阳台的落地门，屋主本来希望能做格子状的落地铝门，但预算实在不足，设计师便用格子玻璃来代替，一样有格子落地门的效果，价格却省了一半以上。

（5）隔墙做更衣室

更衣室比做衣橱便宜，设计师便从儿童房隔出3平方米的空间，用木做夹板隔出更衣室。为了美观，设计师还特别在壁板上挖了洞作造型。

（6）玄关隔屏用鞋柜取代

为了不让来客一眼就看到客厅，屋主一直希望入门处能做玄关隔屏。考虑到实用以及预算，设计师建议用鞋柜代替。虽然鞋柜的价格比玄关隔屏贵，但比较实用，最重要的是省了玄关隔屏的费用。

（7）抛光石英砖取代大理石地板

喜欢大理石光滑的质感，屋主一直希望客厅的地板能铺上大理石。但因为大理石就算不含施工费用，光材料就很贵，预算不允许。设计师便建议采用60厘米×60厘米的抛光石英砖代替，当然就省了不少花销。

9 装修别浪费，省钱有良方

装修装饰业的“圈里人”对装修浪费却一点都不惊讶。在这些替业主花钱装修的业内人士看来，很多业主误把浪费当作了装修之必需，浪费当然就难以避免了。其实只要稍微转变一下观念就能省下不少钱，还不影响装修质量效果。

办法一：买新产品比流行慢一拍

不少装修公司的负责人都说，有些房东就跟《大腕》里面说的那样：不买对的只买贵的。选购瓷砖，这些房东就倾向于选择牌子响亮的、广告出现频率高的、所谓最新技术的产品，丝毫不顾及自家的设计风格是否适合选用这些材料。“一套120平方米的房子的墙地砖就相差3000～3600元！”一位设计师说，买什么样的产品是每个业主的权利，可非要和钱过不去就太傻了。其实大品牌的高端产品同样有性价比，新产品的性价比就肯定不如经典产品高，而且性能也不如经典产品稳定。

用一位资深设计师的话说，购买行为要比流行慢一步。他的理由是，新推出的产品，往往不管是卫浴还是瓷砖抑或家具在性能、色彩等要素上肯定有技术不成熟的地方，既然选择了豪华装修就要考虑到产品使用寿命，所以等这些新产品接受实践验证以后再去选购才是明智之举。

更何况再高端的产品如果用不了多久就坏了，哪怕是终身维修，感觉也总是不舒服。

办法二：和施工方约法三章

调查显示，四成有过装修经历的人士认为自家装修浪费的主要原因是：工人乱用材料，导致很多好好的油漆、木材、地板等都不能用了。

有这样一个装修业界的旧闻：有些公司装修是按照用材数量计算人工费的。一家装修公司为了多赚人工费，悄悄把业主自购的木板藏到了吊顶里面，几年后业主掀开吊顶发现，上面藏满了木板。可见上述这四成人士的想法还是有一定依据的。

一位设计师说，如果现场管理方法得当，可以节约6%左右的费用。这要看业主会不会盯牢施工方，使他们在材料的使用上精打细算，每种建材都计算好了再切割，那些切掉的材料也尽量使用，就可以节省不少开支。

施工过程中怎么节约用材，首先当然得看施工方的手段了。同等面积的地面，瓷砖铺贴设计合理，可节省不少开支。

如果觉得拼拼凑凑计算太麻烦，比较公平的办法是事先跟装修公司商定各项按面积算费用，比如乳胶漆实际刷了多少平方米就算多少的钱，而不是按照用料多少算钱，这种算法可以迫使装修公司节约用料。

方法三：利用基础装修

在装修新旧两类房子时，不管是哪一类，都要尽量利用原有的东西。所以，业主要考虑好，原有的哪些东西可以再利用，电线须要全部换掉吗，水管是否真的有必要重做。这些问题恐怕是很多业主特别是二手房业主应该想好的。

实际上，可以利用的基础装修有哪些？很多装修公司都讳莫如深，毕竟省下来的工程量可能成为他们的利润。

他们不说，业主自己不能糊涂。有人建议对房子的门窗要尽量重复利用，因为原门窗都是做好门套、窗樘的，材料可能比新买的要好，就是样式过时了，其实重新上漆后这些门窗也能使用，如此一来拆除费用也省下来了。也有业主建议把被泥工切碎的墙瓷砖也利用起来，贴在柜子背后等角落，这样既不影响美观又省下了一部分瓷砖钱。

方法四：多余的材料到网上去卖掉

装修有余料在所难免，如果扔掉，不但浪费，对环境还是非常严重的污染。部分喜欢“泡坛子”的市民可以将自己家装的余料信息通通发布到一些装修论坛，寻找买家。电灯开关、腻子粉、防盗门等，网上应有尽有。而另一些市民装修或是改装需要这些材料，就会上网购买，比在市场购买能便宜不少。邵先生将原防盗门拆下来了，收废品的只给150元，而他在网上卖了260元。后来他还帮好几个邻居卖了防盗门。

此外，不少装修业主将自家的装修余料，通过论坛与别的业主交换自己所需的材料。这几年，还出现了“余料倒爷”，专门从小区中收购装修余料，然后进行分类，开起了一家店面出售，收入也很不错。有些市民还亲自把自己的装修余料送到“余料倒爷”店里，以质、以量论价。

第七章

开车修车省钱

——有车族也要算经济账

俗话说，“买车容易养车难”。不少人买车时眼睛只盯着车价，把车开回家才发现真正冲击自己钱包的原来不是购车费，而是一年到头源源不断的各种支出：保险费、维修保养费、燃油费、停车费……到底怎样做才省钱？本章从购车、开车、汽车维护、汽车修理、保险等方面讲了怎样做才能尽量降低养车的成本，才能省钱。

1 买车省钱的方案

正准备买车的人，总是要在价格、配置、性价比等一系列因素中作出选择，当然难免会出现顾此失彼的情况。这里为大家整理一下思路，希望能够方便买车者。

（1）首先要查价格

如今互联网已经进入千家万户，对于绝大多数打算购车的朋友来说，上网查询价格并不是一件难事。现在大部分经销商会在网络上报价，尤其是一些普通经销商，在网络上的报价往往都很低，但并不是越低越好，有一些商家的报价虽然很低，不过以那样的价格无法提到现车，属于虚假报价，消费者在去店里之前应该通过电话确认一下。

我们在打电话咨询，确认这个价格能否提到现车后，还须要问一下这个价格是否需要其他条件。因为一般普通经销商的报价虽低，但往往须要限制地域销售，并且要在该店办理售后“一条龙”服务，包括验车以及手续费、保险之类的。我们在电话咨询的过程中，除了问清楚有哪些附加条件外，还可以询问一下是否还有更多的优惠。例如价格可以再低一些，或是可以赠送一些装饰等。有一些商家会问你什么时候提车，在哪儿上牌，还会告诉你：“如果想买，可以到店里当面商量。” 我们一般可以对多个商家进行咨询，可以是4S店，也可以是普通经销商。最后确认一两家打算购买的店，然后上门看车。

（2）计算价格底线

人们在买车之前一般会定出一个大体的价格范围，然后在一些价格相近的车型中寻找最适合自己的车。在实际的看车询价过程中，很容易不断地“升级”，直到最后发现自己的车比原先打算花出去的钱贵了几千元甚至上万元。这里提醒买车者要时时考虑到自己的价格底线。

在具体划定这一底线时还要将牌照竞拍的费用以及保险与各种养路费、小区停车费等开支考虑进去。比较容易操作的方法是先计算牌照竞拍的费用，留意一下最新的成交均价，然后还要预备1万元支付保险以及各种相关的费用。从这个角度来考虑，原本希望在买车上花费20万元的，其实就只能够去看十五六万元价位的车，而看上20万元车的人，最终花费会在25万元左右。

（3）油耗注重口碑

在人们能够拿到的资料上，往往不知道哪款车比较费油，这就须要从用车人以及各种相关媒体那里收集实际使用中油耗的口碑资料。这里必须注意的是，油耗高往往与各种豪华配置以及安全与享受设备联系在一起，所以各人的感受有很大不同。

尽管厂方提供的数据往往难以在实际的使用中得到准确的印证，但这些数据都十分严谨，是人们衡量一辆车好坏最重要的依据。以下是必须仔细研究的：

①引擎的排量与先进与否对于油耗的影响肯定是最大的。

②变速箱。自动挡车一般来说要比手挡车油耗高，而同样是自动挡车或者手挡车，挡位越多的往往意味着对于动力的划分越精细，因此也越省油。

③汽车的自重对于油耗的影响就更加直接，因此体形小、装备少的车得益于较轻的自重而比较省油。

④冷门车关注维修价格。车市上有些车似乎从来就没有热销过，于是被人当作“冷门车”。其实在冷门车里不乏技术与质量都不错、颇受行家们推崇的车；但市场规律是凡是销量不大的车，维修起来都比较麻烦或者昂贵，这就须要在买车之前认真研究一番。

（4）拒绝无用配置

在购车时，我们须要认清的一点是：轿车加一个配件，档次就提高一点，那么我们消费者就不光是为添加的不必要的配置付钱，还要为相应提高的不必要的档次付钱，后者的价钱还没谱，这样的例子太多了，加点华而不实的东西就把低档车卖中档车的价钱。其实单就配置而言花不了几个钱，但是有这些配置的车和没有的车价格就是不一样，差价是配置价格的几倍甚至几十倍，还不如自己加装，既有档次又省钱。

2 汽车保险省钱的招数

如果你驾车，就须要了解汽车保险，它主要由以下几方面的风险构成：人身伤害以及个人财产损失、被保险人的医疗救助风险、碰撞和全损损失。下面七招教你如何花最少的钱得到尽可能多的保障。

（1）采取“货比三家选购法”

大多数人在买车前会反复进行各种型号和性能的对比，以得出性价比的最佳选择，但很少有人愿意花时间逛汽车保险市场。其实，同样保险范围的保费率，在不同的保险公司有很大的差异。因此，在购买保险前多比较一下各保险商的详细情况非常必要。咨询时不能仅要求他们泛泛地报价，而应该将自己的需要具体明白地表达出来，这样才能获得确切的比较信息。传统的做法是给当地的三四家保险代理商打电话，告诉他们一模一样的保险需求，让他们分别报价。这样一圈电话打下来，你就可以获得几个不同价格的报价了。是否应选择报价最便宜的公司投保呢？不完全是。你必须肯定这家公司不仅报价低，而且遇到理赔的情况能提供恰当的服务。

不同于人身保险，绝大多数汽车险的投保人会在此时或彼时发生理赔事件。在理赔时你需要一家能快速反应并绝对负责的保险公司。有些保险公司能妥善合理地处理理赔问题，而有些公司做不好。好的保险代理人在事故双方发生争议时，会充当你的顾问，为你出谋划策。基于考虑理赔的因素，一些人宁愿多付款向名牌公司投保。

（2）电话车险，5.5折优惠投保

电话车险是近几年才兴起的车险新业务。无论是续保车险还是新车投保，通过保险公司的电话车险直接投保的话，只须用5.5折左右的价格就能投保成功。电话车险在2007年率先由中国平安保险公司推出，免去了中间代理人，车主只须拨打平安保险的热线电话就有专人提供服务，提供不同类型的车险险种搭配。

不过，电话车险后续的理赔服务的质量和速度成为很多车主考虑的因素。据了解，电话车险同时配套“理赔一条龙的直赔服务”，这也将成为一种趋势。就中国平安保险公司而言，目前该公司的服务网络已覆盖全国大多数重点城市，提供全国通赔、道路救援等增值服务，还增加了“三分钟快速报价”、“量身定做投保方案”、“24小时送单上门”的服务。

（3）理赔越少续保越优惠

据数字显示，超过90％的新车第一年的车险会在4S店购买。当第二年续保时，车主就已学会货比三家。续保与首年投保不同，第一年由于保险公司争相拉客，因此优惠幅度更大。但是续保时的优惠幅度则更多地看你车子的理赔记录是否良好。一般来说，车主如果在前一年的投保期限内记录良好，续保时就会得到很多的优惠。

从各大保险公司了解到，如果头一年车辆没有出过险，那么在第二年续保时可以获得10%的保费优惠；如果头两年内都无事故，第三年保费优惠将达到15%～20%，以此类推，车子的理赔记录表现越好，保险公司给予的保费优惠越高，最高优惠幅度能达到50%。

（4）多种渠道投保，团购省车险

据介绍，现在车主除了在4S店等购买保险外，也可以通过保险公司提供的多种渠道投保。包括前文提到的电话车险，还有网上投保等。有的保险公司会在网上定期推出个人车险优惠业务，如年末有公司推出的网上购车险，商业险保费可以多省15%。

参与团购车险的方式首先可以通过各种车友俱乐部召集参与，有时4S店的俱乐部也会提供此项服务。通过团购购买车险，一般可以获得10%～25%的优惠幅度，如一辆25万元左右的别克车系车型，就能省下1500元左右的保费。不过专家提醒车主，续保时团购不能一味贪图便宜，在保单内容上要更加细心，仔细对比，不要因为贪一时便宜而给日后理赔留下隐患。

（5）足额购险才能全额赔付

当车主续保时，保险公司一般会提供两种续保保额，一种是按照新车的购置价格续保，另一种是除去汽车的折旧费用，按照汽车现在的价值续保。

保险业内人士指出，虽然按照后一种方法投保，车主可以省下一定的保费，但还是建议车主仍以新车购置价为保额投保。因为汽车出现故障维修时，修理厂通常是提供全新的配件，如果车主想得到足额理赔，就必须以新车购置价作为保额续保，才能享受到更换零部件所需的全部理赔额。

反之，如果以汽车实际价值为保额续保车险，当汽车出险受损时，保险公司只能按实际价值与新车价格之比，给予相应比例赔偿，不足的部分要由车主自行承担。为了保障自身理赔权益，建议大家在续保时以新车购置价为保额购买车险，多缴点保费，换来足额的车损理赔，还是值得的。

（6）让保险公司支付事故处理期间的租车费用

如果你的车库里没有停一辆备用车，一旦你的车受损送去修理铺维修，在这段时间里，你就会想到租车。虽然一个星期时间眨眼就会过去，但即使是一个星期的租车费用也要好几百块钱呢。因此，适合你的保险条款应承担车辆发生事故后修理期间租一辆同样型号车的租车费用。

（7）估计损失时尽量考虑周到

例如，假设出车祸后你的车被判定为全损，你必须和保险代理人商讨应包含的赔偿部分。

3 开车省油的招数

在说省油这个话题前，还是先说说影响汽车油耗的几个重要因素吧。首先就是重量、车速，当然还有驾驶方式、车身设计、机械性能、保养状况等。不过这其中我们只需举手之劳能做到省油。常用的省油“小动作”主要有几种：

（1）驾车方面省油的招数

①柔和起步

挂低挡起步，缓缓地踩下油门踏板，缓慢加速。让汽车达到一定挡位速度时，学会听着发动机的声音来逐步把挡位从低换到高。避免突然加速和突然起步，这样的操作会导致更多的燃油消耗。

②换挡及时

换挡要快而及时，特别在斜坡上行驶，换挡的时间越短，汽车的动力性就发挥得越好，就越能节省燃料。

③高挡行车省油

一般来说，尽可能使用高速挡行车，少用中间挡。当然，也不要在高挡位拖挡行驶。要学会听发动机的声音来换挡，并且要了解自己车的情况。在发动机“发抖”前，就要把挡位降下来，让车速提上去，然后再换回高挡。

④使用经济车速

一般轿车的经济时速处在60～80公里/小时之间。汽车运行在经济时速时是最省油的。

⑤轻抬油门

轻抬油门能省油。

⑥保持跟车距离

如果道路拥塞，而前车又经常刹车，就应该和前车保持足够的跟车距离，这样既可以从容减速，又可以减少制动次数，以达到省油的目的。

⑦减少使用制动

在通过交叉路口、下坡时，都应提前抬起油门，使汽车自然减速达到“以滑代刹”的目的。

⑧高速行驶时不要开窗

行驶时开窗会增加车的阻力，阻力的增加势必消耗汽油，所以在开车时尽量不要开窗。有实验表明，打开车窗，风阻将至少提高30%，如果车速高于70公里/小时，开窗的风阻消耗将超过空调系统的燃油消耗。

行驶时开窗的效果，基本上和车顶上加了面帆的效果类似，所以在时速70公里以上或风较大的时候，尽量关窗行车，在高速公路上开车，嫌热的话还是开空调吧。

（2）汽车保养省油的招数

专家认为，要想降低油耗，平时保养很关键。车况是影响汽车油耗的一项重要因素。汽车的任何一点不正常都可能导致油耗的升高，影响汽车的行进动力，保证发动机时刻处于良好状态，是最基本的省油办法。针对车辆节油性能的保养，主要从以下五个方面入手。

①经常检查胎压。要让胎压保持在标准值范围内。胎压过低会增加车辆油耗，符合规定要求的胎压可以降低油耗3.3个百分点。另外，还要定期作四轮定位。

②定期更换机油。注意清洗积炭和滤清器，及时更换火花塞等，一般情况下，当行驶到3万～5万公里时就应更换火花塞。

③要到正规加油站加油。按照车的压缩比标值选择合适标号燃油，标号偏高或偏低都会造成汽缸和喷油嘴积炭增加。

④尽量不增加车内耗电设备，以免增加发电机的负荷。

⑤磨合期要避免负重、超速以及低速行驶。

⑥要清除燃烧室和喷油嘴积炭。燃烧室积炭在汽缸套间隙往复运行时产生研磨，会加速发动机磨损，使发动机功率下降，增加油耗。喷油嘴积炭会使油道堵塞，汽油喷射变形，雾化差，也会增加燃油消耗。因此要及时清除积炭。

⑦进、排气门间隙的调整。根据资料介绍，进、排气门间隙调整不当，会增耗燃油10%～28%。因此，最好按标值调整发动机的气门间隙。

⑧空滤器的保养。空气滤清器的作用是净化进入汽缸内的空气，如空滤太脏则会阻碍空气畅通，造成燃油消耗增加。

⑨化油器的保养。如化油器保养得当，可节约10%以上的燃料。化油器油平面过低会导致供油困难，影响发动机的功率，过高则增加燃油的消耗，油面高度应依照标准调节。

⑩酌情加添加剂。正确加注添加剂可使车辆达到清洗油路、节省燃油的效果。

⑪注意发动机冷却系统。如发动机发生故障，一定程度上是由冷却系统故障引起的。还要注意及时清洗保养汽车水箱。

（3）空调省油的招数

车主们都有这样的经历：夏季因为频繁使用空调，油耗要比春秋期间大很多。在炎热的夏季开空调如何才能降低油耗呢？

①暴晒后不可立即启动空调

夏天日光强烈，汽车在烈日下停放一会儿，车内温度就高达六七十摄氏度。此时，可先把车门、车窗打开，等热气排出车厢后再坐进去启动汽车，打开空调外循环，待车厢内外温度相近时，再关闭车窗，启用内循环。

②调节空调出风口向上

许多车主使用空调时，习惯将空调出风口调向下，这不利于空调制冷。制冷时空调最好向上吹，因为冷空气会向下沉，风向挡位最好选择吹面挡，不要选择吹挡风玻璃的那一挡，因为挡风玻璃的温度是很高的，会抵消一部分制冷效果。

③车内温度不宜调太低

夏季开车时不要把空调温度调得太低。这样不仅会增加油耗，还会影响身体健康，一般车厢内外温度差在10摄氏度以内为宜。如果是非恒温式空调，可先把冷气温度设在最低，风速开到最大，等觉得冷时再把温度调高一点，把风速降一挡，如还冷，再将温度调高些，然后将风速降下来，反复这样才是正确操作方法。

4 加油省钱的小窍门

加油有如下的小技巧：

（1）希望大家在车里带上一双手套，让加油站工作人员设定好机器后你自己戴上手套来加，加的时候不要全速加油，用半速加油，当加完油，加油机停机后，不要立即松手，5秒钟后再取出加油枪。

（2）早上或晚上加油比较好，避免中午太阳大、气温高时加油。因为汽油是以体积而不是重量计费，热胀冷缩，早上或晚上加油时，同体积的汽油可以有较多的质量，节省不少。

（3）尽量以加多少升的方式加油，而不以加多少钱的方式加油。因为四舍五入以后，你常常会无形中损失你的金钱。

（4）如果要跑长途之前，保持新加的油越多，则使你在高速行驶时马力十足。

（5）跑市区请加油箱的一半或2/3（视地点增减），因为市区常常走走停停，若你加满油则会加重引擎的负荷，起步没力而且又使车耗油，况且市区加油站很多，不怕没地方可加。

（6）如果车平时开得少，建议保持低油量，因为汽油放久了会变质。

（7）如果你正要进加油站，发现油槽上停着一部油罐车，这时候二话不说，请调头继续找下一家加油站。因为油罐车补充的油料，正涌起槽底多年的沉积，很有可能就加到你的油箱。

（8）不要盲目崇拜高标号，该用什么标号的汽油就用什么标号的。这样也可以省下不少银子。

（9）台风、暴雨刚过不要加油。因为汽油是存放在地下的，暴雨后，排放不及的雨水有可能漏入油罐。

（10）尽量去中石化或中石油全资加油站加油，可以保证计量准确。

5 养车也要精打细算

私家车日益剧增，给有车族带来的汽车消费烦恼也与日俱增。虽然4S店、快修店和美容保养店越来越多，给人们带来了享受便利生活，但是这不可避免地要面对一个事实：养车成本越来越高了。

再有钱的车主，养起车来也要精打细算。于是许多人的钱包里多了一张张卡，他们用卡加油，用卡洗车，用卡办保险，汽车生活步入了“汽车卡消费时代”。目前市面上比较流行的汽车卡主要分为四大类：一类是银行发行的，如建行龙卡汽车卡、工行牡丹中油卡等；一类是某些汽车俱乐部如路邦、锐思特发行的服务卡；一类是4S品牌店提供的会员卡；还有一类是专业汽车美容店、洗车店提供的打包式服务卡等。

业内人士认为，每个发卡机构在推汽车卡时都会结合自己的行业优势，消费者要做到真正省钱，就必须结合自己的需求了解卡的内容。

银行的优势在于金融领域。他们推广汽车卡的目的未必是在汽车服务上直接赚钱，而是看中了有车族的经济实力，抢占这些客户资源以图拓展理财业务。因此相比其他发卡机构，银行卡的最大优势在于通过刷卡消费，可以兑换更为诱人的礼品。而且因为不以营利为目的，一般购卡就直接能获赠送一定额度的服务。

4S店的优势在于专业的维修保养能力。他们推卡的目的是为了增强客户的忠诚度，留住客户群。据了解，一般新车主可以免费拿到的是服务银卡，凭此卡工时费可打9.5折，消费到一定金额后可以升级到服务金卡和贵宾卡，金卡可享受工时费8折，贵宾卡最多可以打到5折。

而俱乐部的最大优势在于一支专业的后勤团队，他们扮演着汽车保姆的角色，提供为车主代办上牌、年检、团购车险等服务，让你免去跑腿的困顿。

有不少车主认为使用汽车卡得到便宜、方便的保养最重要。在实际使用中，由于种种不方便，汽车卡中的很多功能并不能真正用上。

对此，业内人士表示，消费者购买汽车卡之前，应该对它的功能有个大概的了解。一般来说，使用汽车卡可以享受到代办车辆年检等服务，购买保险等产品也有折扣价，总体看对车主是提供了更为便利的汽车生活。但也应该知道，要是汽车卡带有明显的商业目的，那么消费者应该明辨实际意义之后再选择是否使用。

6 简单实用的汽车保养技巧

谈起汽车保养，每一位司机都能聊上几句，谁都希望自己的汽车美观出众，品质超群。其实开车犹如骑马，好的骑手懂得如何驾驭，也懂得如何喂养。不知喂养，一味加鞭，到头来良驹也会筋疲力尽，倒地而亡。同样，汽车在远行中，由于机件磨损、自然腐蚀和其他原因，技术性能将有所下降，如果长期缺乏必要的维护，不仅车本身的寿命会缩短，还会成为影响交通安全的一大隐患。下面是简单实用的汽车保养小技巧：

（1）如何消除雨刮器片的震动和噪声？

用钳子把各关节处和夹橡胶片处的间隙调小即可。

（2）如何延长灯泡的使用寿命？

买车后或更换新灯泡后，用酒精将灯泡擦拭一遍，消除指纹和油污即可。

（3）如何降低轮胎噪声？

在前轮内侧防护板上粘上一层黑毡布或绒布即可(仔细体会下过雨后你的轮胎噪声变小，洗车后变大，因为内侧防护板上有泥吸噪)。

（4）如何消除个别轮胎磨损不均匀后产生的噪声？

四轮定位、平衡后找一修自行车的，借或买把木锉，将胎面高低不平的地方锉平就不响了。

（5）如何延长消声器的使用寿命？

在消声器下方最低点打一小孔。道理很简单，排水防腐蚀。

（6）如何起步提速快？

在车辆空载或负荷较少的情况下，直接用二挡起步(不必担心对车辆有损，因为一挡齿轮和离合器是按重载情况下设计的，而且大部分车一挡换二挡不顺畅)，冲到3000转以上后迅速推入三挡，再冲到3000转以上，这时一般车会落后于你了，从容地切换四挡、五挡，也可直接换到五挡(适用于高速公路交费后)，而且并不增加油耗。不妨一试。

（7）早晨发动车抖动如何处理？

因为个别缸工作不好，气门关闭不严，上高速跑跑是一个办法(费银子)，也可在三挡或四挡上高转速多跑一会儿(省金子)，效果一样。如果热车不抖动但换挡不顺(手挡)，则有可能是喷油嘴喷油量不匀，须要检测、清洗。

（8）如何防止天线被盗？

将天线拧下，在丝头上涂上强力黏合剂，拧紧即可，效果很好。

（9）如何在验车时刹车轻松过关？

将ABS泵上的控制线束插头拔下即可，完事后再插上，并不影响正常使用，抽空到维修站消除故障码。

（10）如何放置车上不常用但必须携带的东西？

打开后备箱看看备胎就知道了，那里是最大的储物格。

（11）如何改善车内空气流通以及除霜效果？

将粉尘过滤滤芯(发动机仓内)换成同样大小的海绵，既增加了进风量，又可拆洗再用，而且冬季车内除霜特快，跑长途就不必开风机了，同时省油。

（12）如何保持离合器长久轻松？

每次换刹车油时请维修人员从离合器分泵处放出废油。因为离合器和刹车使用的是同一个储油杯，可能有难度，但又是应该做的。

（13）当你感觉到刹车不如以前好用怎么办？

在等红灯时大力踩几脚刹车，即可见效。

7 养护汽车利用生活用品省钱的小窍门

我们日常一些生活小用品在汽车上，特别是汽车维修上有妙用。用好了，不仅可省下汽车养护的一大笔开销，还让生活中快用完的生活用品不至于全部浪费。列举几例，不妨一试。

（1）牙膏。牙膏中含有研磨材料，如汽车气门与气门座之间，柴油车的“三大精密零件”须要研磨时，牙膏是极好的研料。如汽车仪表灯镜上有轻微划痕，用牙膏擦拭，效果极佳。

（2）厨用洗洁精（剂）。无毒无腐，用来代替汽油、煤油清洗汽车上的零部件，特别对橡胶品小配件，洗后不变形不发胀。洗手洗工作服更是一绝，轻轻摆动，干干净净。

（3）活络油。属医用治跌打损伤的擦剂，用在清除汽车上的沥青污垢，方便有效不留痕迹。

（4）洗衣粉。洗衣粉加锯末，清洁较脏的底盘油垢和修车后的双手，令你轻松去油。

（5）易拉罐。如健力宝等铝制品易拉罐，做汽车上的垫片或简单改制即成加机油加水的漏斗，是不用花钱的好材料。

（6）饮用太空水、纯净水。时下，市场上出售的太空水、纯净水饮料，根据测试，符合电池用水，所以可用来补充蓄电池，以防液面高度过低造成硫化。

（7）醋。新车的异味大多来自皮革、内饰、塑料等发出的有害气体，其中可能含有苯、甲醛等有害气体物质，对付这种物质的有效方法是利用光触媒技术，这种办法在家装行业被广泛应用。还有一个简单便捷的方法，在车子停驶后，打一小桶清水，加一些醋，放到车里，水可以吸附甲醛，而醋可以起到稳定甲醛的作用，这样也消除新车异味。

8 修车省钱的绝招

车主大都很爱惜自己的车，一般都会到服务好、质量放心的4S店维修站保养维修车，但每到掏腰包时都会为支出的银子太多而心疼不已。那么，怎样才能让车主既能放心保养维修，又能省钱呢？

（1）常规保养，不必换的别换

常规保养其实车主就有省钱的地方。通常车主作常规保养时，都会更换四滤（机油滤芯、空气滤芯、汽油滤芯、空调滤芯），其实，除了机油滤芯一定要按行车里程进行更换外，像空气滤芯、汽油滤芯、空调滤芯等不一定每次都要换，车主可以根据自己的行车路况，隔上一次或两次再更换。当然前提是，需要维修站的工作人员检查一下，确定部件没有损坏。

此外，常规保养的时间虽然是按行车里程来定的，但有些时候可以适当延长。比如你的车一般是在市区较好的路况下行驶，原来的5000公里保养一次，就可以适当延长至6000公里再保养。

建议更换部件时多留心。有些维修站为追求利润，会建议车主更换一些不必要更换的部件，增加车主负担。对此，一些零部件能修复的应尽量修复，不能修复时再更换，比如前后保险杠、车门、机盖等，如果碰撞弯曲变形不严重，修复的成本要远远低于换的成本。

（2）价格要货比三家

在很多消费者印象中，同一品牌4S店的维修站和特约服务站的零部件价格和工时费应该都是一样的，其实不然。越是常用配件，各家4S店的价格越一致，因为厂家规定的常用配件在同一品牌不同4S店的价格都一样，但是一些“冷”配件(即不常用配件)，因为更换频率不高，各家店间价格还是有差别的，有些时候还会相差很多。不同维修站的进货单和时间等不同，就造成冷配件价格不一样，所以在更换时，车主不妨多打几个电话，比较一下再更换，就会省下不少钱。

（3）充分利用免费检测服务

为了树立自己的品牌形象，吸引更多的消费者，如今国内各大汽车生产厂家每年都会举办各种名目的免费检测活动。

在免费检测活动中，有些维修人员会借机诱使车主进行一些没有必要的维护修理，从而达到盈利的目的。不过只要车主留个心眼，例如到不同的维修站进行咨询，或找懂行的朋友问一下，就不会花冤枉钱。免费检测期间，如果车主能抽出时间，尽量还是去一下，这样便于车主更加了解车况，将一些隐患及时解决。

（4）平常开车少磕碰

对很多新手而言，除了正常保养外，维修费用才是大块头。车主来店车辆中有相当一部分是做钣金和喷漆，仅这一项开支就比较大，因为随便给车喷个漆都得几百元。对这些车主来说，首先就是一定要找一个好的保险公司，给自己的车买个车损险，减少自己的损失；其次，就只能是自己开车时一定要小心，避免磕碰。

（5）没事别老进维修站

有些车主对车太过珍惜，比如保养期是5000公里，但他才跑了3000或4000公里就要来换机油、四滤。车主完全没有必要这样做，只须按照厂家规定的保养里程正常保养就行，过早地保养更换就是浪费了。

还有一些车主则对爱车表现过于紧张，车有一点小问题就赶快到修理厂去。很多车有些小问题属于正常现象，根本就是无关紧要的，车主这样过于紧张就会让没有毛病的车被人“修”出毛病，而花上一些冤枉钱。

（6）不必紧盯4S维修站

在车辆保修期内，你一定要在4S店作维修保养，如果保修期内不在厂家指定的地点保养维修，车辆一旦出现问题，则不在厂家赔偿范围内，那可能就损失大了。

老车主孙先生说，车过了保修期后，他改去自己熟悉的维修厂处理一些小毛病，不但材料便宜，而且工时费也便宜，同样的保养项目，至少能节省一半费用。同样，对车比较内行的吴先生也是这般省钱的：小毛病他通常自己解决，作保养去汽配城买材料，然后找师傅给车作保养。不过碰到大的故障，他还是会选择去正规修理厂解决。

9 如何避免维修陷阱

日前，中国消费者协会开出了2008年存在“霸王条款”的行业新名单，汽车业名列其中，并总结出维修的六大陷阱。

除了少数品牌店的质量有保证外，大部分路边店都或多或少存在以次充好、小题大做、先斩后奏、劣手上岗、漫天要价、偷梁换柱、拖延战术等问题。

陷阱1：很多汽车都以中央电脑控制多项系统，有时出了小毛病，在某些不老实或缺乏专业水平的修车铺，一些修理工往往会告诉车主说电脑坏了，须整台更换。车主如果听信他的建议，可能要冤枉花掉数千元。

对策：车上的电脑是否真的须要整台更换，一般车主很难得知。如果不知真假，最好把车送往品牌店或指定维修店检验，看看是否须要更换整台电脑。也可向另外一家修车铺征询意见作为参考。

陷阱2：维修厂将价高质次的零件当作好的零件安装是常见的问题，更换汽车制动片最容易鱼目混珠。特别是欧美进口车原装的制动片，售价一般都比较高。由于国产以及东南亚地区出产的制动片价格便宜，有些修车铺便以它们冒充进口货。

对策：车主最好要求修车铺出示该制动片的代理公司的发票，这样就可以知道制动片产自何地。另外，消费者可以自行向代理公司购买零件，再交给修车铺代为更换，以减少受骗机会。

陷阱3：汽车行走一定时间后，须要检验合格，才能继续行驶。验车前的检查维修是一些小修车铺积极争取的生意，有些小修车铺为了吸引顾客，以比大型修车厂便宜得多的低廉收费做诱饵。但是这些小修车铺可能只略略检查并修理三两处较易发现的毛病，好让车子能通过检验测试，至于其他部分的毛病则视而不见。有些毛病如果不及时处理会越发严重，车主日后可能要花大钱修车。

对策：选择修车铺要当心，不要只看收费的高低，一分钱一分货，修车铺若收费低得过分，未必会提供全面检查的服务。品牌维修厂的收费是高一些，却能提供全面检验服务，确保行车安全。另外，车主也可要求修车铺提供检验项目清单，以杜绝敷衍塞责之事。日后若出现问题，也可根据清单追究责任。

陷阱4：有的修理工可能会建议你更换还未损坏的零件，理由是预防零件损毁。例如有的修理工会说，车子的减震器暂时没有问题，但随时可能出毛病，建议车主将它更换，以策安全。

对策：某些零件例如冷却器水管或传动带，都须在真正损坏前换妥。但多数情况下，部件如果出了问题，汽车上的示警系统会发出信号提醒车主。如果车主对修理工的“诊断”有怀疑，应向别的修车铺征询一下意见。

陷阱5：先斩后奏是很多个体维修档惯用的伎俩，在修车时并不说明有这些问题，在交车时告诉你检查发现还有些什么问题，帮你一并修复，而账单往往把你吓一跳。

对策：维修前一定问清楚是什么问题，收费多少。

陷阱6：一些路边店为了节省成本，用低廉的工资招收一些没有经过多少技术培训的人作为维修员，结果小毛病演变成大毛病。

对策：技术性强、自己搞不清楚的问题，一定要到品牌店维修。

第八章

教育留学省钱

——精打细算、巧用留学资金进行理财

目前，教育经费是每个家庭的一项重大开支，和住房、饮食排在同等地位。随着教育经费的逐年上涨，家庭的负担也逐年加重，尤其出国留学要承担更加昂贵的经济费用。从备考出国考试雅思、托福、GRE，到咨询留学服务中介设计留学方案，然后到申请学校、办理签证、行前准备等阶段，家长须要准备一笔数额不少的留学费用。随着目前国际经济形势的不太乐观，我们应该考虑一下如何才能让出国留学变得更划算，怎样才能节省留学费用。下面将提出几点建议。

1 提早规划教育资金

有报道称，从1979年实行独生子女政策以来，第一代独身子女逐渐成为社会发展的中坚力量，他们大多已经成家立业，孩子也进入了幼儿园。据调查，80后的家长大多非常乐于接受新事物，他们中大多数会不惜成本“买教育”，例如请月嫂、报名参加早期教育、上家长培训班等等。

近年来，教育费用持续上升，教育开支的比重占家庭总支出的比重越来越高。有研究报告指出，2008年教育花费占农村家庭收入的32.6%，占城市家庭收入的25.9%。子女教育费用已经在城市居民总消费中排在了第一位，超过养老和住房的投入比例。

由此可见，对于大多数家庭来说，教育支出是一项重要支出项目，而且是最不容易忽视且数额愈来愈大的一笔支出，教育经费的合理理财成为迫在眉睫的大事。所以，提早作好子女的家庭教育规划显得尤为重要。

理财专业人士提出，教育投资尤其是拥有年龄较小孩子的家庭、准备养育孩子的准父母们，要作好准备在一个相对较长的周期里开展教育投资理财。由于教育投资周期长但承受风险能力一般不强，多数家长可以注意选择一些相对保守型的长期理财工具。

例如，保守型且不熟悉理财工具的家长可以将部分资金以零存整取等方式存入商业银行的教育存款作为稳定投资，享受优惠利率等优惠；收入有限的年轻父母还可以通过申购定期定额基金，并通过不同品种的组合来组合投资或适时转换来均衡风险。此外，存款、基金、保险等有效的组合投资也比较适合教育投资的低风险要求。

业内人士提醒，家长在努力为孩子创造良好的学习条件时，要将教育投资和家庭整体的投资理财规划(例如本人的退休养老规划)协调一致；同时，家长要注意引导孩子学会勤俭节约、有规划地生活。

2 为教育勿盲目投资

为了让孩子多一种技能特长，家长便让孩子参加多种教育，诸如学钢琴、学书法、学英语等等；为了让孩子上好一点的小学、中学，也不惜重金缴纳所谓的赞助费。其实，教育上的投入应考虑投资效果，毕竟没有效果的投入属于一种浪费。

随着生活水平的提高，家长对孩子的早期教育逐渐重视起来，他们在希望孩子能健康成长的同时，也在孩子的身上寄托了许多的希望，希望孩子能赢在人生的起跑线上。有些家长受传统思想的影响，“望子成龙”的心态显得异常突出。不少家长把孩子视为自己的私有财产，从孩子一出生就开始为他们设计将来，希望孩子按照自己所设计的发展道路成长，很少考虑到孩子的兴趣、意愿和实际情况。一些家长由于缺乏正确的教育观念和知识，在教育投资方面表现出或多或少的盲目性。

教育投资是一种特殊投资，孩子是个成长股，投资要合理适度，并不是投得越多越好，投资与收益不是正相关关系。教育投资具有很强的教育性和导向性。首先要让孩子懂得父母的钱来之不易；另外不要盲目、轻易地投资，投资一定要选准目标，选对时机。主要是看孩子爱好什么，而不是家长想让他们学什么。选对时机，一定要抓住孩子在产生的一种内在的强烈需要、极度渴望的时候，而不是投了资再赶着逼着孩子去学。比方说，孩子还没有想弹钢琴时，家长就投资给孩子买了，并逼着孩子去学，孩子要么应付了事，要么反抗不学，良好的愿望未必有良好的结果。

正确的教育投资的建议是：

教育的确是一种投资，必须有投入。但是盲目、不合理的投资也是一种浪费。教育投资并不在于多，而是要把钱花在该花的地方。正确的方法是根据孩子的兴趣，选择适合孩子的特长让孩子去学习，这样不仅学了专长，又不累坏孩子，还可节省开支。

3 让子女的学习成绩好，家长省钱省力

红孩子育儿网早期教育频道有这样一首童谣：

“爸爸，你可以省钱了！”

“省什么钱？孩子。”

“今年你不用再花钱给我买课本了，我已经留级了。”

虽然这是一个笑话。但是让孩子学习好，家长就可以省钱、省时、省力。

现在学校流传有这么一句话：“分数就是学生的命根。”的确是如此，如

果子女的学习成绩一般，想上好一点的中学要交择校费；高考成绩不理想，高价生和上民办大学的开支更大。

因此，许多精明的家长从中悟出了窍门，改变只考虑为子女教育攒钱的老办法，而是注重请家教、参加培训班、学特长等早教投入。孩子成绩好了，往近了说会节省择校开支，远了说更利于子女将来的就业。

4 针对孩子的特长培养是最省钱的教育

父母们要了解孩子未来的优势和天分所在。父母们可以根据孩子的特长，为孩子制订更加完善和科学的培养计划。这是一种最省钱的教育模式。

每一个人身上都有长处和短处。如果人的一生注意发挥自己所长，利用好自己的长处，就会出类拔萃。父母要培养孩子的特长，难道可以不去留心一下他们身上有哪些长处是可以发展为特长的吗？

一个人感兴趣的东西未必适合他去从事，只有对适合自己做的事情有兴趣的人，才能胜任他所从事的学习和工作。

特长又称为“性向特长”，是指完成某一特定的活动所必须具备的潜在能力。在与自己性向特长相吻合的事业或专业领域内，往往可以比较快地获得成功。

选择了符合自己兴趣特长的专业，兴趣会成为他执著努力的强有力的动力，在未来的学习、工作中无疑可以扬长避短，充分发挥自己的聪明才智，取得好的成绩。

如果父母毫无目的地培养孩子，今天要孩子学习这，明天要孩子学习那，这不仅花费很多的冤枉钱，而且孩子也难以成才。

因此父母们要为孩子规划个性化教育路线，选择最适合的发展方向，建立科学有效的培养计划，有效促进孩子成才。

父母平常要注意为他们提供各种学习的条件和施展才华的机会。然后在这些过程中，观察了解孩子喜欢干什么，擅长干什么，再因地制宜、因势利导地培养孩子发展他们的长处。

5 巧用教育助学贷款省钱

随着新的资助政策体系全部落实到位，每年国家用于助学的财政投入、助学贷款和学校安排的助学经费将达500亿元。全国每年将有大约400万名大学生和1600万名中等职业学校学生获得各种形式的资助。全国平均每100名大学生中就有20多人可以获得资助，中等职业学校90%的一、二年级学生能获得国家资助。

对绝大多数家庭来说，大学费用和留学费用还是考虑得最多的一个问题。有关专家提出，如果家庭的大学教育费用或者留学资金不足，也可以申请教育助学贷款。

而对于资金不够的家庭来说，合理利用教育助学贷款也是一个不错的途径。

教育助学贷款，是指借款人亲属或子女因就读全日制高等学校或出国留学，而向银行申请的用于交纳学杂费、生活费等费用的人民币贷款。申请者须具备以下条件：

（1）年满18周岁，具有完全民事行为能力的中国公民；（2）借款人具有合法有效的身份证明和本市常住户口或有效居留证件；（3）担保人具有相对稳定的职业和经济收入，信用良好，有按期偿还贷款本息的能力；（4）能提供银行认可的有效担保；（5）符合银行规定的其他条件。一般来说，贷款单笔金额3000元至5000元；贷款期限不超过4年，可以根据中国人民银行有关规定适当延期；执行中国人民银行规定的利率。

教育助学贷款的还款方式有3种：（1）贷款期限为1年以内（含1年）的，到期一次还本付息；（2）贷款期限1年以上的可选以下其中一种方式——按季结息、按年等额还本，按等额还款法按月偿还贷款本息，按递减还款法按月偿还贷款本息；（3）借款人可从贷款贷出的次月开始偿还贷款本息，也可从学生毕业后开始偿还贷款本息。

6 留学成本如何核算最划算

抱着望女成凤、望子成龙的心态，大批的家长不惜血本将子女送往国外。现在有更多的家庭在为孩子出国留学进行成本核算。对此，专家表示，应当从以下三方面来考虑：

（1）留学时间的长短

即核算留学时间的成本，尽量缩短在国外留学的时间，以降低留学费用。如可考虑在国内读语言课程或预科课程，以及就读国内大学开办的中外合作项目(2+3、3+1)，还可考虑在国内读完本科后，再出国读研究生。在英国、爱尔兰，一年就可以拿到硕士学位。

（2）留学费用的高低

可争取获得国外高校的奖学金或政府助学金，目前，美、澳、荷、新西兰、新加坡等国都提供名目繁多的奖学金项目，而且资助力度较大。或考虑到法国、德国和北欧等国去留学，享受公立大学免学费政策。此外，还可选择到能够合法打工的国家去留学，不仅可减轻经济负担，还可积累工作经验。

（3）留学专业的选择

专业选择直接影响今后的移民和就业，如不顾自己的兴趣和特长而选择热门专业，学习时兴趣索然，毕业后就业市场容量有限，会造成留学的机会成本偏高。但现实生活中，往往又事与愿违，在此情况下最好选择今后社会需求量大的专业。

7 巧用留学金融进行理财

对于每个准备送子女出国的家庭来说，巧用留学资金进行理财，不仅能够让手头的资金保值增值，还能让出国求学之路变得更加便捷。

（1）储备留学资金

在为孩子“飞越重洋”作准备的过程中，最大的难题就是巨额的资金从何而来。目前有两种办法可以解决，一种是留学贷款，一种是银行存款理财升值。

留学生凭身份证、学校录取通知书填写贷款申请表，然后凭个人出国留学贷款通知书就可到使馆进行预签证，成功后即可办理正式贷款手续。

另外，可以用保险账户来为孩子储备留学资金。因为很多出国留学的孩子都是初次独立生活，缺乏理财知识，消费自制力有限，容易造成“经济危机”，而保险账户正好能解决这个问题。保险账户是锁定的，只能定期拨出一部分，存取信息完全由父母掌握，对孩子用钱能起到管束作用。而且，保险账户能保证最低2%的年收益，按月结算，还能通过复利升值。如果专门为孩子设立的留学账户里的钱没花完，每年仍然可以获得固定收益，作为养老投资使用。

（2）大额外汇兑换

只要出国，就难免碰到兑换外汇问题。国家规定的年度额是每人等值2万美元，对于出国留学来说，大部分情况下是不够的。对此，专家建议，如果是超过年度总额的购汇，留学申请人应先使用本人身份证或护照购买学习所需生活费，然后再使用学校提供的录取通知书或收费通知办理学费的购汇手续，这样可以避免因为先换学费后无法提供生活费证明，难以准备足够的生活费用。也可以利用银行的外汇产品将外汇转存进行买卖，毕竟外汇的收益比大部分国内理财产品要高。至于如何换汇，应到正规银行去办理。到银行兑换外汇，能保证钱是真的，汇兑符合国家政策，还能直接汇到指定的银行账户。如从“黄牛党”手里换汇，各种风险难以预料。

8 留学如何选择中介省心又省钱

很多家长根本不知道如何办理出国留学，也就是说他们不知道留学的程序以及如何成功留学。目前，中国学生办理留学主要有三种渠道：自己办理，通过国外的亲友办理，通过中介机构办理。其中通过中介机构办理占很大一部分比重，然而选择中介机构又让家长和学生一头雾水。当然，办理出国留学不一定要选择中介，选择中介的好处就在于好的中介能为你周密考虑，让你省事、省钱、少走弯路，并且中介在使馆的良好信誉将保证你获得较高的签证率。但并非所有中介都能做到这一点，有不少是以营利为目的，明显带有欺诈性。

因此，在选择中介时要注意以下几点：

（1）家长在选择中介时，一定要选择健全的机构。而正规的留学中介的中介费用平均在1万到2万元之间。

（2）当中介向你推荐大学时，一定要向它索要我国驻当地大使馆的认证。如果没有认证的很可能为“野鸡”大学。

（3）在选择留学项目时，可选择一些中外合作的课程，由于类似项目往往初期在国内授课，后期在国外授课，而课程也与国外大学同步，有利于学生打好基础，同时类似课程往往收费也相对较低。

（4）在选择中介时，一定要对它列出的费用情况进行详细的了解，并注意留学中介的系列服务情况。

9 金融危机下，到哪国留学最省钱

受到百年一遇的金融危机影响，包括美元、澳元、欧元在内的多种货币汇率出现疲软，人民币因此越发“值钱”。

这对于在海外留学的中国学子来说，最直接的“利好”就是留学费用一年能省几万甚至十几万元人民币。

目前，全国有通过合格认定的自费出国留学中介服务机构270家，那么，到哪国和哪些地区留学最便宜?

教育部此前公布的热门留学国家，将各国的留学费用与2007年同期相比，替关心留学的家庭算了笔账，仅供参考。

（1）美洲

①美国

美元汇率变化：现在1∶6.8，2007年同期1∶7.5

本科：学费加生活费，一年是1.3万～5.7万美元，一年前相当于10万～43万元人民币，现在是9万～40万元人民币，最多可省4万元人民币。

高中：一年总费用3万～5.5万美元，可省4万元人民币。

硕士：一年总费用1.6万～4.7万美元，最多可省3.3万元人民币。

*留学美国的学费和生活费本身没有变化，但因为人民币升值，所以中国学生的留学费用下降了。

②加拿大

加元汇率变化：现在1∶5.4，2007年同期1∶7.0

本科：学费加生活费，一年是2.3万～3.7万加元，一年前相当于16万～26万元人民币，现在是12.5万～20万元人民币，最多可省6万元人民币。

高中：一年2.2万～3.4万加元，一年前相当于15万～24万元人民币，现在是11万～18万元人民币，可省5.5万元人民币。

硕士：一年2.7万～4万加元，可省6万元人民币。

（2）欧洲

①非欧元区

英国

英镑汇率变化：现在1∶11，2007年同期1∶15

本科：学费加生活费，一年2.5万英镑，一年前相当于38万元人民币，现在是28万元人民币，可省10万元人民币。

高中：一年4万英镑，一年前约合60万元人民币，现在是44万元人民币，可省16万元人民币。

硕士：一年总费用2万英镑，可省8万元人民币。

*赴英国的签证申请费用有所降低，目前是1290元人民币，而一年前是1540元人民币。

②欧元区

欧元汇率变化：现在1：8.7，2007年同期1：10

爱尔兰

本科：学费加生活费，一年10万～23万元人民币，最多比一年前省3万元人民币。

高中：一年10万～25万元人民币，最多比一年前省3万元人民币。

硕士：一年10万～22万元人民币，最多比一年前省3万元人民币。

德国

本科和硕士：生活费一年5万～6万元人民币，免学费。2007年的生活费则为5.7万～7万元人民币，可省1万元人民币。

法国

本科和硕士：生活费一年1万欧元左右，一年前相当于10万元人民币，现在是8.7万元人民币，可省1.3万元人民币。

*在法国读商科每年需7000欧元，其他公立大学不收学费，只收100～200欧元的注册费。

荷兰

本科：学费加生活费，一年9万～12万元人民币，最多比一年前省2万元人民币。

硕士：一年11万～14万元人民币，最多比一年前省2万元人民币。

（3）亚太地区

①澳大利亚

澳元汇率变化：现在1：4.5，2007年同期1：6.5

本科：学费加生活费，一年是3万澳元，一年前相当于20万元人民币，现在是14万元人民币，可省6万元人民币。

高中：一年5万澳元，一年前相当于33万元人民币，现在是23万元人民币，可省10万元人民币。

硕士：需两年，总费用4.5万～5万澳元，可省9万元人民币。

*赴澳大利亚学习的学校申请费目前是460元人民币，一年前是650元人民币。

②新西兰

新西兰元汇率变化：现在1∶4.0，2007年同期1∶5.5

本科：学费加生活费，一年3万新西兰元，一年前相当于16.5万元人民币，现在是12万元人民币，可省4.5万元人民币。

高中：一年2.3万新西兰元，一年前约合13万元人民币，现在是9万元人民币，可省4万元人民币。

硕士：一年3万新西兰元，可省4.5万元人民币。

③韩国

韩元汇率变化：现在1∶0.005，2007年同期1∶0.008

本科和硕士：学费加生活费，一年7万～9万元人民币，一年前相当于11万～14.5万元人民币，现在比一年前省5.5万元人民币。

④新加坡

新加坡元汇率变化：现在1∶4.6，2007年同期1∶5.3

本科：学费加生活费，一年7万～9万元人民币，一年前为8万～10万元人民币，现在比一年前省1万元人民币。

高中：一年5.5万元人民币，比一年前省近万元人民币。

硕士：一年15万元人民币，比一年前省2万元。

从整体上看，各国留学成本都有所降低，主要原因就是人民币的升值引起汇率的波动。

专家认为，人民币升值引起留学成本的降低，也会引起留学方向选择的诸多变化，各国留学成本都有所降低，受惠的是所有中国留学生。

一是，赴美英人数将会上升。美国和英国一向是留学成本最高的国家，以往，多数想去这两个国家留学的学生因为留学成本很高而转向去澳大利亚、加拿大、新西兰、爱尔兰等国家。

现在，留学成本降低了，特别是在去英国读研究生只需一年的情况下，更多的中国学生可以选择美国和英国留学。

二是，“二线”国家成本降低，传统的留学费用适中的国家有澳大利亚、加拿大等，由于澳元贬值30%，中国留学生的留学成本相应地节省了30%。

这会吸引越来越多的中国中产家庭甚至工薪家庭的子女选择去这些国家。

三是，工薪家庭更容易选择通常所说的“工薪留学国家”如韩国、新加坡以及没有学费的德国、法国等，留学成本的进一步降低也将吸引大批原先因为费用问题而被挡在留学大门之外的学生。这样能让工薪家庭的子女更为容易地选择留学之路。

10 办留学护照怎样最简单

（1）最老实的方法

拿到学校的offer后，按国家规定先去本地教育局开同意你出国自费留学证明，然后拿着证明到公安机关办护照。大家一般都不用这种办法，因为要交培养费。就是不交培养费，手续也太烦人了。

（2）比较流行的，用邀请函办理

全套东西需要邀请函一封、邀请人的护照复印件、实寄信封一个。操作起来也不简单。首先要将邀请函、邀请人的护照复印件、实寄信封在公安局指定的翻译公司翻译，这笔费用要200元左右。递材料时，你还要向公安部门简单陈述一下你和邀请人的关系，例如你们怎样认识的、为什么人家邀请你去之类的话题。

（3）用4000美元存款单办理

推荐用这种办法。先把存款单复印了，再把存款单复印件、户口本、身份证复印件和申请表一交。前后不到五分钟，就会得到一张20天后领护照的单子。20天后拿到护照，出境卡上除了姓名、性别、出生日期、护照号码外，还有目的地，出境事由一般是短期出境。

（4）通过正规旅行社办理

付给旅行社两三百元，他们会帮你搞定一切。一般是先给你办一个团签出境卡的护照，然后等你走的时候再帮你换卡。

11 留学费用节省的法则

对许多留学生来说，摆在面前的第一道难题就是费用。留学费用是一笔不少的开支，还有国外的学习费和生活费，那么，如何节省留学费用显得十分重要。以下五大节省留学费用的基本原则以及一些节约妙法，希望帮助每位计划出国的学子尽可能地节约留学花费。

（1）申请奖学金

不少留学国家会给国际学生提供奖学金，如果能够获得全额奖学金，留学费用将大大降低。而在目前的留学热门国家中，美国奖学金的规模最大，对中国学生最有吸引力。美国的奖学金多如牛毛，国家有国家级奖学金，学校有校级奖学金，系里有系里的奖学金，还有一些社会团体设立的多种形式的奖学金。

通常学校越大奖学金越多，学校越知名，专业越知名，奖学金就越多。但一般来说，美国的大学提供的本科奖学金少一些，硕士和博士奖学金多一些。英国和澳大利亚的大学也都设有奖学金，但从数额和申请难易程度来看，一般的学生比较难以获得。

即使无法申请到大额的奖学金，充分利用一些学校推出的小额奖学金，也能够节省不少费用。法国也有一定数量的奖学金，如EIFFEL奖学金，每年颁发给在法国学习以下专业一到两年的学生：经济管理、政治、法律、行政管理、工程学等。

（2）快速闯过语言关

因为在学制上存在差异，很多国家都要求中国学生必须读语言学校，通常最少也需要半年，而语言学校多半是私立的，收费都很高。如果留学生老是不能完成语言学习，那么在国外的留学花费自然就会上涨。所以充分利用外国的语言环境，在规定的时间内，尽快完成自己在语言上的过渡，尽早步入正常的大学课堂，也是节省经济开支的好办法之一。

准留学生最好能在国内达到学校的语言要求。如果在出国前打好英语基础，考完托福或雅思，并达到学校要求的成绩，学生可以直接入读专业课程，节省英语培训费用。

（3）选择“性价比高”的留学国

选择学习以及生活费用都较低的国家也可大大节省留学费用。比如法国、新西兰等国，拥有优质的教育体系，但学费和生活费较英美等留学国低，是性价比极高的留学选择。法国本国学生可以享受的免学费、住房补贴、交通补助、学生保险、餐补等，外国学生一律同等待遇。

（4）巧选地区、学校和课程

各国留学费用不一，而且同一个国家的不同地区甚至不同学校、不同课程，学费生活费也可能有较大的差异。美国的州立大学学费比较便宜，一般的留美学费为15000美元左右，选择州立大学学费压力会小一些，而且有很多州立大学质量非常好。

不同城市的消费差别也很大，美国大城市如纽约、洛杉矶、芝加哥、波士顿等的生活费比较高，一般在12000美元/年，而中西部、南部某些州，如俄勒冈州、犹他州、亚利桑那州、俄克拉何马州等地区生活费一般不超过1万美元/年。

加拿大很多大学提供带薪实习，参加带薪实习课程每月可获1000～3000加元的薪水。学生申请参加带薪实习课程一般需成绩在中等以上，并通过学校和实习公司的面试；大学的带薪实习一般在大二下学期开始，通常3～5个学期，实习和课堂教学穿插进行。

（5）合法打工聪明理财

在国外，勤工俭学一直是留学生解决经济问题的常规途径，这不仅可减轻经济负担，还可积累海外工作经验。美、英、澳申请打工的留学生年龄必须在18周岁以上，必须持有允许打工的学生签证。政府还规定留学生平时可以每周工作20个小时，假期无工作时间限制。澳大利亚可以从事的工作种类很多：餐馆或者酒店的服务员、刷碗工，超市的收银员、清洁工，到农场去摘水果、收割等。

澳大利亚政府规定的最低工资是10澳币/小时。校内提供的工作以打扫教室或者学校卫生为主，工资一般在人民币60元/小时以上。一般来说，留学生每月打工可获得的收入为5000～7000元人民币。法国规定，第一年学习期间禁止打工，第二年已开始专业学习且申请到工作许可的学生可以打工。留学生打工每周不得超过20小时，最低工资为每小时7.5欧元。

除了打工，通过合理换汇、存款等，能减少支出甚至增加收入。不少精明的留学生，会比较不同的汇款方式，达到节省支出的目的。更有学生到达留学国后，利用银行存款利率的差异，增加收入。

12 留学换汇省钱的技巧

据中国银行个人金融部专家介绍，近年来，国家外汇管理局逐步放宽了对境内个人换汇的限制，境内个人年度换汇总额已大幅提高到5万美元，换汇手续也简化了。

办理留学换汇手续主要有三种情况：

一是，换汇在年度总额内的，只要带上有效身份证件到能够办理外汇业务的银行网点办理即可。

二是，换汇超过年度总额的，凭本人有效身份证件和有交易额的相关证明材料在银行即可办理。留学生的用汇证明包括：学校收费通知书、上学期交费证明、海外生活费消费凭证以及其他相关用汇证明材料。

三是，年度总额内换汇可由直系亲属代办。在手续上，首先，要有学生本人写的委托书；其次，要有直系亲属关系证明如户口本；最后还要带上代办人和学生本人身份证。

如何选择换汇方式，也是学问，因为选对了就可以大大省钱。

（1）换汇前要货比三家

同一家银行在不同时刻的外汇牌价不一样，而同一时刻，不同银行的外汇牌价也存在差别。比如某日下午1时5分左右，如果用电话查询中行、工行、建行，发现三家银行每100美元卖出价不一样，分别为758.06、758.11和758.19。你在换汇时，可登录各银行网站或者电话查询外汇牌价，货比三家后去换汇。

（2）利用差价分期换汇更划算

目前许多银行都有外汇买卖业务，可以利用该业务在换汇中节省一些支出。因为，银行的外汇人民币牌价是一天一个价钱，而外汇买卖的汇率是随时随地在变化的。

例如，须要换取1万澳大利亚元，按照银行某日的人民币牌价，须要支出人民币49080元，而如果选择外汇买卖，换取美元的话，情况就不同。按照某日的汇率0.5862/0.5892，1万澳大利亚元须要支出5892美元，而5892美元的换汇只须支出人民币48844.09元，这样就可以节省人民币235.91元。

在“是一次性换汇划算还是分期换汇划算”这个问题上，相关专家表示，从8.28元人民币兑换1美元到目前6.85元人民币兑换1美元，自2007年人民币兑美元已升值近20%，进入2008年以来，人民币升值幅度加速趋势明显，针对近期美元兑人民币汇率反弹，专家建议家长，分批兑换，分摊成本。具体来说，可先购汇交学费，再购汇“充实”生活费。

（3）抓住银行促销机会

每年暑假，银行都会专门针对出国留学换汇推出一些优惠政策，抓住这个机会换汇也能省下一笔钱。

例如，中国工商银行北京市分行从2007年8月1日至9月30日推出了“留学之途，工行相助”留学购汇优惠活动，凡到该行指定网点办理出国留学购汇的，无论金额大小，均可享受点差优惠，优惠币种涵盖了美元、英镑、港币、日元、加拿大元、澳大利亚元、欧元等7种。其中美元可优惠40个点差，即原来757.93元人民币才能买100美元，优惠后，只需757.53元人民币。

理财专家建议：有换汇需求的市民，由于人民币兑美元一直在稳步升值，兑非美元货币却是有涨有跌，因此，不同的货币在时机选择上很有讲究，比如近段时间购买美元越晚越合算，而购买澳大利亚元则是越早越划算。另外，不同银行的外汇牌价在同一时刻也会有一定的差别，换汇时可先货比三家。

13 办理留学汇款怎样更划算

学生出国留学，每年的学费、生活费等开支都在6位数以上，他们出行时随身携带这些巨款不方便也不安全。一般来讲，留学不同国家、学校及学习阶段(初、高中或本科、硕士、博士)交费的具体要求不同，而将外汇汇出去方法有多种，都有局限性。有的虽然方便，但手续费高；有的也有具体的要求，不同的操作和途径以及在不同的银行办理结果都会有差异。掌握汇款的窍门，就能既准确快捷又安全，而且还可省钱。

（1）不同汇款方式的比较

据了解，现在出国汇款方式多种多样，主要包括电汇、汇票、西联汇款、速汇金、国际卡、旅行支票等，这些方式的到账时间、费用不等。学生出国留学前一定要根据自己的实际情况选择合适的汇款品种，这样才能既省钱，又享受便利与安全。

电汇是目前使用最广泛的汇款方式，须要向境外机构或个人进行外币资金支付，知道收款人开户银行和开户账号等信息，即可选择电汇。到账时间一般为3至4个工作日。汇票的汇款费用较低，中行目前只收1%的汇款费，最低50元。但由于国外银行的解付情况不同，所以解付的时间长短有所差异，而且，当地解付也须另支付费用。

西联汇款和速汇金都是通过汇款公司的网络办理的汇款业务，速度很快，一般20分钟左右就可完成由汇款人到收款人的整个过程，但如汇出金额大，费用就比较高。国际卡不同于其他汇款方式，它的主要功能还是体现在消费上，境外取现一般要收取3%的费用，相对较高。旅行支票在境外可用于日常消费，缴纳学费等，可直接兑换当地货币。

（2）初次出国应首选汇票

目前大多银行提供的汇款方式都基本为电汇和汇票两种，中信、光大银行人士均建议，如果学生是第一次出国，最好选择汇票方式，因为在国外没有户头，其他汇款方式大多都用不上，等学生到达国外开户后可以再电汇。

（3）大额汇款电汇最划算

除了常见的电汇和汇票两种方式外，随着银行产品的增多，越来越多的人开始选择西联汇款、速汇金等汇款产品。一般小金额的汇款还是汇款公司汇款产品费用相对较低，但是大金额则是电汇比较划算。

中行人士还建议，年底前出国的留学人士也可以考虑使用美国运通旅行支票。对于旅行支票的购买和使用，这位人士介绍了几个小诀窍：在买的时候，大家最好选取与自己的目的国相同的币别，比如说去英国可以买英镑旅行支票，可以根据用途选取面额；此外，要尽量避免使用外币现钞购买旅行支票，减少钞转汇的损失。在使用的时候，如果使用的是美国运通旅行支票就到运通签约的免费兑换点，可以免收手续费；另外，要保管好购买合约书，这样可以在丢失或被窃时办理挂失补偿。最后，这位人士从风险的角度给了大家两个汇款建议："一般情况下，如果在国外有账户，还是采用电汇最方便安全。如果没有账户的话，旅行支票是不错的选择。"

14 留学托运行李省钱方法

对于出国的人们来说，行李是让人头痛的大问题，通常人们会采取以下方式：随机、快递、海运。它们各有利弊，对照如下：

（1）第一种，随机

相当方便，大部分出国人员采取这种方式。但是，随机托运会有重量的限制，因航空公司不同，所规定的重量限制也有所不同。大致在16～32千克范围内，如超过范围，会收取很高的空运费。如果是尺寸较大的，如家具、自行车等，有些航空公司甚至不允许办理托运，而且这种方式需要你自己在机场领取行李，如不超重是最为经济实惠的一种。

（2）第二种，快递

比如EMS、DHL、UPS等国际快递公司，可以直接送到目的地的家中。但是，它是所有方式中最贵的一种。如果你的货物只有1～2千克，选择快递这种方式比较合算，如果行李较多，使用快递的费用会是一个天文数字，好贵！

（3）第三种，海运

有别于以上两种，海运的费用标准明确，不必为重量以及体积担心，即花费不高的金额就可以想运多少就运多少，只是速度较慢，如果你的行李方便，可以提前运送（如非应季衣物、厨房用品、生活用品、自行车等大件物品），也就不存在速度快慢的问题了。

经过上述分析，三种形式有明显的优缺点：

随机：采用的人多。但不能保证想带什么都行，往往还没带够，就已经超重了，而且超重罚款十分可怕。

快递：应急和补漏的最佳办法。但是费用最贵，是贵族以及有钱人的首选。

海运：用随机超重罚款金额的一部分就可以支付海运的费用，而且可以运送大量的物品。

15 留学要注意的事项及其省钱方略

以下是留学同仁一起总结的留学可能涉及的所有金融事项及其相应的注意事项。一是为了让大家明了出国所需的全程费用，二是总结各种省钱方式，节省留学成本。

申请预期

项目	注意事项以及省钱方略
英语强化课程	1. 如果不是英语达到专业水平或是有过两三年国外经验的人，无论考G、考托还是IELTS，建议报个英语学习班，主要是省时，便于抓住考试要领。 2. 去之前一定要作些准备，比如考G就要先背两遍红宝书，不然听课效率会打个半折。
测试资料费	1. 要英语能力证明必须参与各种考试，就要必备考纲、指导与习题书籍，加起来费用也不少。 逛书店比较内容质量，新东方大预算是英语考试内容最集中的了，可以办一张会员卡，九折优惠。适合去书店方便，有挑选需要的人。 2. 网上购书货比三家，阅读麻烦些，须要事先逛书店了解所需书籍。
中介代理费/学校办事处	1. 准备留学最好提前找中介，以便备齐所有相关事项，申请过程一旦出现意外，中介还可以帮助你补救，可以降低申请风险，节省时间成本。 2. 中介可以节省时间和精力，记住一定要及时跟催，中介一般都很忙，而且工作人员变动都很频繁。 3. 付费方式，最好能分两次付款。

申请期

项目	注意事项以及省钱方略
学校网络申请	1. 网申必须使用信用卡，现在国内发行的双币卡，大都具备网上支付功能。 2. 建议办一张国际信用卡，最好是双币卡，既可以在国内买书、付考试费、置备各种出国用品等，网上申请的时候又可以用，出国的时候带在身边，刚到那边也能发挥不少作用。
资料快递费	快递费方面，可以和DHL、FEDEX等国际快递的代理搞好关系，快递的次数多的，还可以谈个长期折扣。但不组织个上十人一起办理快递业务，很难谈下来（Visa留学生卡可以在DHL打九折）。
存款证明	1. 对留学家庭银行存款资金的要求，保证金存款的时间，不同国家有不同规定，是3个月、半年还是1年、1年半，最好事先找中介顾问咨询清楚，再办理相应期限的存款证明（若是家里条件很不错的话可以直接作存款冻结，签证办起来就简单很多）。 2. 资助人财力证明可以是雇佣信、工资单、税务资料、银行存款、财产证明（邮政储蓄不可用）。 3. 留学资金至少提前半年就要存钱。家中一时拿不出大量现金也没有关系，可以把房产抵押给银行，让银行出具担保函，并直接把学费汇给学校（只要数字相差不是太远，家庭证明有足够的后备资金也可以通过贷款作为担保金）。这样，有银行信用作担保，既简化汇款手续，又通过银行信用提高签证率。

启程期

项目	注意事项以及省钱方略
机票交通	1. 如果能得到很高的折扣也可省掉一笔钱。一般是越早订折扣越高，订往返票的话折扣会更高一些。 积累航空里程可以兑换积分，如果家里有人经常公务出国的，还有经常用自己的信用卡替公司大额采购机票、办公用品啥的，都可以积累不少航空里程(中教国际留学通常提供学生几种购买机票的途径，建议学生自己购买；中国银行和国航发行的那张奥运信用卡，福娃卡面的，据说是目前国内最优惠的消费换里程，每刷卡消费11.52元就可以兑换国航1公里里程积分，比起国内18～20元换1公里的平均水平，对持卡人来说确实是不小的优惠)。 2. 多光顾大的航空公司网站，有时会推出优惠活动或留学生特价机票，在它们那儿直接买，有时候折扣比携程之类的大代理还要多，而且有的专门针对留学生的。还有行李超额托运合作的外航不少，美西北、汉莎、Quntas等等，直接刷卡在这些外航处买机票，大都有折扣和行李超额托运优惠。

（续表）

项目	注意事项以及省钱方略
行李准备、物品购买费	1. 不同的航线有不同的行李重量限制，有时候还有留学生超额行李托运，这个可以随时关注。手上可以带十公斤（一般不算）不计重的物品，所以沉的物品尽量手拿，最好不要超额，不然应该很贵。 2. 必带物品是药，其次是变电压器（外国电压不一样，有些随身带的小电器，要注意电压匹配）。 3. 最好从国内带一张信用卡出去，双币卡就可以，在外边用的时候，可以让父母或朋友在国内帮忙还钱。国外刷卡很方便，不像在国内，满大街找ATM机取钱。要知道，在美国，尤其是黑人多的地方，你往ATM机那一站，就有可能被盯梢，这是很多同学的经验。

留学生期

项目	注意事项以及省钱方略
语言学习费	很多人出国后都要先上一到两个月的语言课。无论在哪个国家，折合下来都要一万元每月的学费。这个唯一省钱的途径就是在国内把语言关攻下，在国内学几个月也比这个值。
学校学费、生活费汇款	1. 现在很多学校的学费可以刷卡付，不必汇一大笔钱到国外，再取出来交到学校，既耗时又不安全。有的学校可以直接在网上刷卡交学费，但是鉴于学费数额比较大，最好还是带张国际卡到学校的POS机上刷。信用卡一般到不了那么高的额度，可以办张双币借记卡（招商银行的双币卡也可以，只要在国内往卡里打入同等数额的人民币，国外可以以外币消费，民生等大多数银行的信用卡都可以自动转成外币额度，这样在国外就可以刷了；往美国去的办美元双币卡，往欧洲去的办欧元卡，还有澳元卡啥的，总之最好对应上，否则在欧洲刷美元卡，消费的欧元先转成美元，再用人民币购美元外汇还款，汇率转换过程中会有损失）。 2. 其他还有电汇、票汇、西联汇款等方式，但不是手续费高就是时间慢，最方便划算的还是能刷卡的就直接刷卡。 3. 生活费也是同理，国外一些日常消费的地方，刷卡都是很方便的，从长期看，汇钱到国外，然后开户办张当地的银行卡或信用卡是最方便最经济的。如果是初次出国，建议两条腿走路，先带张国内的信用卡（至少要双币卡，外币单币卡也行，总之不能听银联忽悠。银联宣传说30多个国家都能刷，但是基本上都是些旅游景点的商店，留学所要光顾的地方，很难保证），解决刚去时候的一些付费需求（在那边刷，这边家里人帮忙还款就行）；等安顿好了，在那边银行开好户了，再让家里汇款过去办当地的银行卡或信用卡。

（续表）

项目	注意事项以及省钱方略
食宿费	由于不同国家的条件不同，以下以英国为例，大家可按各人具体情况搜索相关信息。 1. 学校宿舍：超过半数人的选择。公寓住宿费用通常包括膳食费、能源费和部分洗衣费。校方提供的住宿通常离学校较近，所以你在上学的交通费上无须支出或不用支出太多。如果在学校提供的自炊式公寓住宿，意味着要自己购买食物，支付洗涤费用，清洁费通常已包含在房租里。 2. 私人住房出租：私人出租的公寓以及房舍自成单元，且通常配有家具。几个学生通常共同分担租金、水电费和电话费。 3. 寄宿家庭：入住英国家庭费用包括平时早晚两餐以及周末三餐的膳食费、清洁费和洗衣费。这是良好的锻炼口语和尽快融入英国社会的方式。 4. 如果租金数额比较大，可以用国内信用卡刷，然后申请3个月、6个月或12个月的分期付款。
保险费	出国留学保险费很重要，尤其是在刚到国外，还未参与学校保险的阶段。有些学校也会强制要求购买一些保险。同理，这些保险费用也不是小数，能刷卡的还是刷卡。
交通费	交通费也根据地区不同而不同，不同乘坐方式价钱也不同，但是不必携带各种零钱，因为大多数地方乘公交车都是可以刷卡的。具体方式仍以英国为例。 1. 火车是英国城市间最主要的交通方式，便宜且快速安全。火车票要分清楚单程和往返，因为往返会便宜很多，乘坐时还要听清楚车厢的方向，因为有时一趟车会有某个站点拆分成两个方向行驶（刚到英国一定要花18英镑去学校的旅游办公室或者火车站办一张YOUNG PERSON CARD ，每次乘车都是六折）。 2. 地铁也是相对便宜而且方便的交通方式。不过英国只有伦敦有地铁。 3. 英国的公共汽车是非常复杂的，行车路线不同，乘坐时一定要看明白指示牌，向师傅咨询明白再上车。 4. 计程车就是伸大拇指了，但是应该是费用最高的交通形式。
生活消费品	1. 如果你是孩子的家长，最好的监控孩子消费、保证只把钱花在必需的生活消费品上的方法就是利用信用卡的主副卡功能。家长在国内用主卡，孩子在国外用副卡，主卡可以控制副卡的额度，而且副卡一消费，国内主卡持卡人就可以收到短信，消费了多少、在哪家商户消费的都一目了然。到月底，家长拿到账单一看，就对孩子一个月的消费情况心中有数了。 2. 在国外网上购物也很普遍，因为一般网上会比较便宜，而且各个地区都会有留学生交流信息，会介绍各种物品上何网站购买。很多网上商户都可以直接用Visa卡等国际信用卡支付，但是“网络钓鱼”的网站也很多，不可掉以轻心。可以选择有“Verified by Visa”标志的经过安全验证的网站，或者选择支持Paypal、Google Checkout功能的网上商户。

（续表）

项目	注意事项以及省钱方略
奖学金	1．国外大学奖学金的发放基本上是针对报考研究生的中国学生，而且偏重于基础教育的课程。 2．英国会根据是公立或私立学校不同而有不同层次的奖学金，而且多是针对优秀的基础学科学生，有国际奥赛奖励的更易申请。意大利的公立学校是免费教育，所以不涉及奖学金，私立学校一般针对稀缺行业提供。澳大利亚的奖学金极少，一般读研究式课程易申请。
回程机票、礼物购买	1．回程机票同启程期一样。不同的是，如果是中途回家，能确定返程日期的话提前订购返程票，那样可以节省很多银子。 2．礼物购买同消费品投入一样，建议多浏览国外留学生聚集网站。购买礼物可以赶暑假、圣诞等打折旺季进行。 3．另外也要关注回国机票允许带多少行李，有时候给亲友采购了一堆东西，结果行李托运超标被罚款，得不偿失；有些比较精明的同学，回国的时候采购一堆名牌货，然后回国在淘宝上卖出去，倒得好的，可以利用回国的空当赚足几个月的生活费呢，可以跟这些人多打听打听，看怎么能够托运最多的行李回国。

第九章

上网省钱

——网络是最省钱利器

过去，生活水平低，大多数人是通过“不消费”或“少消费”来节省开销；而随着生活水平的提高，生活成本的加大，省钱模式也在发生改变。既要在生活中省钱，又不能让生活质量下降，这就是新新网民的终极目标。网络省钱有很多种方式，比如网上购物、网上换物、网上拼车、寻找团购等。消费者可以通过互联网信息覆盖面广、传递快等特点，来选择适合自己的省钱方式。利用网络的东西不光是省钱，有时候还可以省精力，少走弯路。比如找工作，先在网上找，就有更多的公司可选择，还能省下参加招聘会的费用。

如果你能充分利用互联网，运用自己的智慧，就能花比别人少得多的钱，生活却过得很时髦，很有情趣，生活质量还挺高。不来了解一下吗？没准儿，你会爱上这种省钱的时尚生活。

1 网上冲浪省钱的秘诀

看着每月居高不下的上网费，一方面感叹要省些，另一方面又对上网欲罢不能，左右痛苦的抉择中难道就没有折中的方式吗？当然，装宽带是一种方法，但是千万不要忽略了技巧上的一些省钱方式。

（1）选择合适的ISP服务商。选择一个好的ISP是非常重要的，有些ISP提供的传送速度较低，而各个ISP几乎都提供一些时间优惠的服务。

（2）硬件配置尽量高。一只好“猫”是必不可少的。通常选择支持V90标准的56K“猫”就不会有任何问题。

（3）用E-mail订阅指定信息。lnternet上有一个能充分发挥E-mail特性的Mailinglist，可以让你像订阅报刊一样，每天都将Internet上的指定信息放到你的邮箱中。因为传输邮件信息要比传输页面信息快，所以利用E-mail订阅邮件不失为一种节省费用的好办法。

（4）最好离线浏览资料。现在有许多功能很强大的离线浏览软件，有的甚至可以把整个网站的内容拖到你的硬盘上，然后再让你慢慢欣赏。这对于你浏览新闻、公告等含有大量文字、图形的网站非常有帮助，能大大节省上网时间。

（5）充分利用搜索引擎。由于Internet上的信息浩如烟海，如果没有搜索引擎，我们很容易迷失其中。有时在Internet上访问十几个甚至几十个网址才能找到须要查询的资料，利用搜索引擎的强大功能可以迅速准确地找到你所需要的资料，提高上网效率。如果你不懂英文，可以下载一个“3721中文网址”软件，这样直接输入中文就能够找到你所要访问的网址。

（6）配置好浏览器。可以在浏览器中设置不下载图像、动画、声音或视频信息，这样可以大大提高浏览速度。当须要查看图像或动画时，从鼠标右键菜单中选择“显示图片”就可以了。

（7）利用FIP的断点续传。我们在下载一个很大的文件时，往往是下载的速度越来越慢，有时竟很长时间没有反应，这时你可以中断下载再重新连接，它的速度是中断前的3～5倍。

（8）选择最佳时段上网。如果你选择的是国内的站点，选择下半夜上网速度会快一些，但如果你要访问的是美国站点，则要选择每天上午。

（9）反复进行操作。有的时候我们浏览网页时，浏览器会迟迟没有回应，“猫”也毫无反应，那就试试Reload，一般情况下浏览器会马上有反应，而且速度变得很快。

（10）利用国外的FIP站点。如果你要下载的文件实在太大，而当时网络传输又确实太慢，那么你可以给国外的一些FIP站点发一封E-mail，讲清楚你要的文件是什么，在哪个站点。这些免费提供FIP的服务器会在几天后将这个文件用E-mail的形式发给你，节省你的费用。

2 无线上网省钱提速的窍门

上班族越来越离不开网络，但仅靠家中的宽带和办公室的上网环境，并不能满足人们全部的上网需求。很多时候，我们在出租车上，在公园里，在马路上，也急需上网办公。这就使很多人面临着笔记本无线上网成本的现实问题。一个硬件的无线上网卡，加上半年的资费卡，就要耗费一两千元。精挑细选一个最适合自己的上网方案，让你在不耽误事的前提下尽量省钱。

（1）经常出差上网省钱方案

如果出差频繁，工作地点不定，最好为自己购买一个无线上网卡，再配备一张资费卡。备选的有移动的GPRS和联通的CDMA 1X。如果非常追求网速，经销商一般会给消费者推荐CDMA的无线上网卡，上网速度可达到153.6KBPS，网速相对更快些。如果选择CDMA的无线上网卡，卡的硬件购买成本，市场价格一般在500元至1300元之间。在资费方面，如果每天上网时间较长，选择每日不限时的包月上网卡套餐更划算。在电子市场中，用CDMA无线上网，半年不限时的上网花费一般报价在450元至570元之间。如果选择移动的GPRS上网，同样须要花个几百元至一千多元购买一个无线上网卡硬件，然后再花50元购买一个SIM资费卡，速度类似于拨号上网。在资费方面，可以选择中国移动的“随 e 行”方案，这种方案属于包月性质的，不限制流量与时间，费用为每月100元，而且全国不限漫游，不过一般必须一次性缴纳半年的费用。

（2）限于居住城市上网省钱方案

如果仅限于在居住城市上网，但无论是单位还是商务酒店，工作地点一般都有网络。在单位自然可以利用局域网，在酒店也可以用笔记本使用酒店的网络，因此对无线上网卡的需求反而并不是很大。由于一般人平时的手机费、家中固定电话费、家中宽带上网费等通信费用开销本来就比较大，而无线上网卡的使用频率不高，因此，出于节省成本的考虑，建议暂不购买无线上网卡。

3 网上购物省钱的绝招

随着电子商务的发展和人们生活水平的提高，网上购物开始成为一种时尚的购物形式，逐渐得到很多人的认可。网购现在已经被消费者和网友公认为最有效的省钱方式之一，在网上总能找到比市场上价格低的商品，而且很容易就能找到。

目前网络购物操作流程主要有两种：一种是货到付款交易，风险最低；另一种是，消费者将汇款存入一个第三方账户（如支付宝），然后在货到验货合格后再通知支付宝将货款支付给商家，此种付款方式也比较正规保险，发生纠纷的几率也比较小。然而，一些不够正规的网站不能做到如此约定，购物风险也就比较大。所以消费者要在网上购物最好选择正规的网站。

目前网购网站主要有两种模式。一种是B2C，即英文Business-to-Consumer的缩写，即商家对消费者，也就是通常说的商业零售，直接面向消费者销售产品和服务。最具有代表性的B2C电子商务模式就是网上零售网站，比如当当网、卓越网都是B2C电子商务网站的典型，这类网站的特点是安全性非常高，一般采用货到付款的形式。另一种则是C2C，是英文Consumer-to-Consumer的缩写，即消费者对消费者，特点就是大众化交易，因为这是个人与个人之间的交易。这类网站的安全性较B2C的低一些，不过有很多物品的折扣会较B2C网站的更大一些，比如淘宝、易趣、拍拍，都是C2C网站的典型。那么，如何通过网上购物省钱？

（1）比价软件淘实惠

网上比价系统能通过互联网来实时查询所有网上销售商品的信息，特别适用于图书、实体工具等品牌附加值较低的商品。想知道某件东西在各大网站上的价格，只须在搜索栏里打入商品名称，点击查询就一目了然了，货比3万家也不难。

（2）上折扣网

上折扣网购物能省10%的花费。大部分网上购物网站，在其他网站上做广告，在该网站有用户购买时，会给该网站一个以销售额计算的佣金(这就是按效果付费的广告)，而网购折扣网不一样，它把这部分佣金还给用户。

网上购物一族通过网购折扣网的合作网站链接到合作网站购物，可以获得网购折扣网赠送的积分。购物积分，就是在网购折扣网合作网站(如卓越、当当、99书城等)购物，网购折扣网按购物金额算积分，积分可以兑换礼品或现金

(1000积分=10元人民币)，达到6000积分即60元，即可申请兑换现金。

不过，提醒你：每次都要通过网购折扣网提供的链接访问相关购物网站，如果直接点击，是没有积分的。

（3）商场抄货号，回家上网购

网上代购商场货比在商场直接买东西平均价格便宜了30%左右，且网上购物送货上门还省去了逛街时间、来回路费，方便快捷又省心。现在，这一招已经在白领当中越来越流行。

（4）正版书网上买，保质又实惠

卓越、当当都是买书的较好选择，每本书基本都有折扣，最夸张的一折书都有不少。最关键的是你想买的书网上很少没有的，而且都是正版。

（5）海外代购方便又省钱

海外代购主要集中在以美元为主要货币的欧美区域，代购的商品主要集中在价格比较高昂的化妆品、保健品和服饰箱包三大类。由于金融海啸引发多种外币汇率下降，同一件商品国内外差价可达上千元。

（6）闲置品网上变现

有的女性物质条件比较优越，又喜欢买东西，买回来时觉得新鲜，久置家中就被潮流所淘汰，于是网络就成了最好的去处。把不需要的东西出售，让资金流动起来，还能把实惠带给其他姐妹，一举两得。

对于易物平台，网上有很多，有些有地域的限制，有些则是全国范围的。例如，www.huanke.com和www.ewuqu.com就是全国范围内的易物网站。在简单的注册、登录后就可以开始寻找自己的易物目标了。须要提醒的是，要留心对方的信用指数，同样的商品最好选择信用度较高的物主，换得更放心。

（7）网购异地特产

很多异地特产，好多人都买不到，常常要托别人带，既麻烦又欠人情。现在网上一搜，各地的特产都应有尽有，而且有些价格还比市面便宜。

（8）最大限度使用商家优惠省钱

网络上的优惠折扣券应有尽有。吃饭购物之前先上网查价格、搜索优惠券已经成为不少白领的必做功课。大众点评网数据显示，近期餐饮、休闲娱乐等生活消费电子优惠券浏览量和下载量均呈现全面上升的趋势。

（9）充分利用免费资源

网络资源无奇不有，关键看你怎么用。最重要的一点就是：充分利用免费资源。

打网络电话。小王的男友在外地工作，两人每天虽然有绵绵不尽的情话，但小王的电话费没有因此而水涨船高，原因在于他们用的是网络电话。

看免费电影。有一个电信网通都能下载的看电影软件，只要下载安装了此软件，就能进入这个社区看电影和电视剧了，更新速度很快，而且安全无病毒。

下载电子杂志。化妆品达人当然不会放过时尚杂志了，但动辄二十几块钱累积起来也是不少的一笔花费。最后算算，还是上网下载免费的时尚杂志来得划算。

4 省钱购物网站推荐

（1）会员制/VIP制度

会员制典型网站：

互动出版网 http://www.china-pub.com

互动出版网成立于2000年7月，目前是国内最大的专业、教育类图书网上书店。互动出版网实行会员制度，即对该网站的会员给予一定的价格折扣，会员级别越高享受的折扣程度越大。具体的会员优惠制度如表1-1所示：

表1-1　互动出版网会员优惠制度

会员级别	如何取得会员身份	优惠政策
普通会员	注册即可成为普通会员	在图书原价基础上，享受3至8折(95%以上品种在此售价区间)不等的优惠幅度
1～3星级会员	1星级会员：消费金额累计满50元	在普通会员优惠幅度基础上下调2%
	2星级会员：消费金额累计满100元	
	3星级会员：消费金额累计满300元	
4～5星级会员	4星级会员：消费金额累计满800元	在普通会员优惠幅度基础上下调5%
	5星级会员：消费金额累计满1500元	

此外，该网站对高校学生购物还有特别优惠，凡高校会员购书可享受“校园特惠价”，优惠幅度等同于四五星级会员价。

VIP制度典型网站：

八佰拜 http://www.800buy.com

当当网 http://www.dangdang.com

卓越网 http://www.joyo.com

下面仅以800buy为例介绍网上购物的VIP制度。

800buy时尚礼品网成立于1999年9月，由归国留学人员创办，并获得多家国内外投资机构的投资。从2000年年初开始运营起，800buy就本着向年轻时尚的用户提供最经济、最方便的礼品服务的初衷，专注于向用户提供一流的时尚、精美、独特的礼品服务。

800Buy实行的同样是会员制度，与互动出版网所不同的是它仅将会员分为普通会员与VIP会员，普通会员在800Buy累积购物金额达2000元，即可成为VIP会员。VIP会员所享受到的特殊服务如下：

①VIP会员在会员价基础上享受9.5折优惠（特殊商品除外）。

②VIP会员在订单处理和发货时间上，都处于优先地位。

除此之外，800Buy还有诱人的购物返券和积分换奖活动。会员一次购物金额超过一定数额，即可同时参与积分返礼和积分返券活动。具体如下：

①用户一次购物金额超过100元即可参与购物返券活动。表1-2列出了800Buy的返券金额。

表1-2 800Buy返券金额

一次性购物	满100元	满200元	满500元	满1000元	满1500元	2000元以上
换券金额	2元	4元	15元	30元	45元	60元

②会员积分从2004年1月1日起开始累计，1元积1分，当会员积分达到300分及以上时，就可以兑换网站为他们准备的奖品。

（2）购物礼券（红包、礼品卡）

赠送购物礼券典型网站：

当当网 http://www.dangdang.com

淘宝网 http://www.taobao.com

卓越网 http://www.joyo.com

各大购物网站都会不定期向用户赠送现金抵用券，只是在名称上有所区别，使用方法大致相同，下面仅以当当网为例介绍现金抵用券的使用。

当当网于1999年11月正式开通，目前是全球最大的中文网上商城，面向全世界网上购物人群提供近百万种商品的在线销售，包括图书、音像、家居、化妆品、数码、饰品等数十精品门类。

当当网会不定期举办促销活动，届时会将不同金额的购物礼券免费赠送给用户，用户登录“我的账户”，点击“购物礼券”，即可查询促销活动赠送的礼券。购物礼券在购物结算时可抵现金使用，如：用户购买了100元的商品，账户中有10元购物礼券，在结算支付页面会有一栏显示“当当礼品卡或礼券支付”，可以看到“激活新的当当礼品卡或礼券”的链接，点击它按照提示输入卡号以及密码即可使用当当赠送的购物礼券，最终用户实际支付的金额就是90元。美中不足的是此类购物礼券一般有时间限制，超过有效期该礼券即作废。

（3）门户网站购物返现服务

提供返现服务典型网站：

快钱 http://www.99bill.com

大拿网 http://book.danawa.com.cn

攒人民币网 http://www.zrmb.com

红利网 http://www.51hongli.com

有些门户网站与许多大型购物网站有着密切的合作关系，它将给予购物网站的用户不同的返现比例。对通过这些门户网站的链接进入购物网站购物的用户，门户网站将返回给用户对应比例的现金。下面以快钱为例介绍这种返现服务。

快钱公司是国内第一家提供基于E-mail和手机号码的网上收付款服务的互联网企业，以提供在线收付款服务为核心内容。快钱是国内领先的独立第三方支付企业，旨在为各类企业以及个人提供安全、便捷和保密的综合电子支付服务。快钱和多家国内外知名企业如网易、搜狐、百度、TOM、当当、柯达、神州数码、万网、国美、三联家电等公司达成战略合作。

快钱的返现服务简单用一句话概括就是：用户从当当网买了100元的书，快钱就返给用户12元（快钱给当当的返现比例为12%）。具体操作如下（以当当为例）：

用户首先登录快钱社区，进入“购物返现”通道，找到当当网站链接进行购物（注意购买过程中不要关闭快钱网站），下完订单后，订单信息将被记录到快钱网站该用户的“我的订单”中，此时订单状态为“此订单已跟踪”。当用户收到购买的物品并确定交易完成时，当当网上会将购买确认信息传递给快钱，该订单中所得到的返还现金将被记录到用户的会员账号中，此时订单状态会由“此订单已跟踪”变为“论坛币已添加”。当返还现金累计到20元后，快钱将会返还现金到用户的银行账户或支付宝账号中。

在使用此类服务时尤其要注意的一点是：一定要通过登录此类门户网站进入购物网站，直接访问各购物网站可以享受商城原有的优惠，但无法得到快钱等网站提供的购物现金返点。此类门户网站除了提供返还现金优惠服务外，还免费提供各大购物网站的购物礼券以及肯德基、麦当劳优惠券等。

（4）比较购物网站

比较购物典型网站：

大拿网 http://book.danawa.com.cn

琅琅图书比价网 http://www.langlang.cn

查价商城 http://www.chajia.com

哪里买图书比价网 http://www.nalimai.com/

随着中国互联网和电子商务的发展，越来越多的B2C、C2C模式的电子商务网站如雨后春笋般涌现出来，为广大用户提供了购物的新途径，并直接促成了“中国互联网的第二个春天”。另一方面，广大用户在享受网上购物所带来的便捷服务的同时，面对数目繁多的电子商务网站却有众多无奈——同一个产品哪里卖得最便宜？哪个电子商务网站最值得信赖？哪里可以找到自己喜欢的东西？……在这种情况下，许多专业的比较购物网站应运而生。下面主要介绍大拿网。

大拿网是一个强大的在线购物搜索引擎，目的在于通过提供精确、及时、丰富的商品价格信息，帮助消费者在网上购物时作出最明智的选择。大拿网提供数百万种商品，数百家线上线下商家的商品报价和服务信息，以及不断增加中的用户反馈和评论，消费者通过多方比较上述信息，最终作出购买的决定。目前大拿网正处于蓬勃发展阶段，提供手机、数码产品、电脑、图书、音像、服装、化妆品、体育用品、汽车用品、母婴用品、成人用品及汽车等12个频道的商品搜索和比较购物服务。

大拿网的比较购物搜索引擎有着强大的商品搜索能力。和普通的搜索引擎不同的是，只要在搜索框里键入想要的商品，回车或点击“搜索”，大拿网的搜索引擎会将互联网上数千商家的相关商品信息整合在一个易于查看比较的目录列表中。

5 网上拼车省时省钱

随着油价的上涨和养车费用的增加，通过网络平台发布拼车信息的市民越来越多了。不少网站开通了拼车同行板块。在拼车信息中，有拼车意向的车主和搭车者公布自己拼车出行的线路、早晚上下班乘车时间和车型，最后留下联系电话。

在网上发布拼车信息的多为私家车主。一位私家车主说，他上下班时间比较固定，只想找顺路的搭车者，至少能降低一点油费。

目前拼车有三种型式，第一种是几个人拼的士，第二种是雇用面包车一类的多座车，第三种是搭有车族的顺风车。

对于拼的士的人而言，人少比较容易找齐拼车的人，费用方面一般来说是拼一次就缴一次费。因此拼车的人在满足交通方面的需求的时候，相对而言也比较机动灵活。

对于雇用面包车的拼车族来说，他们的组织相对也要稳定些。费用多是以包车的方式来平摊，所以“上座率”必须有所保证。它明显的优点就是费用比拼的士来得低些。

对于搭有车族的顺风车而言，在解决了交通问题之后最大的好处就是有面子，毕竟坐私家车上班还是比较有生活档次的。另一方面私家车主也可能通过搭车挣点油钱，对双方都有好处。

现在，拼车已经成为年轻人中流行的生活方式，网上出现不少的拼车网站。有的是全国范围的，有的则有地域性。例如，www.pinchezu.com，www.pinchela.com和www.58.com/pinche，三者都是全国范围的拼车网站，想必总有一条线路适合想要拼车的你。

6 网上“拼婚”省钱法

“拼婚”是指婚期比较接近的新人通过一起买家具、租婚车、订酒店，从而获得单买得不到的优惠。

结婚是关乎一辈子幸福的终身大事，从喜糖到酒宴，从婚房到蜜月，处处都是一笔不小的开支。同时，拼婚的人还会共用一些东西，比如身材差不多的人共用婚纱、礼服、化妆品或者鞋子等。

“拼婚”以既经济又时尚的优势适时而生，受到年轻人普遍欢迎，并成为一种时尚迅速流行开来。

在网上发布“拼婚”消息的小李说，找人拼婚主要是为了节省，大家一起去能争取到优惠价格，能够凑到一定人数，还可以争取“团队价”。而且，新人们大多没有经验，“遇到问题，大家凑在一起也好有个商量”。

施小姐是典型的“拼婚一族”。她和两个同学的身材、喜好都差不多，因此除了婚纱之外，其他购买的礼服“公用”，三人平摊礼服的费用，省了不少钱。“仅仅是我们买首饰的价格，就比普通的折扣又低了一折，每人至少省

5000元。”

赵先生和妻子是在集体婚礼上认识，最后走到一起的。对此他深有感触：“我们是外地人，办婚礼比较繁琐，几十对新人一起‘拼婚’，只须交500元报名费，租婚纱、场地、婚庆等都由单位搞定。”赵先生认为，这种“拼生活”不仅让人们更懂得珍惜和节约，还加强了人与人之间的合作与沟通，“拼生活”还可以增强城市内部的沟通与融合。

对于那些经济实力有限或喜欢追求时尚的准新人来说，“拼婚”的确是个不错的选择。不过，须要提醒的是，除了亲友自发组织或者婚庆公司集体组织“拼婚”外，一些专业的“拼客”网站如今也成为“拼婚”的重要中介，但是在“拼婚”时要留心对方身份的真实性，务必擦亮眼睛，谨防上当受骗。

如果是在网上结识的、准备“拼婚”的新人，事先最好进行必要的沟通，加深了解，掌握对方的确切身份。对于一些金额比较大或者容易引起纠纷的“拼婚”项目，不要只停留在口头上的约定，最好有书面协议，或由婚庆公司等第三方参与见证，避免出现不必要的经济纠纷。此外，在网上找“拼婚友”时，可以查查对方的信用记录，观察这个人在论坛上的口碑，有必要存点防范之心。

7 网上购书省钱技巧

不要到那种牛气冲天仍然按原价卖书的书店买任何一本书，可以去那里挑，把中意的书名记录在小本子上，回来去网上查价格。

豆瓣网有一个不错的功能是，提供当当网和卓越网两家网站的价格比较，当然要选择便宜的那一家。

有些网站会推荐一些和你喜欢的书类似的书，一起购买组合要便宜得多，当然前提是你真正喜欢那本搭售的，不然别多买一本。

一次可以多买几本，能省下运费不说，有时候还会收获一些便宜的赠品，但不要为了赠品而买自己不喜欢的书。

读完书尽量写点书评投给书报杂志，一旦被选用，就可以把一小箱书的成本收回来。

一些年代久远的书可以考虑去旧书网站买，有的时候会很便宜。各类语言、职业资格考试类的书，尽量去大学校园里，等4～5月时，毕业年级学生会摆摊（有免税费特权），在那里能找到一切行业各种考试的辅导书，记得跟学生还价，别因为自己挣工资或者是他们的师兄师姐就跟他们客气。

但要注意下面的购书技巧：

（1）不要在网吧上网购书，以免账号或信用卡密码被盗，避免不必要的损失。

（2）不同的网站，图书折扣是不同的，购买前多作些比较，说不定会有意外的惊喜。

（3）尽量在大型的网上书店挑选图书，别贪图更低的折扣去无名小网站，以免发生不愉快的事。

（4）平时多搜集相关网站的优惠信息，如运费抵用券、节日赠品等。

（5）对于非急需使用的书，可以累计书款到网站规定的免运费标准再买。

（6）不要偏信书评和读者的正面评论，多看看读者的负面评论，也许对你会有帮助。

（7）注意货款结算方式，分清货到付款、信用卡支付、在线支付、预存货款、银行转账、邮政汇款和银行卡汇款。

（8）注意运费结算方式，分清加急送、快递和普通递送。

（9）收到货物后要立即验收，图书外表有污损、音像制品包装不全可当场拒收。

（10）看清退货政策、方式以及退款结算方法，退货时记得附上发票以及货物相关配件。

8 网上理财省心又省钱

随着这些年互联网的快速发展，银行、证券、保险、基金等金融机构网上业务的推广，许多年轻人开始尝试网上理财。比起动不动就要到网点办业务，网上理财不仅快捷便利，而且还能得到费用的优惠。

（1）网上购买基金多快好省

基金网上交易因方便、快捷，且可享受一定的手续费折扣而越来越受到投资者的青睐。最关键的是，网上购买基金可节省大量的时间，对现代人来说，节省时间就等于创造了财富。

在许多年轻的基金客心中，网上基金业务的优势不言而喻：不受时间和空间限制，可一天24小时交易，足不出户就可以买卖基金。而且赎回基金的时候，资金到账速度也会更快，避免因时机延误而损失投资机会。

此外，网上购买基金还可享受费率优惠。有些基金公司，在网上开立基金账户可免开户手续费，通过网上直销进行认购、申购和转换时，还可以享受四到六折的费率优惠。诸如，华宝兴业基金推出了“e点金”网上服务，申购特定的基金品种，可以享受低至0.6%的优惠费率；博时基金推出的“博时快e通”，则可以足不出户进行基金申购赎回等各种交易，同时申购费率不高于六折；易方达基金的网上交易，通过建行、农行、兴业银行卡申购费率打六折，使用广发卡，申购费率还打到三折。

（2）网上炒股行情实时看

独自一人坐在家中，守着一部电脑看着行情，时不时地发个指令买进卖出，其实不用进大户室，你只要开通网上证券交易服务，就可以享受大户的待遇。

其实，网上炒股是件很容易的事，对于已经开户的股民，只要从证券公司下载一个行情查看和远程交易软件即可网上炒股。行情查看软件可以不使用券商为你提供的，但远程交易系统则不能自行选择，因为远程交易必须登录到你开户的券商的服务器才能进行，并且不同的服务器，支持的远程客户端也有所不同。

股民只要使用券商的远程交易软件，然后输入自己的账户、密码，你的资金额度、所购买股票的代码、购买日期、购买价格及股数，个人所持有的各股的保本价、盈利价、盈亏率、股票市值以及股票资产分布、净资产盈利分布等指标便一目了然，股民就可以轻松地坐在家里炒股。

一般的行情软件对电脑系统的要求不是很高，甚至只要有一台能安装windows98的奔腾电脑即可。接通互联网后，打开行情查看软件接入证券网站之后就可以收看即时行情，作实时分析、盘后分析，浏览最新的证券信息等。

如果你要委托下单时，就要用到券商的远程交易系统。输入自己的账户和密码后，登录进交易界面。在正常的交易界面下，你可以输入你所关心股票的代码，也可从股票代码项的下拉列中选择一个股票。输入或者选择一个股票后，你就可以进行股票交易、查询，现金的转账以及查询了。

（3）网上投保更优惠

保险似乎是个与互联网关系不大的理财项目，但随着互联网的迅速发展，网上投保量增长得越来越快。目前，国内大多数保险公司都已建立专门的电子商务网站。人保、太保、平安、泰康等公司开发出数十款网上销售的产品，包括车险、家财险、意外险等。为方便消费者投保，这些公司还配套开发了电子保单。此外，国内保网、买保险网、搜保网等一批大型保险电子商务网站，在获得中国保监会的保险经营许可证后，也纷纷开拓保险业务的电子商务领域。网上保险的工作重心正从普及保险知识、答疑解惑等服务功能，逐渐向销售保险产品、转达投保意向等经营功能转移。

与业务员推销的形式相比，网上保险可避免保险业务员的上门打扰和误导，只要事先对保险产品有所了解，仔细阅读保险条款内容，三分钟内即可完成投保，省时方便。同时，支付方式灵活，最简便的方式是网上付费，自己打印保单。投保人自行输入、核对资料，可方便日后理赔。除了基本的投保手续外，投保人还可享受网上查询投保记录、变更保单地址、保单挂失等服务。

此外，网上投保最吸引人的还是不同程度的打折优惠，据了解，由于省去一笔不小的代理费，不同险种网上交易的成本都有不同幅度的降低。如在网上购买平安保险的旅行意外伤害险，可以享受6.5折优惠；通过人保的电子商务平台，除车险以外的大部分险种均可打到8.8折至9折。绝大多数保险公司的网上投保价格、电话直销价格，均比在传统的代理人处投保便宜10%至20%。

9 登录网上银行省钱省事

过去到银行我们不是存款就是取款，而现在可以在这里买保险，买基金，买各种理财产品，办信用卡……银行营业厅成了名副其实的“金融超市”，但是排队还是麻烦。现在，随着网上银行的推出和普及，在家里也能轻松办理银行业务了。

（1）网上银行缴费省事

长期以来，我们要为缴纳一笔电话费去银行排半天队。如今，我们可以悠闲地坐在家里登录网上银行轻松搞定。你可以登录建设银行的个人网银，查一下龙卡信用卡的账单，再用工资账户的现金还卡账和房贷，缴手机费和固话费。

（2）异地汇款，网上银行较省钱

随着春节的临近，许多银行客户通过银行给外地的父母或亲朋好友汇钱，柜台异地汇款业务也越来越繁忙。在办理大额汇款时，可以选择费率较低的网上银行办理，手续费最多可以节约75%。

目前每家银行的手续费收取标准并不相同。在中、农、工、建四大国有商业银行中，工行、中行和农行柜台办理异地汇款收取手续费的标准是汇款金额的1%，最低收取1元，最高50元。建行的收取比例要优惠一半，费用为汇款金额的0.5%，但起点金额是两元，最高也是50元封顶。

与通过柜台办理业务相比，通过网银和电话银行进行异地汇款和转账业务的手续费都有优惠。以建行为例，通过网银操作，手续费仅为汇款金额的0.25%，下限与上限分别是两元和25元。虽然跨行汇款的手续费与柜台办理相同，但上限也降至25元。

而工行的理财金账户，通过网银或是电话银行操作，手续费则比柜台优惠50%。农行个人跨行异地转账交易手续费如下：金额为汇款金额的0.5%，最低1元，最高35元。

目前电话银行还有一定限制。据建设银行客户服务电话介绍：电话银行方面，目前只能建行银行之间的异地汇兑，费用为汇款金额的0.4%，最低为两元，最高为20元。

而农行相关人士则表示：农行目前电话银行异地汇款还没有开通。

据悉，目前不少银行不支持通过电子方式进行不同名下的异地汇款和转账，只能进行同一账户的转账操作，用户可以拨打各银行的客服电话提前咨询确认。

（3）银行卡跨行查询，网上银行最省钱

如果我们想查询自己银行卡的余额又不想交钱，最好的办法首先是在银行卡发卡行的ATM机上查询，因为本行查询是不收费的。此外，可能少花一点儿钱的，还有网上银行、电话银行、短信通知这些方式。最省钱的就是网上银行了。持卡人只要注册并开通网上银行业务后，就能随时查询自己账户的变动情况。对于不熟悉或没机会上网操作的人而言，打个电话同样能解决问题，但是电话银行要收取固定电话费，有时可能会超过3毛钱。使用手机短信也可以方便查到余额，目前包括建设银行、浦发银行、招商银行等在内的多家银行推出了短信服务，当客户余额发生一定数量的变动时，会收到提示短信，每条收费1毛钱。专家提醒，为了避免不必要的支出，持卡人可以减少跨行查询次数，同时减少不同银行卡的持有数量。

如今，网上银行产品已经从最初仅有的查询、转账功能，发展成为可以向企业和个人客户提供上百种产品的庞大服务体系，现在除了现金和票据等个别业务外的其他所有银行业务都可以在电子银行办理。从往日柜台前“排长队”到今天的“足不出户、轻点鼠标”即可轻松驾驭投资理财等金融业务，老百姓在当前的金融服务创新中得到了切实的便捷和实惠。

10 网上开店最省钱

网商时代已经来临，而且网商也已经从网上贸易向网上零售转变。同互联网距离最近的IT数码经销商，正是这个趋势的主力。

开始网上销售的，已经尝到了甜头，没有开始网上销售的，亦应早些开始。“IT数码产品网上销售是一个现象，更是一个趋势”，众多的业内资深人士发出了这样的呼声。卖场时期，卖场给了千千万万个个人创业发展的机会；互联网的时代里，如果没有网上的生意，意味着什么？

原因就是：本地卖场、本地经销商越来越多，地理归属已经把消费者清晰分割，更何况需求的增加总是相对滞后于经销商的增加。近两年，国美、苏宁、大中等直销卖场也开始销售IT数码产品，这对经销商更是雪上加霜，粥少僧多不说，直销卖场的布局几乎可以用“社区店”来形容，迅速吞噬着相对固定的消费份额。饱尝顾客流失之苦的经销商们，还得忍受来自上游的压力和利润日益缩水的威胁。

地理优势无法取代，物理空间也不可能随意加大，但登门的人是实实在在地减少，正如流行于坊间巷里的一声叹息——这年头，生意难做……

生意再难做，也要做下去，因为这是生计，甚至是梦想。叹息之余，增加销量，提高利润，仍然是必然要面对的，唯一可走的路就是，找到更多的消费者。于是，电子商务成为夜幕里的曙光，给经销商提供了一个几乎完全不同的世界；网上销售，也给了吃香辣螃蟹者意想不到的美味与惊喜。

网上销售成本相对更低，利润空间相对较大，而且，每天到网站的消费者比到卖场的消费者数量更多，这对经销商至关重要。成功的IT经销商，已经不仅仅局限在线下的卖场、门店、写字楼或者是居民楼。

大到神州数码利用网络平台开展全国分销，索尼、IBM利用网络进行渠道管理；小到经销商、柜台户通过互联网销售，甚至是个人开设的空中商店……可以说，无论是何种类型、何种出身，只要你是专心经营、诚心经商，互联网都给予了平等的机会，尤其给IT数码类产品的经销，带来了相当多的成长空间。

建议：

（1）想自己开网店的商家们，网店的网页一定要精美，商品的图片也要赏心悦目，商品简介要尽量地详细，但是图片要和商品实物保持一致，千万不要失真，否则你的诚信度将大打折扣。

（2）做好售后工作，是一个网店得以长期受青睐的重中之重。

第十章

话费省钱

——节省到家，省钱一大把

买手机的支出是一次性的，而手机费、电话费、宽带费，每个月我们要支付的通信账单则是绵绵不绝的。

手机现在已经成为我们日常生活中不可或缺的一部分，当你随时随地拨打电话享受无线通信给你带来的乐趣时，也应该清楚地意识到，你同时也在为此付费。当它无时不刻不陪伴着你时，一个不经意之间，你手机费的账单可能已经远远超出了自己的预算。

那么，如何节省话费呢？下面给你支招，教你如何明明白白打手机和电话。学会话费理财，将会为你的荷包省下不少银子。

1 固定电话话费省钱方案

在城市工作的人们，每人必备一部手机，这样通话方便。家里的固定电话，其实用的时间并不多，那么怎样才能最大限度地节省话费呢？

（1）取消不必要的功能

随着通信技术的不断发展，固定电话的功能也是各式各样。比如：来电显示、呼叫转移、三方通话、固网短信、闹钟服务、免打扰服务、气象信息服务、国内呼出加锁、秘书台业务等。这些业务里面，有些是要收费的，有些是免费的。

建议大家取消来电显示，可以省下6元，还有其他的国际长途、国际长途IP功能、声讯台拨打功能，如果不是必须，都可以申请取消，以减少误拨，或被孩子误打带来的巨额话费损失。

（2）选好合适的特惠号码

电信96688拨打国内、国际长途，可以享受超值优惠，比IP电话还要优惠。而且无须申请，在优惠时段即可使用。可使用闲时时段为：每天20：00至次日8：00以及周六、周日、法定节假日的全天。以深圳电信为例，国内长途资费每分钟0.2元全包，香港也可低至0.3元。96688拨打国内长途电话的方法：96688+国内（际）长途区号+目标号码。

相比之下，电信固话默认开通的17909长途功能，还以深圳电信为例，费用每分钟0.41元（分别为IP长话费0.3元/分+市话接入费0.11元/分），就没有什么优惠可言。

目前深圳推出17909长话亲友团服务，可最多设置5个国内亲情号码以及3个国际亲情号码，每个亲情号码月使用费为1元，以深圳为例，国内长途资费每分钟0.17元（分别为IP长话费0.06元/分+市话接入费0.11元/分）。

深圳还有17909 IP长话5元包月服务，开通后，每天22：00至次日8：00，拨打国内长途只收市话接入费每分钟0.11元。

此外，电信还有200卡、201卡，这些肯定不如以上特服号优惠。你还可以关注一下11808夜间包月热线等业务。大家可以按每个人的不同需求，开通不同的服务，看哪一种对自己最划算，将话费省到底。各地资费会有所不同，大家开通前一定要了解清楚。

（3）选择适合自己的套餐

中国电信现在正在全面推广我的E家服务套餐，分为固话与市话通绑定的E6

套餐和固话与宽带绑定的E8套餐。

其中我的E家E6套餐，将家里的固定电话和市话通绑定后，以深圳为例，可以用66～136元的月使用费，获取26～136元本地话费，免两个来电显示，免两个七彩铃音，免固话/市话通月租，并且固话和市话通互打免费，固话和市话通享受11808长途单次封顶优惠，同时购买其他增值业务也享受特惠。

我的E家E8套餐，将家里的固定电话和宽带进行绑定后，以深圳为例，可以用768元（半年1M不限时宽带，1年1440元）、960元（半年2M不限时宽带，1年1800元），获取固话零月租，免固话七彩铃音和来电显示，送20元本地通话费，固话享受11808长途通话单次封顶优惠，赠送网络杀毒以及防火墙应用（金山毒霸安全组合），而且2M的宽带可以赠送宽带无线Modem，一个上网账号，可以一个线路、两个账号上网。

当然了，如果你没有市话通或者平时在家上网时间不多，不是包月不限时上网，就不能申请以上的E6和E8套餐了。不过电信的套餐很多，大家可以打客服电话或去营业厅咨询一下，看哪个套餐适合自己。

（4）多多关注优惠活动和新业

固话运营商经常不定时地举办预存话费送话费，开通业务有奖，新业务免费使用等活动。平时留意关注，当然不是坏事了。

（5）在家多使用网络

假如在家的情况下，建议多使用网络即时聊天工具QQ之类，和远方的朋友视频、语聊都可以，比打电话有趣多了，又节省大量的长途电话费用。

2 如何判断哪款手机资费套餐最省钱、最实用

随着手机这一通信工具的迅速普及，手机用户已是越来越多了，目前仅中国移动的用户就突破了3亿人。面对如此庞大的消费群体，各大通信运营商展开了一系列套餐优惠活动，各种手机套餐令人眼花缭乱，光中国移动推出的套餐类型就多达数十种，我们作为手机用户应该如何选择呢？如何才能精打细算地选择到适合自己的那款套餐呢?

选择哪种品牌、哪种套餐最适合自己，取决因素不仅仅只是资费标准，品牌的内涵、品牌的感召力也是一个重要因素。

（1）神州行和全球通哪个省：250分钟决定盈亏

许多移动用户在选择号码的时候，总会在神州行和全球通当中有所犹豫。

抛开各种套餐、特惠时段和特殊业务，毕竟50元的月租差和每分钟将近两角钱的话费差让消费者一时很难抉择。

全球通每月要交50元月租，但是单位时间话费要比神州行便宜0.2元。神州行虽然每月不用交纳月租费，但是0.6元/分钟的电话费实在是有点高。其实我们仔细算一下，如果每个月的通话在250分钟，那么使用神州行和全球通是没有差别的，均为150元。如果超过这一时长，那么低话费的全球通将显出资费优势；如果少于这个通话时长，神州行的零月租将更省钱些。

（2）夜里煲电话粥的人：225分钟是生死线

总有那么一批人，喜欢在夜里煲电话粥，特别是恋爱中的男女。对于这样的人，联通如意133和移动动感地带套餐是比较实惠的。

如意133没有月租费，晚上10：00至次日早上7：00接打任何固定或移动电话均为0.2元/分钟；动感地带中的“大话夜游”是专为夜聊的用户打造，每月要求最低10元使用费，允许用户从晚上11：00至次日早上9：00期间，在移动网内免费通话100分钟(合0.1元/分钟)，超出后，优惠时段内移动本地网内通话按0.12元/分钟计算。另外每个月还要交纳“青青校园”套餐月租20元，在20：00至22：00期间有30分钟本地网内免费通话时长。

算起来，动感地带“大话夜游”用户和如意133相比在月225分钟的通话时长时，两者的资费是相同的。超过这一时长时，动感地带的用户更省钱，少于这一时长时，如意133的用户花得更少。另外要注意的是移动要求必须是网内通话。

（3）如意通和新时空谁值：200元定取舍

如意133不需要月租，但话费最高时为0.54元/分钟；联通新时空租金1.64元/天，基本话费为0.4元/分钟。算来，除非每个月花189.77元，通话时间达到351.4分钟，否则如意133是比较便宜的通话方式。单就基本通话来讲，如果再算上如意133接听电话和夜间拨打为0.2元/分钟，粗算一下至少消费额在200元以上时选择新时空才能更省钱。

（4）省电省钱者：GSM如意通是好选择

有些人的手机只拿来应急，平时接打都不多。联通GSM如意通、神州行、小灵通是这类人群的选择。联通GSM如意通是“充值返话费型业务”。如意通使用50元充值卡充值可返10元话费，使用100元充值卡充值返25元，使用300元充值卡充值返128元。而神州行一般没有长期充值返话费。就100元话费来讲，两者都可以使用180天左右，但是由于GSM如意通的资费比神州行每分钟0.60元的资费低，为每分钟0.54元，而充值返话费的额度又达到25%，因此更适合通话极少的用户。

（5）长途型：夜里打和白天打要选不同的卡

联通的GSM的“长市合一型如意通”和移动的神州行“12593优惠新干线”在长途话费上都有比较大的优势。两者有一个共性就是都没有月租。“长市合一型如意通”打长途打市话都是夜间0.35元/分钟，白天0.45元/分钟。而神州行“12593优惠新干线”则分时段，分长途、市话进行收费，其中拨打夜间长途、白天市话为0.39元/分钟，夜间市话0.29元/分钟，白天长途0.49元/分钟。如果夜间长途电话较多，可选择神州行“12593优惠新干线”，如果全天都有可能打长途，那么可选择“长市合一型如意通”。

（6）打少接多的：神州行如意通都可选

老人小孩出门在外是最让家人担心惦记的，如果随身携带手机的话一般都是家人打来的多，而真正拨出的电话很少，这样的人群自然是接电话越便宜越好了。

小灵通自不用说，接电话永远免费，只交每月24元的月租就可以了。联通的CDMA如意133、中国移动的神州行也都是不错的选择。如意133没月租费，接电话不分白天夜间、网内网外，均为0.2元/分钟。而中国移动神州行可以选择办理亲情号码或者开心听两种业务(两种业务互斥)。其中亲情号码最低拨打接通为0.24元/分钟，开心听最低为12元接听100分钟，合0.12元/分钟，超出部分为每分钟0.60元。

如果你的月通话时长不超过133分钟，也就是每天聊四五分钟，那么神州行开心听要便宜得多。如果你每天都要聊五分钟以上，那么如意133的优势就比较明显了。当然，如果你已经是神州行用户，每月也要聊到五分钟以上，那么最好申请亲情号码，费用会比开心听便宜许多。

（7）短信狂：1000条是个坎

爱发短信的人，一个月发个千八百条是常有的事。可是如果按照每条0.1元的资费算来，每个月都要近百元。动感地带是短信比较便宜的业务之一，刚刚开通的小灵通和移动短信互通，使得0.08元/条的小灵通短信也很有吸引力。

动感地带中有“青青校园”的“短信500”和“娱乐部落”的“短信派”、“加点颜色”等不同套餐组合，细算下来在限定的短信数量内，使用动感地带发送网内短信合每条短信0.071至0.074元，超出部分为每条0.1元。而小灵通虽然有24元月租费，但发送每条短信均为0.08元。如果以发送给移动用户为例细算下来，月发送在1000条以内时，动感地带套餐(50元可发700条)的资费更低，而每月发送超过1000条短信时，小灵通具优势。

（8）包月狂人：黑市购机不可取

不少人希望能使用包月电话。最知名的包月电话莫过于小灵通的70元包月业务了。不过由于目前市场上已经很难从正规渠道买到包月小灵通号，黑市价格已炒作到超过1500元，换句话说你要真从黑市上买一台回来，要疯狂打上22个月也就是近两年时间，才能“捞”回本钱来。

（9）双模“双枪”哪个值：双模值

许多既有CDMA号又有GMS号的用户始终在权衡，究竟是使用两部手机还是使用联通的世界风双模手机。出门可以少带一部手机一个充电器一套电池这些小细节就不说了。世界风手机可以共享一套电话簿，同时充分利用联通CDMA1X数据业务上网、下载，甚至收看电视节目。目前世界风手机的价格大都在4000元至5000元，与中低档C网和G网手机各一部的价格差不多，而功能差一个级别。能看电视的单模手机的价格通常都在2500元以上，再算上电池、配件，两部单模手机的投资价格远远高于一部双模手机。现在预存6000多元话费还可以免费得到世界风双模手机，也就是说话机的费用通过电话资费返还了。

（10）一元手机限额包月谁值：够312分钟一元手机值

在某商家广告上有中兴C811手机的一元宣传，商家规定，一元的该CDMA手机必须选择联通的一款B类套餐业务，并在网两年才能购买。也就是每月最少要花158元，可以使用价值300元的625分钟通话时间，按照新时空的资费标准相当于0.17元/分钟。按照C811市场价1298元计算，24个月相当于每月54.1元。照联通新时空资费算，158元去掉每月50元的月租和24个月均摊54.1元的手机成本，省下的54元按照每月0.17元/分钟的资费标准可以拨打312分钟，合普通新时空业务的124元标准。简单说就是如果你每月电话超过312分钟，那选择一元手机比较划算。如果少于这个长度，那么多余的话费就基本上白交了。

（11）哪种套餐互打最便宜：关键是设置

联通和移动在通话上都有优惠。不论是“亲友号码”还是“亲情号码”，价格都要比同业务一般通话的资费低许多。但是业务的范围和数量不尽相同。

联通如意通和如意133均可设置亲友号码或超级亲友号码，但是如意通只能设置本地固话或者手机，话费均为0.3元/分钟，而如意133则可以设置本地或外埠的固话或手机，拨打第一个超级亲友号码为0.3元/分钟，拨打其他亲友号码为0.48元/分钟，接听均为0.2元/分钟。移动神州行的“亲情号码”在设置超级亲情号码时，接打超级亲情号码为0.24元/分钟，但必须选择北京移动电话号码，其余亲情号码接打均为0.36元/分钟，但是也只限定为北京地区固定电话或者移动电话。

如果一对神州行用户同时设置对方为超级亲情号码，那么通话总资费为0.48元/分钟，而一对如意133用户同等情况下的资费为0.50元/分钟，神州行便宜约0.02元/分钟；而如果一对神州行用户同时设置对方为普通亲情号码，那么通话总资费为0.72元/分钟，一对如意133用户同等情况下的资费为0.68元/分钟，此时如意133则便宜0.04元/分钟。你须要根据你对不同亲友通话量的大小来进行选择。

（12）消费额度相对固定者：选套餐是关键

如果你每个月的电话费十分稳定，那么套餐消费对你来说是最划算的了。联通的“话费随心定制”和移动的全球通“99套餐”都是不错的选择。以“话费随心定制”(各档资费最后两位为98)中的98元档和“99套餐”(各档资费最后两位为99)中的99元档为例。前者包含270分钟的本地通话时长，合每分钟0.18元，后者包含200分钟的免费通话时长，合每分钟0.245元。看来联通“话费随心定制”更便宜些，但是全球通“99套餐”超出后的本地通话时间价格要更便宜些。因此究竟哪个更实用还要看你的需要了。

3 手机节省话费的方法

手机用户如果了解了各项通信资费政策，善于使用各种新业务，你就会发现很多节省手机话费的办法。如对方是用程控电话给你打来的，你不妨打过去，这样就只有你这一方收费了。对于出门在外的你，如果家里人打你手机的话，你可以暂时不接，在家里人挂断电话后，你再给家里拨回去，这样就可以节省一半的费用。当然具体招数还得看下面。

（1）充分利用短消息业务

短消息是指手机用户之间直接用手机发送或接收中英文信息的业务。按现行收费标准，一条信息无论发往本地或是外地甚至国外，均只须发送方支付0.1元，而接收方不须付费。该业务无月租费，无须申请便自动开通。比如，两部本地手机通话总共要0.8元 / 分钟，如果采用短消息方式，只须发送方付费0.1元，而接收方不须要付费，若是长途就更省钱了。

（2）用手机拨打IP电话

只要你在拨打长途电话号码前加拨一个5位数的IP电话接入号，最高能省下2/3的话费。移动接入码为“17951”，联通接入码为“17909”。IP电话已免费向所有GSM手机用户开通，无须办理开通手续，无须开设账户和设置密码，让用户在省钱的同时也感到了方便。

而如果你出差在外，用手机拨打非漫游地的固定电话，加拨IP可比不拨IP要省一半的话费。

（3）使用呼叫转移

中国移动开设的呼叫转移业务资费已相当优惠，且无需任何服务费。当你长时间停留在有固定电话的地方时，你就可以设定将手机来电转移到固定电话上。此时如果有人拨打你的手机，来电将自动转移到固定电话上，只需每分钟付小额的转接费，所转移到的固定电话不产生费用。比起直接用手机接听0.4元每分钟的费用，可以省下大半费用。

（4）使用手机储值卡业务

中国移动推出的神州行，虽然资费标准较GSM手机要高一些，如神州行手机本地通话费0.60元／分钟，漫游0.80元／分钟，比全球通贵0.20元／分钟，长途费率和全球通一样，但每月无50元的基本月租费以及12593和来电畅听等业务的相继推出，让神州行的竞争力得到加强，所以，对于话务量较少的用户，使用神州行储值卡业务将更划算。

（5）充分利用来电显示功能

如GSM手机均免费开通了来电显示功能，为此很多时候手机可以起到“传呼机”的作用。如对方拨打你的手机，你可以根据轻重缓急的具体情况来决定，如果不急你可以不直接接听，从手机屏幕上获知对方的电话号码，然后用固定电话回过去。

（6）利用便利的网络通信工具

想与他人联系，如果没有实时性，可以多利用QQ、E-mail等网络工具。如果你说的时间长，也可以用电脑的语音聊天进行通话，包月上网的等于打电话不花钱；家里没有电脑可以到网吧，不管是市内还是国际长途，花一块钱说一个小时，再划算不过了。

4 手机上网的省钱方法

由于网络的日趋“平民”化，手机上网也成了一个新的时尚。

但在使用手机上网时，专家给手机用户一些小小的提示：只要掌握一定的技巧是可以做到灵活方便又省钱上网的。

（1）注意GPRS设置和流量控制

①设置GPRS之前，删掉手机里所有的GPRS和手机拨号上网的链接，然后只新建CMWAP连接，接入点一定是CMWAP。

②用手机、PC浏览器或者其他软件上网，先了解自己的手机是通过什么方式连网的。因为有些浏览器、软件是内置网络接入点的，有可能手机包月是CMWAP，结果上网走的是CMNET。

③GPRS所谓的时时在线，不使用不花钱其实指的是GPRS本身，不包括你的手机软件不时与网络有数据交换，在继续收费。据有人观察，无论你用什么软件，只要你连上GPRS，就算你把机器扔一边，流量也是不断上涨的。内置IE是，UCWEB是，YQQ是，XROSE也是。

④最好装个流量监控软件，虽然并不太可靠，但起码比你自己想象的强多了。比如，用JAVA版的XROSE发短信，理论上一条也就是1K，可是，实际上，每条都得走个5K、7K的。

（2）注意网站选择

一般选择几个固定的、正规的网站。这些网站如果收费都有提示的，不点确定就行了。比如pdafans、3gpda、投资通、windin、腾讯等可以通过WAP浏览的网页，这些网站保证有足够的查询资讯。

5 出游话费省钱攻略

时近春节或黄金周，大家都在迫不及待地为出游、探亲、购物、休息等各种假期活动作准备。如果你已经决定出游，如何合理节省手机话费是不是一件令你困惑的事情呢？下面为你支招：

（1）多发短信少通话

如果你希望保留原有手机号，那么在出游时最好多发短信与亲友沟通。在国内，手机短信是不收取漫游费用的，与本地计费标准基本相同。

如果你打算出国游，那么首先应设定好国家代码，并注意有些国家的运营商提供的只是单向服务，同时，有些国家不支持短信群发并对每条短信的字数有一定限制。这些都应在出发前了解，避免不能正常收发短信的情况。

（2）使用优惠干线

各运营商在特定产品上都推出了一些优惠干线的服务。在拨打对方电话号码之前先加拨优惠号码，就可以享受到不同程度的长途话费优惠。不过一般这种优惠并不针对漫游费支出，且需要使用者牢记各优惠干线号码，以免混淆。

（3）更换当地手机号

如果你出游的行程较长且目的地较固定，那么可以在到达目的地后买一个当地的电话号。而类似于移动联合香港通信运营商针对香港推出的一卡多号服务，最低话费与本地通话基本持平。

（4）抛弃手机改用固话

若你计划的是出境游，那么也可以在抵达目的地后购买一张当地的长途电话卡。在北美和大多数欧洲国家，使用固话发生的国际长途资费一般与当地通话费不相伯仲，远远低于手机漫游的花费。而精美的电话卡还可以作为旅游纪念，可谓一举两得。

6 移动手机省钱六个小窍门

（1）积分赚话费。如果你今天上网一查，你的动感地带积分居然达到了748，系统提示你500积分就可以换10元话费，毫不犹疑，立马兑换。当然也可以兑换其他实物，但是你会觉得还是换话费最划算。

（2）网上缴话费。网上营业厅缴话费，多送10%话费，相当于9折。还有，通过支付宝买话费也有一点点的优惠呢，可以多打几个电话。

（3）一定要充分了解自己的手机套餐。动感地带用户，每天0：00到9：00是闲时，电话0.1元/分钟——你以前几乎没有利用过这个便宜啊！对于亲密的朋友或者不是十分焦急的事情，完全可以在这个时段打电话啊！你的电话都是9时以后开始频繁使用的，以后要提前。在这个时段打电话，尽量用手机而不用家里的固定电话。

（4）根据自己的使用需求及时调整套餐。动感地带音乐套餐用户，每月20元月租，送彩铃、20M流量的上网和200条短信，有些不急的事情短信搞定，不过每月200条往往用不完。动感地带还推出了网聊套餐，你如果选择15元的套餐，就可以享受100条免费短信、20M流量，完全满足了你目前的需要，还省5元。此外，动感地带和很多商家联合活动，什么电影票、KTV、餐饮、鲜花等等都可享受打折服务。

（5）充分挖掘送话费机会。移动12580信息查询电话在搞活动，每月拨打3次以上信息查询电话，次月送两元话费。如果你0：00到9：00拨打这个电话订餐、咨询什么的，每次1分钟搞定，才3毛，下个月就给你两元话费奖励啊！而且12580和一些商家联合活动，通过它订餐可以享受打折的。

（6）抓住充值送话费的活动。这是最让你心动的——开通手机钱包，充100元送100元话费。多大的便宜啊……

第十一章

旅游省钱

——花最少的钱，看最好的景

省钱不省乐趣。出去旅游是人们的时尚选择，作为新一代背包族、暴走族的精英，最注重的不是谁的路线长、谁的路线精彩、谁的装备齐全，倡导绿色旅游的新背包族，最注重的是谁最省钱。

这年头，花钱是没有技术含量的，省钱才是技术活。在你的旅行中，只要精心计算，就可以做到既节约而又不影响旅游质量。

那么，在旅途中如何做到既玩得开心，又能节省不必要的开支呢？下面将为你提供一些建议。

1 换房旅游——新潮时尚又省钱的旅游方式

一个在伦敦，一个在洛杉矶，虽然两个女孩素未谋面，却因为失恋决定互相换房度假，希望通过换环境来调节心情，并最终都迎来了爱情的春天——这是电影《恋爱假期》里上演的故事。如今，这一极富创意的剧情已经被人们从银幕上拉到现实生活中，凭借时尚省钱的特点，换房旅游正在成为一种潮流。

现实生活中，换房旅游最早出现在欧洲。50年前，一些并不富裕的法国教师想在整个欧洲地区旅游，但又不想多花钱，便想出了“换房度假”这个主意。所谓换房旅游，就是与目的地城市的人士短暂交换住房，旅游时互相住在对方家里，甚至开对方的车，在对方家里做饭、看电视，享受家庭式旅游，体验当地生活。

这种旅游方式一诞生，很快就在欧洲中产阶级家庭和同事间流行，尤其是居住在海边或旅游胜地的家庭。如今，这股浪潮已然风靡到我国。

业内人士介绍，这样的交换旅游已在国内一些地方流行，各地的形式略有不同，目的都是多认识朋友，节省旅游开支。而且有本地人陪伴游玩，可以近距离接触当地的风土人情，玩得尽兴又不受拘束，比较适合时尚人士。

（1）省钱。换房旅游实际上是利用自己的房产赚钱的过程。通过换房旅游你可以节省一笔不小的住房开销，特别是你的一家同时出行时，这笔开销更大。同时也节省了不少在餐馆吃饭的额外开支。省下的钱完全可以增加旅游路线。国外有部分家庭一年在换房旅游中节省的费用达到上万美元，普通的一次换房旅游的费用节省也在1000美元以上。

（2）省心。换房旅游的好处不仅是通过充分利用自己空闲的房屋变相换取外出旅行的酒店费用，同时还可以在旅行中感受“家”的乐趣。一家子外出度假，家里还有人“看门”，宠物和花草也不必担心，一切都有人照管。

（3）新体验。通过换房居住，你有机会体验其他的房屋结构和他人对房间的布置，还可以获得在新环境下生活的特殊体验。换房旅游有助于旅游者结交新朋友，更能满足现代人愿意探险、尝试新事物的心理，更快更直接地融入当地的文化。如果换房的双方建立了信用，以后还会成为亲密的朋友。

目前，国内已出现专门为换房旅游提供服务的网站，如好易换房旅游网、搜窝换房旅游网等。通常，一次换房旅游在发几份电子邮件或传真，打几次电话之后就可以敲定。

不过，换房旅游时安全一定要放在第一位，要有自我防范意识。如果是刚认识的网友，就须要设法先确认对方的身份，最好在比较稳定的网络社区选择交换的对象。如果网友之间通过游戏、论坛或者聊天等形式相处日久，彼此了解深入，友情较稳定，这样建立起来的旅游模式也更稳定。双方旅游意向明确后，最好两人以上结伴同行，不仅之前要把旅游的相关细节告诉家人、朋友，在旅游过程中也要随时与亲友保持联系，确保安全。

提示：

（1）将心比心。换房旅游须要将心比心。在整个过程中，诚信与否是此项活动成功与否的前提条件。所以，这种新型的旅游方式最好是在朋友和信任的人之间展开。

（2）留有余地。尽管对方是你信任的朋友，但在决定换房旅游之后，仍要把自己家里的贵重物品收拾好、保管好。同时，也别忘了提醒对方做到这一点。记住，你们想要得到的是新鲜、温情和快乐，而不想节外生枝。

（3）完璧归赵。在朋友家里，不要随便乱动朋友的东西，有些必需品(比如家用电器、厨具)使用以后一定要还原。旅游结束之前，别忘了给朋友家做一次卫生。

2 “投奔游”既省钱又联络感情

到哪里去旅游，就去“投奔”哪里的同学。国庆长假期间，这种被同学们戏称为“投奔游”的省钱旅游方式，得到越来越多大学生的青睐。

“投奔游”有很多好处：跟团游大多去一些景点名胜，而且匆匆浏览一番就算游过了，但自己去就可以在一个城市随意地停留，感受当地风土人情。还可以认识新同学，朋友圈也扩大了。

提示：

大学生具有相对宽松的时间，也有出去旅游的强烈愿望，但为经济条件所限。“投奔游”有方便、省钱的一面，应该是被肯定的。但同时出行之前，一定要与当地的同学沟通联系好，他们能否接待，所在高校的寝室管理是否允许暂住等问题都要考虑到。同时出行的同学和接待的同学都要把安全因素放在首位，无论如何都不能大意。

3 互助游是最省钱的深度游

相对于自助游，互助游更多地融入了“人”和“互联网”的因素。互助游就是“互相帮助去旅游”，它可以借助互联网来实现，这是互助游的特色。先通过互联网联系到你所向往的地方的邀请者，这样每到一个地方，都会有当地的邀请者成为你的“民间导游”，他们玩什么，你就跟着玩什么，入乡随俗，既能真切感受到当地的风土人情，又不需过多的金钱耗费，旅行“如鱼得水”。全程都是居家的感觉，吃住都有当地网友来招待，坐坐公交车、零碎买些小东西、偶尔打的……这种旅游方式正风靡全国，成为继传统的随团游和自助游之后第三种新兴的时尚旅行方式。据不完全统计，每天全国至少有1000名网友在实施互助游，互助游俨然已经成为一种旅行新趋势，每天都有人加入互助游这种旅行新体验中来。

互助游的主要形式有两种，一是通过网络交流认识之后的互助，二是共同喜欢旅行的人在第三地结识产生友谊，之后形成彼此间的互助。

由于互助游本是为节省钱而产生的，应该从节约角度出发，不能让接待方出太多钱，最好实行AA制；另外，要以礼待人，相互之间接待要基本对等。这种被称为“最省钱的深度游”的旅游新形式以实惠、方便、深度以及可以结识新朋友等特点，受到都市青年的追捧。

据知，“互助游”这一形式起源于法国。当时巴黎的管道工人保罗为了完成环游世界的梦想，在网络上发布了“你来巴黎住我家，我去你的城市能否住你家”的求助帖子。一石激起千层浪，引来回应者不断，保罗不仅借此完成了环球之旅，“互助游”也应运而生。

在国内，江苏28岁的赵强用100天时间游历了16个省的31个城镇村寨，仅花了3000元，这就是互助游创造的奇迹。互助游也因此而有了个好听的别称——“最省钱的深度游”，因为它最具诱惑力之处就是玩得更好花钱更少。时下，深度游越来越受追捧——旅游者到一个地方追求“玩得透”，不仅游景点，还要深刻体会到当地的风俗民情，品尝地道小吃。团队游不可能这般完美，自助游虽有这方面的潜质，却因出游者对当地情况不熟、费用高等门槛而受限制。而互助游借助网络找个当地网友（又叫“地主”，即一地之主），既解决了落脚之地，又有可能“白搭”一个不错的向导。由于“地主”的接待，“驴友”的出行会变得方便安全，能省下不少旅费；互助过程中“地主”的陪伴还能让你对当地情况更熟悉，游得更深，玩得更透。

很多网友对这种新兴旅游方式持支持态度。“这种方式很适合我们这些囊中并不十分宽裕的人。”有网友留言道。“省钱、省心、玩得好，这就是互助游的宗旨。”“互助游”网站论坛石家庄版主娄先生说。通过“互助游”这个网站平台，全国各地“驴友”都可注册成为“地主”，他们在自己的地盘上熟门熟路，可以介绍最好玩的景点，为异地“驴友”提供最实用的信息。

提示：

首先，参加互助游时，最好由一个人的行程，变成一种特定范围内的集体活动，在邀请者和被邀请者以外，得到更多人的关注和支持。有了公开性，邀请者和被邀请者才有安全感。

其次，出行前，尽量考察清楚对方的身份，通过各种方式予以确认，出游时，还要时刻与家人保持联系。

再次，出行时与对方作一个约定，比如：可以不提供食宿，只要双方都尽自己的力量，给对方提供一些旅游信息、订票、介绍景点和线路、找干净经济的旅馆等方面的帮助和服务就行了，在互助游过程中，最好采取AA制。

4 充分享受自助游，自助游省钱有绝招

相信大家都有这样的体会，外出旅游时跟团，总会感觉有束缚，某些好景点不能尽兴，时间仓促，走马观花，并且还要时时提防进店消费等陷阱。而与此相对应的自助游，旅游内容自主性很强，各取所需，每个人都有充分的时间来享受旅游中的趣味，策划出不同的行程。并且可以根据自己的经济状况，合理安排自己的行程。

不过缺点是往往折扣机会少。但是掌握诀窍仍可省不少钱，看看我们为你提供的自助游省钱30招。

时间：

（1）淡季出行，是省钱的基础。

可以在选择出游地点时去一些较冷门的线路，这些线路的相关景区往往由于游人数量少，因此景区的旅游服务质量也比较有保证，同时还避免了在热门目的地“只见人难见景”的郁闷。旅行社推出的新线由于知名度相对较低，往往推出一些优惠来揽客，同时由于人流相对分散，旅游质量也相对较高。黄金周不少旅行社都推出新线供游客选择。

行：

（2）路线设计合理，少走重复路，省下的是大钱。

（3）包车时，如果先和司机讲好你要中途载别的乘客，价格就要便宜一些。

（4）不乘飞机，乘火车。有时乘火车比乘汽车可以省更多的钱。买火车票，如果有非空调车，可以买非空调车的车票，这样可以节省一半的钱，当然车况会差一些。买机票前多打几个电话，并在电话中讲价。

（5）在城市内多乘公交车。

（6）打的或包车时问清楚司机是否是你要去的目的地的，如果是则可以便宜些，因为反正他最后也要回去。如果碰上别人包的车返回时，则可以有更大的还价空间。因为一般司机都会把回程的油钱算在包单程的人身上，就是说已经有人帮你把油钱出了。

（7）关于交通路线选择，有时不坐直达车，中转一下可以省不少钱。此方法的要点：①适当中转；②多种交通工具结合；③多看地图，多看铁路运营线路和公路线路，动脑筋。

住：

（8）住宿先看房间，再讨价还价。

（9）如果是独行者，没有单人间的情况下，不想与陌生人同住，也不用包下整个房间。可以要求旅馆在其他房间都安排满了人后再安排到你的房间。

（10）住没有热水淋浴的旅馆，到外面的浴室洗淋浴能省钱。

（11）在长途汽车站外上车，有时会比在站内上车便宜。但也不一定。另外中途上车可以讲价。

（12）火车提速后，有很多次夕发朝至的列车，最适合自助旅游一族。在火车上住宿一晚，早上到达目的地，精神饱满地投入游程。车费宿费二合一，真是省钱妙招。

（13）如果是早上到，不要马上去找住宿，因为这时候很多房间可能还没退房。而且背着包去不好还价，可以先把包存在火车站，先去玩，边玩边留意有没有合适的宾馆，黄昏时候再去看房，还价。而且这个时候如果还没有人住，可以以较低的价格住下。

尽量不住宾馆，最好能在附近的村民家借宿，虽然条件不是很好，但吃住花费不会很多，还能了解一些鲜为人知的民俗。

吃：

（14）吃当地特产如海鲜时，可以自己到海鲜批发市场或农贸市场买，然后拿到餐馆加工，但应先了解餐馆的一般加工价格。如果吃低档海鲜就没有这样做的必要了。

（15）吃饭时，问清餐巾纸要不要钱，要收费的，可以不要餐巾纸，用自己带的。

（16）独行者吃饭想省钱，而北方菜分量一般比较多。你可以提出一个你的价钱，让餐馆按照你的价钱出分量。这样可以在不浪费的情况下省钱。当然，实际单价会高一些。

购物：

（17）多讲价，无论食、住、行、购物都压一下价。有时看起来不能讲价的地方其实还是可以还价的。

（18）不要在有旅行团在场的情况下购物。

（19）不要在中介带领下去住店，因为他要收回扣会更贵。

（20）即使感觉物价便宜，在消费时也不要说“这东西真便宜”，否则你在消费其他东西的时候，会以更高的价格买下。

其他：

（21）从富裕地区来的游客，进行消费时，不要说自己的来源地区。因为旅游商贩往往会按照你所居住的地区的富裕程度来开价。

（22）2～4人组合是最省钱的。

（23）有些地方自己看，看不出什么名堂，特别是古代建筑，但请个导游肯定要付出讲解费。怎么办？蹭听。旅行团队肯定有导游讲解，你完全可以做一个旁听者。若怕一直跟着一个队会有些碍眼，自己也不好意思，你可以听完这个人的讲解，到下一处听另一个人讲。听完各处的介绍，再细细游览一遍。

（24）可以在星级酒店拿到免费的地图(虽然简略点)，省下买地图的钱。

（25）最好自己带个比较小的水杯，这样就省去买饮料、矿泉水的钱了。喝完了，可以在吃饭的地方要点开水，装满。候车室一般都有免费的开水，也可以在这里用自己的杯子打水。

（26）如果是学生，一定要带学生证，很多景点有学生票，可以省大笔钱。如果是研究生最好借个本科生证，因为很多地方研究生不能半票。

（27）随身带全国通用的IC卡，打电话方便，避免被宰。当然，现在有3毛钱的公用电话，比IC卡便宜，这样的时候就可以不用IC卡打了。

（28）住房时，问清楚包不包早餐，市话费含不含在里面。如果含，就用房间的电话打。如果不是免费的，就不要用房间的电话打，因为一般都比外面最贵的还贵。

（29）出发前多在网上看看攻略，有些详细的攻略会把各处消费的价格一一列出，这样就不怕挨宰了。

（30）在一般的大中型城市中转时，可以选择洗浴中心作为晚上下榻的地点，还可以在疲惫的旅途中进行一下休整，尤其是在东北三省，洗浴中心很多。

5 “无景点游”更省钱又自在

当一部分人抱怨旅游景点人满为患的时候，一群人却玩起了自助游的“升级版”——“无景点游”。

“无景点游”不住酒店，不进景点，没有指定的游玩项目，完全自主规划行程，找自己感兴趣的地方观光休闲，真正做到“我的假期我做主”！

所谓“无景点游”，就是与自由行、自驾游等类似的一种休闲旅游方式，但它又有别于自由行、自驾游。“无景点游”的行程中一般没有名山大川，没有名胜古迹，游客做自己想做的事，走自己想走的路。通俗地说，“无景点游”既不跟随旅行团，也基本不到收门票的景点游玩。有“驴友”这样解释“无景点游”：驻扎到某地，吃吃饭，喝喝茶，随意安排行程，在城市大街小巷或乡郊野外悉心品味民风民俗。

为了最大限度追逐休闲的目的，目前有许多人纷纷选择这种“不逛知名景点、全程体验休闲”的“无景点游”方式。

日前在一些网站论坛上同样发现了这样的趋势：不少人都倾向于把常规旅行中必不可少的观光景点排除在外，享受彻底的休闲，在众多“无景点游”目的地中，西安、上海、苏州、青岛、厦门等城市尤为热门，而追随人群则大多是生活在都市的年轻一族，形式通常以家庭或朋友结伴一同出游为主。

提示：

对于这种新的旅游方式，旅游业内人士认为，“无景点游”其实对旅游者的要求更多，因此并非人人适合，而“安全”二字更要放在首位。须要提前作好出游计划，包括出游时间安排、住宿地点选择等等，最好在出行前购买旅游保险。

6 自驾游省钱攻略

自驾游比团队游更自由灵活，而且经济实惠，往往可以花更少的钱看到更美的风景，获得更大的乐趣。那么，自驾游如何省钱？

（1）玩

有几种地方是不一定要去的。

①温泉。现在全国各地都在搞温泉，哪里都可以泡，水质各不同。不一定要花时间去泡，何况这样的地方节假日人都比较多。

②漂流。现在漂流价格不低，夏天假期人非常多，而且这样的活动确实不适合老人小孩玩，放弃为好。

③收费很高的寺庙。一些收费很高不知道什么来历的寺庙和景点，不是都非去不可，比如，去了江浙，十大水乡，选一个就可以了，选择全部游览一遍浪费时间和金钱实在没有必要。

（2）行

通常我们去某地旅游，路途会有各种路况、各种途径。尽量选择走高速路。

①高速路是最近10年来新修的，路况基本不错，而且也尽可能拉曲取直了以前二级路的盘山路况，因此相对来说，高速路真实距离会近一些。

②高速路车道多，分道行驶，没有对面会车的危险，路上基本没有行人和非机动车，事故发生的几率小。

③二级路况通常不能保证一路畅通，几乎每个县城都会收5～10元的费用，加在一起也不少，而且通常县镇附近的路还特别烂。同时，二级路基本都穿城过镇，限速厉害，稍不留意就可能落入警察的测速陷阱，时间上也很不划算，开车比较累。

（3）住

不管是城市还是旅游区，现在宾馆民居都非常多，可选择的档次很多（除非是黄金周去某一个离城市比较远，又特别有名的景点）。

星级宾馆通常是比较昂贵的，而民居因为停车安全问题，我们也考虑得比较少，现在兴起的家庭公寓停车安全没有问题，都是某个小区内，但是，家庭公寓存在一个卫生和责任问题，有时候会有纠纷，而且家庭公寓来往人杂，隔音不好，影响休息。

所以，去到一个新地方，单位的招待所，如银行、商业系统、学校等的内部招待所是不错的选择。这些招待所其实设备都不错，卫生也很好，只是没有去评星级。通常都有自己的大院和门卫，安全有保障。关键还是价格便宜，通常的标间都是60～150元不等。不须要预订，只要先将车直接开进一个稍大的宾馆停下后，在附近走走，就可以发现，城市里这类型的招待所很多，而且越是老城区就越多，由于这些大单位通常都在以前的繁华区，所以逛街是很方便的。

（4）吃

去到一个新地方，吃当地的名小吃是免不了的。一般名小吃有两种吃法，一种就是去政府办的小吃一条街或者是专门聚集所有小吃的大店，在那里通常花样很齐全，卫生有保障，不过价格比较贵一些，味道也不会那样正。

另一种就是自己休闲逛街，专找本地的菜市场、老街而去，通常都能找到便宜味道好的本地人常去的地方。至于大菜，就算特别有名也不是非吃不可，如全聚德的鸭子，不一定非要面面俱到。

7 团队游省钱的秘诀

团队游的方式是大多数人所熟悉的，好处是省钱省心（特别是全包团）。旅行社设计的游览行程一般较为科学合理，选择景点也以具有代表性部分或精华部分为基础，基本上能满足你的要求。加上有导游对景点进行介绍解说，尤其适合游程线路比较长、涉及多个目的地、语言和习俗有一定差异的海外景点，比如欧洲、非洲等。由于在机票、酒店、用车、吃饭、门票等方面均属集体消费，而且当地有熟悉情况的地接社接待，费用一般比个人出游便宜许多。

不过，团队游就怕行程安排过于紧张、强制购物和自费过多，让旅行变成受罪。还有团队出游的过程中存在一些不良现象，诸如“旅游合同约定不清”、“住宿、餐饮降标”、“旅游购物次数多”、“出团时间不准时”、“车况差”等等，降低了游客对团队游的信任度。

提示：

尽管价格是市民在选择出游线路时非常重视的因素，但行家提醒，参团时要了解清楚所含内容，有的团虽然价格便宜，但出行后有各种自费项目、强制购物，算算花费反而更不合算。

目前一些大社推出的优惠线路，有的是因为包机优惠，有的是因为与景点合作让利，但行家提醒，有些小旅行社推出的价格，低得匪夷所思，比较突出的如50元的“特区游”，低于1000元的海南游。行家指出，旺季这种价格连往返交通成本都不够，消费者要特别当心。另外，有的低价线路是以坐夜班机、住低标准酒店、减景点为代价的，游客参团前应搞清楚行程含金量。专家建议游客参加知名度高、信誉好的大旅行社组织的旅游团，选择合适的线路和适中的价格。

8 旅游省钱四大细节

旅游中，只要精心计算，也可以做到既节约而又不影响旅游质量。主要应注意以下几方面：

（1）利用时间差节约

如果你不想花太多的钱，又要旅游好，那么首先要善于利用时间差去节约。

①避开旺季游淡季。一般来说，一个景点有淡季和旺季之分。淡季旅游时，不仅车好坐，而且由于游人少，一些宾馆在住宿上有优惠，可以打折，高的可达50%以上。在吃的问题上，饭店也有不同的优惠。因此说，仅此一项，淡季旅游比旺季在费用上起码要少支出30%。

②计划好返回的时间，采取提前购票，或同时购返程票的方法。如今一些航空公司为了揽客已作出提前预订机票可享受优惠的规定，且预订期越长，优惠越大。与此同时，也有购往返票的特殊优惠政策。在预订飞机票上如此，在预订火车、汽车票上也有优惠。如预订火车票，票买得早，可免去临时买票的各种手续费用。

③在旅游时，要精心计划好玩的地方和所需时间，尽量把日期排满，因为在旅游区多待一天就多一天的费用。

（2）巧选旅馆省费用

出外旅行，住的旅馆好坏将影响旅游质量，也影响到费用的支出。那么如何才能住得好，又住得便宜呢？

首先可在出游之前打听一下要去的地点，是否有熟人介绍或自己可入住的企事业单位的招待所和驻地办事处。如果有，就首选这些条件较好的招待所和办事处，因为大部分的企事业单位招待所和办事处享有本单位的许多“福利”，且一般只限于接待与本单位有关的人。住在这种招待所和办事处里，价格便宜，安全性也好。当然，在选择这些招待所和办事处时，也要根据位置决定，如果十分不便于出行则不可住。其次是在企事业单位招待所和办事处没有适合自己的情况下，就该把眼光瞄准旅馆。在选择旅馆时，要尽可能避免入住在汽车站、火车站旁边的旅馆，可选择一些交通较方便，处于不太繁华地域的旅馆。因为这些旅馆在价位上比火车站、汽车站旁边的旅馆要便宜得多，而且这些地段的旅馆还可打折、优惠。如今城市出租车发展快，住远一点没关系。

（3）善玩也可减支出

出门旅游，玩是一个最主要的目的，而且在玩上省钱是大有必要的。那么，如何省钱呢？首先，对自己旅游的景区要有大概的了解，从中理出这个景区最具特色的地方在哪里，必须去的地方又在哪里。那种具有特色的地方一定要去。在去观赏这些地方时，对一些景点也要筛选，重复建造的景观就不必去了，因为这些景点到处都有。其次是在旅游时应拿出一点时间，去逛逛大街，看看景区和城市的风土人情，因为这么闲逛既不需要花钱买门票，又能长知识，而且这样一玩，也能玩出好心情。

（4）购物别花冤枉钱

国人传统的旅游观念中，有一个旅游购物的爱好，有些人往往在旅游中“游”的花费不大，却为购物花去一大笔。那么如何才能不花冤枉钱呢？

首先是在旅游中尽量少买东西，因为买了东西不便旅行，而旅游区一般物价较高，买了东西也并不合算。同时值得注意的是，切记莫买贵重东西。一些旅游区针对顾客流动性大的特点，在出售贵重物品时，往往用各种方法出售假冒商品。如果买了这些贵重物品，游客一旦回来后，发现上当了也因为路远而无法理论，只得自认倒霉。当然，到外地旅游也有必要采购一些物品，一是馈赠亲朋好友，二是留作纪念。那么购什么好呢？一般只是购买一些本地产的且价格优于自己所在地的物品。这些物品价格既便宜，又有特色。

旅游的开支多且广，节约办法也较多，一旦你去旅游，可根据自己的实际情况去节约。节约有方，也可增加旅游的次数。

9 出境游省钱的妙招

聪明的你，可能会在岁末找个异国他乡，放松一下，犒赏自己和亲人。精打细算，也是出游的乐趣之一。几条锦囊小妙计，不用复杂的金融业务知识，不用跑遍旅行社，你也可以让一切尽在掌握中。大家分享一下吧！省一点就相当于赚一点！

妙招1：乘航班，积分积里程

目前，很多航空公司推出自己的会员卡，而一些信用卡也与不同航空公司合作，具有积分功能。根据你的航班选择积分积里程，也是非常重要的。如中信银行发行的万事达卡、国航知音信用卡都会满足国航乘客积分和享受服务的要求，而建设银行的万事达卡品牌东航龙卡，则让搭乘东方航空公司班机的乘客享受实惠。如果你飞赴欧洲旅游，积攒下来的往返里程积分，至少可以换一张国内短途的机票呢。这也算是小收获吧？

如果你持有相关的信用卡，还可以享受乘航班升舱的优惠服务，这也不容错过。如VISA与国航合作，为金卡和白金卡或以上持卡人推出升舱礼遇：白金卡持卡人购买头等舱公布票价客票，可选择为同一航班出行的一位公务舱旅客免费升舱至头等舱。花一样的钱，享受却可以多一点。

妙招2：选打折机票有窍门

要买到称心的低折扣机票，有几点很重要。一是机票的预订时间，提前15天以上进行预订，会享受到比较多的优惠。二是航空公司经常进行一些促销活动，如春秋航空公司的超低价促销，以及南航的1.5折机票，特价幅度都很大。消费者可以选择各航空公司有针对性推出的促销航班，享受到促销航班在折扣方面相当的优势。三是尽量在周中成行，避开周末等客流量高的时间段。四是通过“去哪儿”这样的旅游搜索引擎，对主要的航空公司和机票代理商提供的旅游产品，进行一目了然的价格、服务或者时间的比较，更为便捷地找出最适合自身情况的选择。

须要提醒的是“去哪儿”是对航空公司和机票代理商的网站进行实时链接，进而生成的搜索结果，一旦航空公司或者票务代理商的最低折扣机票售完，撤出航班列表，就无法出现在搜索结果中了。

妙招3：不乘飞机坐火车

其实，目前有的国内游甚至出境游，只要算计好，不坐飞机坐火车，会省一大笔费用呢。

如果打算去香港，乘火车至深圳，然后从罗湖乘车抵港，可以节省很大一笔交通费用。如果打算去澳门，乘车至珠海，过拱北海关抵达澳门，也比直飞澳门要划算得多。如果你有时间，这种旅行方式也不错。

妙招4：添一点，多玩一点

到达一个目的地之后，可以与当地的旅行社联系，参加一日游，只须要添一点点钱，就可以玩遍周边，省得下次再花钱。

比如，目前新加坡很多地接旅行社，都推出自选产品。游客在抵达新加坡之后，可以与旅行社联系，花上几百元钱，就可以去马六甲、印尼民丹岛、新加坡圣淘沙等地旅游。反正大宗交通费已经花了，何不多花点钱，多玩几个地方呢？

妙招5：赴欧洲也能半自由行

“以旅游团队的折扣，订机票和酒店。在欧洲玩几天。”据介绍，目前，一些旅行社针对打算深度游欧洲的游客，推出了半自由行。

如巴黎6日半自由行，报价在淡季时，仅为8000元左右，比参团价格要便宜很多。旅行社只负担游客的往返机票和4晚酒店住宿，其他都由游客自行解决。这种方式，适合英语好并且对欧洲有一定了解的游客。

妙招6：捡便宜，碰运气

五星级酒店10元起拍，这是不是商家的圈套？

据了解，目前，一些电子商务网站在预订酒店时，推出了拍卖活动。如果你想捡便宜，碰碰运气也不错。万一没人和你拼价格，那么“馅饼”就落在你头上啦。据快乐e行电子商务网站相关负责人介绍，于元旦和春节前夕推出以10元价格起拍卖五星级酒店豪华间一日房价的活动，以王府半岛酒店为例，它的豪华间一晚房价为2800元人民币，现在，用户能够以非常低的价格享受到贵宾级待遇。总之，可以试试运气噢。

妙招7：双币卡住酒店

一张双币卡可以使得消费者在全球畅行无阻，哪怕你想到南极洲去作一次探险。据了解，双币卡利用独有的全球网络可以帮助消费者以更实惠的价格入住最好的酒店。

比如，使用万事达卡在全球凯悦酒店以及度假酒店付账，每两次认可的入住即可换取一晚在凯悦酒店以及度假村的免费住宿。三天的住宿只须支付两天的价格，何乐而不为？

妙招8：有保险出行才安心

体验旅行的愉悦和购物的快感，安全也是不可忽视的问题，而为了出行特意购买保险，既不划算又浪费时间。一张双币卡就可以让问题迎刃而解。

目前很多发卡银行都提供保险功能和福利，作为旅行支付工具的信用卡，在国外附加的旅行平安保险和海外紧急救援协助为申请人提供全方位的保障，除了人身意外保险外，有些卡种还有行李遗失险、班机延误险，甚至连劫机险均包括在内。

10 境外旅游刷银联卡更省钱

境外消费用银联卡和VISA或是Master卡，有没有区别？哪种更合算？招商银行专业人士认为，使用银联卡更省钱，因为相比其他国际卡，银联卡的国内持卡人在境外交易无须支付货币转换费，这可为持卡人节省约2%～3%的费用。

（1）刷卡比个人购汇更省钱

“出国消费刷卡好还是用现钞好？”这是许多人关心的问题，理财专家表示，国际信用卡的汇率结算都是以国际信用卡组织大笔购汇的汇率为基准，比个人购汇所用的汇率更优惠，因此，刷卡比个人购汇更省钱。此外，在国外购物通常能够退税，如果用信用卡消费，退税会直接打到信用卡账户上，这比用现金消费后的退税手续更为简便。

（2）刷卡避免汇率风险

长期以来，港澳地区和东南亚各国一直是内地游客出境旅游比较集中的目的地。据专业人士介绍，在韩国、泰国和新加坡使用银联卡时，提现和消费时的计价货币均为当地货币。在提现和消费完成后，中国银联将根据交易当日的市场汇率，转换成人民币金额提供给内地发卡银行，由发卡银行即时扣除持卡人的账户余额，持卡人不存在汇率风险。在上述国家使用银联卡的手续和操作与国内消费时基本一致。

理财专家认为，如果持卡人手中有美元存款，在境外消费后最好选择用美元还款，这是在人民币升值的背景下减少汇兑损失的好办法。如果市民去欧洲旅游，还可以使用欧元信用卡，因为美元信用卡在以欧元计价的欧洲国家使用，每刷一次都会支付一笔额外的“汇兑费用”，而欧元信用卡以欧元为记账货币，就可以避免汇兑损失。

11 出境购物退税省钱方法

随着中国公民出境游的次数越来越多，境外消费的问题将越发普遍，难得出国一次，遇上减价浪潮，“血拼”一番合情合理。但是，有没有什么途径可以节省一点花费，达到最高性价比呢？答案就是要留意购物退税。不少国家为鼓励非本国公民购物消费，会向外国消费者返还消费税。惯常方法是由商店开出退税单据，消费者离境时将所购物品以及退税单据交海关查验并盖章，然后凭退税单据和原始购物发票，到各退税公司的代理网点办理退税。

（1）什么是购物退税

购物退税是指将外国旅游者在旅游目的地国购买的商品价格中所含在该国生产和流通过程中已经交纳的间接税（在我国主要是增值税和消费税）退还给旅游者的政府行为。购物退税始兴于欧洲，目前已发展至包括日本、韩国、新加坡等国在内的50余个国家，在各国贸易发展过程中已形成一项重要的国际惯例。

（2）购物退税的基本条件

虽然购物退税的具体条件在不同国家是不尽相同的，但是退税的条件都存在一定的共性：

①购买者非本国公民；②商品的用途是自用或者是家庭用；③消费的金额达到购物退税点；④商品在购买后在各国规定的时间内离境，一般为1～3个月；⑤正确办理退税手续；⑥符合各个国家设定的特定退税要求。

（3）购物退税中的省钱小提示

首先，要弄清楚购买的商品是否可以退税。第一步应该弄清楚所在的旅游城市是否有针对国外消费者退税的相关服务。确认之后，寻找挂有“TaxRefund”、“TaxFree”或是“EuroFreeTax”等标志的商家。商店规模的大小以及商品种类的不同，亦会影响到是否提供退税服务以及退税金额的百分比。购物时还要详细询问该家店退税金额的百分比。

其次，邀约同伴一同购物或者集中在同一地点购物。各个国家对于退税的金额有不同的限制，要达到各国退税标准所规定的最低消费金额方可退税。如果一个人在同一家店内无法买足该店规定的退税额标准，购物时应该结伴而行，一起结账开发票，则可同享退税的优惠。

第三，退款信用卡最方便。在商店中填写退税单时，通常会让消费者自行选择退税的方法，你可以选择退现金、退支票，也可以选择将金额退回到指定的信用卡账号中。由于所有的退税手续是在旅客即将离境时完成，除非想在机场免税商店再购物一下，否则退现金并不是很方便。

12 出境购物省钱的招数

出国旅游，除了领略世界各国的美景外，购买当地的特色商品和免税店的名品也是旅游乐趣的重要组成部分。手持外币买什么最划算？

（1）去小店买当地的特色商品

买纪念品就像到景点拍照一样，是很有纪念意义的，尤其是许多男性游客不知为家人买什么时，可以首选特色纪念品。购买此类商品，可以先去正规的商场了解一下行情，因为商场的销售人员通常会详细讲解纪念品所代表的含义，这也可以加强出游者对当地风土人情的了解。然后，再去旅游景区的商铺逛逛，通常这里的商品会比商场便宜些，但要注意鉴别商品质量。如果时间充裕，可以再去当地的特色小店“淘淘宝”。根据多位旅游者的经验，特色小店由于经营成本低于商场，所以价格较低，同时商品质量也有保证。

（2）去专卖店或免税店买名品

出国买品牌商品和奢侈品，一般应选择到当地的免税店购买，大约比国内便宜30%左右，而通常是价格越高昂的奢侈品差价越多。整个欧洲，中国人买得最多的零售商品是LVMH，旗下有LV、迪奥等品牌，这牌子也是法国的顶级品牌。其次是范思哲、登喜路、阿玛尼等服装品牌，以及兰蔻、雅诗兰黛、娇兰、宝格丽、香奈儿、欧莱雅等化妆品和香水品牌。同时，奥地利的施华洛士奇水晶，在国外也比国内便宜很多。而手表也是出国的消费者乐于购买的，首选劳力士、欧米茄、浪琴等瑞士名表，活泼时尚的SWATCH也很受中国消费者欢迎。另外，ZIPPO打火机、洋酒、香烟等也是送礼佳品。

（3）同质化商品不能买

出国购物一定要细心挑选商品，尤其要看清产地，最好选有特色的当地产的商品，如果是国内也有的商品，价格差异并不明显，也没有必要购买。

第十二章

金融省钱

——赚一把同时省一把

“你不理财，财不理你。”正确理财是确保家庭生活长期稳定的重要途径，也是让家庭有限资金保值或增值的必要手段。

钱生钱，是一条黄金定律。守财奴，只能一世为奴。现实中的我们如有余钱，若懂得盘活，作合理分流，是会有丰厚的收获的。

省钱方法不单单只有节食缩衣而已，更何况这些必要支出再怎么节省也有个限度，毕竟要维持生命总不可能不吃不喝吧？唯有把省钱的方法转移到其他方面，即使是贷款、投资也要能省则省，例如购房时除善用优惠贷款外，向银行贷款时，一定要彻底了解其他可以省息的方法，投资基金一样要找省手续费的方法，或许这些方法能省下的有限，但小钱长期累积下来，也是一个可观的数字。

下面向你介绍几种方便快捷的理财方式，你可以尝试一下，也许从简单的理财方式开始起步，你可以找到做“掌柜”的兴趣和“赚一把同时省一把”的成就感。

1 巧买债券基金，选对收费模式更省钱

2007年以来，债券型基金股市避风港的作用越来越得到认可，尤其打新股的债券基金更以“增强”收益特征受到普遍欢迎。然而，在实际购买过程中，不少债券基金投资者都会面临如何选择收费模式的困扰，为此，理财专家提醒大家根据自身情况予以巧妙选择。

以工银强债基金为例，该基金推出了A、B两类收费模式，分别对应的基金代码也不一样。主要区别是：A类有交易手续费，收取认购、申购、赎回费用，可选择前端或后端收费模式；B类则是免收交易手续费，但须从基金资产中每日计提销售服务费。在基金运作方面，两类基金份额是合并运行、完全一致的。只不过，由于B类按日计提销售服务费，在公布基金净值时，会出现A类基金份额净值稍高于B类的情况。

理财专家建议，投资人可根据自己不同的需求来选择适合自己的费率方式，以起到降低成本、提高收益的作用。投资时可参考以下建议：

（1）购买金额不大、持有时间不定（两年以内），适宜选择B类

B类的收费模式有些类似于货币市场基金，由于买卖无须支付成本，投资期限可长可短，金额可大可小，进出较为灵活，方便投资人把沉淀多年的活期存款盘活，也可以找到股票型基金获利后的资金避风港。

（2）100万元以下、持有时间超过两年，适宜A类的后端收费模式

B类要向投资者收取每年0.4%的销售服务费，如投资者持有时间在两年以上，选择A类的后端收费模式，仅收取一次性0.4%的认购费用（两年以上赎回费为零），则成本更低。

（3）500万元以上的大额投资者，适宜A类的前端收费模式

对一次性购买超过500万元的客户而言，选择A类的前端收费模式，仅须缴纳1000元／笔的认（申）购费，成本最低。

2 怎样买基金最省钱

投资开放式基金有很多省钱之道，掌握了这些减免手续费的窍门，你也许能减少很多投资顾虑。

（1）基金公司网上直销折扣多

目前，大多数基金的申购费率为1.5%。若你是长期投资者买了基金准备放上个五年十年，那问题还不大。但若你是准备把基金当作股票炒，一年进出几个波段的话，那么1.5%的申购费率可就太高了，对于本金的消耗太大。

其实，几乎所有的基金公司都设有电子直销平台，利用这些平台申购基金，费率可以有优惠，一般4折到8折不等，最低能达到2折。可别小看这折扣上的细微差距，对于大资金而言，它绝非小数目。例如同样是10万元，通过别的途径收费可能要1.5%，但通过这样的方式，0.3%费率只要300元，比起一般收费节约了1200元。除了基金公司本身，不少银行也搞活动。对于不熟悉基金网站操作的投资者来说，可以选择搞活动的银行。相对而言，银行搞活动，可选择的基金面更宽。

目前国内还出现了专门的基金团购网。比如，购买某基金，普通的申购费率是1.2%，通过团购网可以享受0.48%的优惠费率。

（2）后端收费省钱

后端收费是指认购新基金时暂不收费，而在赎回时补交费用的发行方式，它的费用会随着持有基金时间的延长而减少。以某基金为例，如果投资者选择前端收费，认购费率为1.0%，而选择了后端收费，只要投资者持有超过1年，赎回时补交的认购费率只有0.8%；如持有超过5年，则认购费和赎回费全免。

（3）认购费用更低

同样一只基金，发行时认购和出封闭期之后申购费率是不一样的，基金公司为了追求首发量，规定的认购费率一般低于申购费率。比如认购5万元某基金的费率为1.0%，出封闭期后的申购费率则为1.8%，两者相差0.8个百分点。单从节省手续费的角度考虑，看好某一只基金，应尽量选择发行时认购。

（4）红利再投资节省申购费用

基金分红有两种方式：一种是现金红利，另一种是红利再投资。如果投资者看好一只基金未来的成长潜力，选择了红利再投资的分红方式，则红利部分将以除息日的基金份额净值为计算基准，确定再投资份额，增加到投资者的账户中。这种方式发挥了复利效应，同时也节约了申购费用，从而提高基金的实际收益。

（5）同一公司基金用“转换”省钱

基金转换就是资金从原先持有的基金转换到同一公司旗下的其他基金中，相当于卖出现在持有的基金，以该笔赎回款项申购其他基金。对于投资者来说，购买了一种基金之后，已经获得了丰厚的收益，但还准备投资基金的话，应该主要关注同一基金公司的其他基金，可以节省很大的费用。

一般情况下，股票型基金互相转换，转换手续费要比先赎回再申购更优惠。对于部分基金，使用基金转换有时还可以买到打5折的基金。例如，假如想申购易方达旗下的股票型基金，直接申购费率是0.6%。但是，先购买易方达旗下的货币基金，再转换成股票型基金，申购费率只要0.3%。

不过，不少基金公司规定从货币型基金转到股票型基金，仍须按照股票型基金的申购费率收取转换费或根据两只基金费率的差距补差。

提示：

降低成本因基金而异。在选择基金产品时，可就不同的基金产品，针对不同的手续费采取不同的策略，切不能忽略不计。在了解各基金产品的特点后，根据市场行情的变化，应通过基金产品之间的转换来规避风险，起到降低投资成本的作用。

3 如何节约炒股成本

牛市中开户的股民，很少人会了解自己操作支付了多少交易佣金，佣金千分之三和千分之一的区别也有许多人不放在眼里。然而，2008年的大熊市使不少股民损失惨重，现在证券公司争业务大打佣金价格战，唤醒了股民对降低佣金也能省下不少钱的意识。

在股市里难以赚到钱的话，就应该想方设法来省钱。

自从印花税改单边征收后，许多股民便因为操作成本的降低，开始了频繁的波段操作。但交易手续费不仅仅包括印花税，还包括给证券公司的交易佣金和过户费，不要小看其中不超过千分之三的交易佣金，在短线操作频繁的时候，交易佣金成本有可能让所有的本金都赔光。

有人算了这样一笔账：假如股民有100万元本金，一天进出一次，就产生200万元交易量。作为短线高手，每月操作10次是很平常的。这样下来，每个月就产生交易量2000万元，一年就是24000万元。如果佣金是千分之三，那么一年的交易佣金高达72万元。如果佣金是千分之一，一年的佣金仅仅24万元。也就是说，同样是100万元，同样的价格，一年之内千分之一的佣金要比千分之三的佣金省下48万元。

如此可观的一个数字，不得不让在熊市赚不到钱的散户们对之斤斤计较，节约炒股成本也成了小散的关注重点。一位叫丘先生的股民表示，以前从来没考虑过交易的成本还能节约一点，现在才明白节约佣金成本也是增加盈利，理财要从小钱做起。理财专家也表示，如何节约炒股成本应当是散户的必修课之一。

目前，除了采用网上交易方式可降低成本外，资金实力强或交易量大的股民，可“单独要到”低佣金待遇。如果股民资产很大或者总资产虽然不大但交易很活跃，可以考虑要求优惠。但具体优惠多少，要视股民的具体情况而论。

据了解，一般资金在50万元以上就能成为部分证券公司的“大客户”，有资格谈佣金价格。当前由于股市深度下跌，有些证券公司的门槛也有所下降，投资者不妨根据情况找证券公司试一试。一般情况下，“优质客户”的佣金降到千分之一，相当于最高时的三分之一。

提示：

面对现在各种券商降低佣金的“诱惑”，业内人士也提醒投资者要谨防各种陷阱。很多证券公司宣称手续费低，但投资者实际交易后发现并不像宣传的那样，券商就会说还有什么其他费用，其实这些费用应当包含在佣金中。此外，股民要多注意交易明细，提防证券公司事后偷偷提高佣金比例。业内人士指出，除了要了解佣金征收比例外，还要比较各证券公司营业部在其他方面提供的服务是否完善。

4 炒股巧用银证通省佣金

炒股票选择银证通还是银证转账，王小姐也曾经犹豫不决。后来她赶上了证券公司举办的年费优惠活动，200多元可以包一年的交易费用，大呼合算。事实上，尽管普通人认为银证通和银证转账差异不大，但证券公司的费率优惠大多集中在银证通，如现在银证通的单笔交易最低费率可以到万分之八甚至万分之六，年费更加低廉，但银证转账的平均佣金仍然大致集中在千分之十五到千分之二十之间，很难降到千分之十五以下。王小姐最终决定选择银证通，还有一个很大的原因是省事，毕竟账户来回划转的事情太麻烦了。

银证通其实早已不是什么新鲜事，现在几乎每家银行网上银行都有银证通功能，这是银行在整合券商资源的基础上，为客户提供的投资平台，所有开户手续可在银行办理，无须东奔西走。原先，在券商处投资股票，客户须分别在券商和银行两处办理相应手续，资金完全封闭在券商处，如果想调动资金，还得在券商和银行之间两头跑。但有了银证通，则无须进行资金调拨，存入银行的资金可以直接买入股票，而抛出股票，资金直接进入你在银行的账户。

其实除此之外，银证通还有很多优势可为投资者所利用。

比如上班族炒股，传统的方式一般要先下载某券商的交易软件，但多数单位都对券商交易平台进行屏蔽设置，而通过某些银行网上银行的银证通功能，可直接在网上银行委托交易。比如浦发银行前期推出的银证通“滚动委托”功能，客户可同时设置一个股票的买入价和卖出价，挂单委托可以长达30天，委托期内，只要股票价格在任何时间达到客户设定的买入价，就会自动买入，然后在价格达到设定的卖出价时，就自动卖出，等再次到了买入价时还可自动买入，关键是通过“滚动委托”，客户可在安心工作的同时，让银证通帮客户牢牢把握在此区间内股市每一次瞬间的赚钱机会。

银证通的优势还远不止这些，如果投资者通过券商交易系统买卖股票，账户中的闲置资金只能享受活期利息，而通过银证通交易，客户还可通过申请“约定转存”等增值业务，享受利息升级的实惠，而且这些“约定转存”的资金随时可以抽出，不影响股票交易的速度。最值得称道的，是浦发银行的“约定转存”，当天抽出的资金如果当天返还，还不影响定期利息。

除了投资股票，通过银证通系统还可买卖记账式国债和各类封闭式、开放式基金。

5 购买保险的省钱招数

虽然保险的价格是确定的，但只要学会以下四招，就能以较少的钱买到较为合适的保险。

（1）赶早不赶晚

购买同一种保险产品，年龄越小价格越便宜；另外，我国从恢复人身保险以来，保险费率几乎没有降过，从总的发展趋势看，以后保险价格上调的可能性仍然较大；再就是以后身体欠佳(即非标准体)时，买保险就要额外收取附加保费。所以，早买保险不但便宜，而且早受益。

（2）不买“大而全”的保险

经济拮据的家庭投保，主要是防止患大病时没有经济救助，只要有针对性地购买重大疾病保险就行了，没必要买既有人身保障又有投资功能的投资分红类保险。如果确实需要多种保障，一时又没有合适的综合性保险产品，可从单一保障功能的保险品种中组合搭配。

（3）充分利用附加险

附加险是指投了主险后才能投保的险种，比如“附加意外伤害保险”、“附加住院医疗保险”等。这些附加险的价格比主险的价格低得多，而保障较高，有些保障弥补了主险的空缺。主险和附加险搭配使用，可起到“珠联璧合”的作用。

（4）尽量选择分期交付保险费

有的保险条款规定，当被保险人高度残疾时，或者投保人去世时(前者多为健康险，后者多为少儿险)，余下的未交保险费可以减交或免交，且保险合同继续有效。因此保险费的交费方式最好选择分期交付。

6 购买寿险的省钱招数

大多数人会在人生的某段时间购买人寿保险。不管你是购买房屋、结婚、创业还是退休，几乎每个人在某些时候都需要人寿保险从资金上保护自己爱的人。所以为了替你节省多一点的人寿保费，我们整理了七条省保费的方法。

（1）选择定期人寿保险。购买定期人寿保险能以最少的钱，覆盖最大的保险范围。定期人寿保险虽然没有投资或储蓄成分，却是保费最少的一种保险。

（2）如果你身体健康，那就不要购买保证批核保险。保证批核保险无疑是最理想不过的了，因为它不需要健康检查，但也就是由于这个原因，它的保费也更贵。如果你身体健康，那购买需要身体检查的保险时，保险费率会低一些。

（3）购买自己需要的保险。保险购买得太少不好，但买太多也没有必要，只是浪费保费而已。所以在购买保险前，考虑好自己的需要。比如，你希望保险能：

支付丧葬费吗？

支付剩余的抵押贷款和其他贷款吗？

弥补你的财产损失？多长时间内的损失呢？

承担你孩子以后的教育支出？

还是上面的都要满足或是满足一部分？

清楚自己买保险的目的能帮助你选择购买需要的保险。

（4）当然，购买保险也有例外。虽然说要购买自己必需的保险，但保险买得越多，保费也就会越便宜。虽然这不是普遍现象，但有些保险公司为了让你多买一些保险会少收你点钱。

（5）如果你是为自己和配偶购买保险，那就购买联合人寿保险。联合人寿保险的保费要比两份具有相同保险范围的保险低15%左右。

（6）一次付清年度保费而不是每月支付保费可以节省资金。几乎所有人寿保险公司都会向你收费以弥补每月收取保费的成本费。

（7）不同公司的人寿保险保费是不同的，所以在购买前要相互比较。一个简便的方法就是在网上比较各公司的人寿保险报价。

7 投保省钱，别忘了团险

靠团险省保费，有一个首要原则：进入福利好的大公司。那些赚大钱的大公司，提供给员工的定期寿险、住院医疗或意外险等团险福利，保额高、保障多，而且员工多数一毛都不用出。

团险是团体保险的简称，通常是企业、事业单位为自己的员工投保（如团体意外）。团险一是价格比较优惠，二是公司可以跟保险公司协商部分条款（当然公司要有一定规模，才会有此种议价的能力）。

其实，低投入、高保障的投保策略并非不能实现，想要省保费，目前最重要的就是要懂得运用公司的团险。

根据寿险精算师试算，若选择进入福利好、人数多的大公司上班，光是靠公司团险，一年至少可为自己省下几万元不等的保费，等于多赚到一到两个月的工资呢。

如果一对夫妻在不同产业、不同公司上班，可以比较一下丈夫或妻子的公司，哪一家的团险费率较低。这时候，可以把家中其他成员如父母、子女等，挂在这家公司团险计划之下，例如帮父母加买寿险、医疗险，或是帮孩子买意外险，如此就可省下一笔保费支出。

如果公司提供自费投保方案，也不要轻易放弃，通常团险费率比外面代理人卖的个人商业保险还便宜。

部分公司还有所谓“职域保单”，也就是保险公司专门为某种工作领域所设计的个人保单。一般说来，选择这类保单，保费也比一般个人商业保险便宜2%到3%。

也就是说，如果选对了一家大公司，透过公司团险的优势，至少可以帮自己多省几万元的保费，这在这个“省钱有理”的时代，太重要了。

8 如何购买医疗险省钱

目前，我国保险市场上的商业医疗保险品种很多，保障内容各不相同。怎样才能既少花钱，又获得较理想的保障呢？这里提供一些技巧供掌握。

（1）分开投保

购买费用型医疗保险，即依照住院时所花费的医疗费用按比例报销的保险。用相同数目的钱投保相同的保额，分别在两家保险公司投保，要比单独在一家保险公司投保更划算。

（2）买津贴型保险

如果已经参加社会医疗基本保险，只是想以商业医疗保险作为一种补充手段，以分担须要自费负担的那部分医疗费，或因病所造成的收入损失，那就应该选择给予住院补贴或定额补充的险种。

如果投保住院津贴型保险，理赔时就不会受社会医疗保险的影响，商业保险公司会按实际情况给予赔付。因为津贴型住院医疗保险，是根据保险人的住院天数以及手术项目定额给付的，与社会保险互不相干，赔付时也不需要保险人出示任何费用清单。

9 买外汇省钱三大招法

（1）购汇应选对时机

在目前汇率波动较大的情况下，选择换汇时点很重要。比如2008年下半年澳元等高息货币跌幅巨大，2008年7月中旬至年底的最大跌幅已超过35%，它的风险不亚于股票市场。目前下跌趋势没有明显改变，市民不用急于购买澳元。如果兑换澳元，最好不要一次兑换太多，家长可先购汇交学费，生活费可以日后再购汇。

当然，市民如果把握不好选择何时购汇的时机，也可以向银行的专业人士咨询，或关注权威机构对外汇走势的评论，多些参考，这样有助于把握时机。

（2）套汇购汇有讲究

假设按2008年10月份美元的平均汇率为6.8436元人民币计算，用人民币直接换澳元（即购汇）合算，还是先用人民币换美元，再用美元换澳元（即套汇）合算？

10月13日下午3时，100澳元中国银行的卖出价是人民币461.71元，而当时澳元兑美元的报价是0.6735，也就是说，购买100澳元需要67.45美元。中行当时美元的报价是684.02，也就是说，购买100美元需要684.02元人民币，也就是说当时购买67.45美元，需要460.68元人民币。这说明先用人民币换美元，再用美元换100澳元，花费人民币反而更少些。

（3）善用网银巧比较

理财师提醒，对于不熟悉外汇市场的市民，可以充分利用银行的网站。大部分银行网站都有外汇牌价，工行、农行、中行、建行、交行等大部分银行网站都有及时更新的外汇牌价，工行、中行等网站上还可以查询外汇历史牌价，可以看出某币种一段时间以来的走势。有的银行网站还有非常方便的小工具，如中行上海分行网站首页还有外汇计算器，只要输入本币金额、本币币种、兑换币种，点击“兑换”就可以根据最新汇率算出兑换后的金额。

10 怎样利用信用卡省钱

一张小小的卡片在手，无论卡中有无存款，只要看中商品，就能刷卡购买，这一定是具有透支功能的银行信用卡。

其实，信用卡除了简单的透支功能外，如果运用得好，它不仅能省钱，还可赚钱。

（1）玩转分期购物

当下分期购物开展得风生水起。从大件的电脑、液晶电视到小件的服饰、日用消费品，几乎大部分都可以通过信用卡分期付款。对于持卡族来说，玩转分期购物，分的是每次的付款金额，增的是他们对于生活质量的期望和实现。有了这招锦囊妙计，不管是家电产品、休闲消费，还是借卡生钱，就不仅仅是个想法而已了。

（2）巧用免息期

信用卡的基本功能就是透支。而在免息期（一般最长为50天）内还款，银行是不收取利息的。作为普通消费者，大可以算好消费日期和还款日期，使自己最长期限使用信用资金。在一些比较大的消费上，我们都可以利用信用卡的免息期来支付。先在银行开一个全额还款的账户，日常消费就使用信用卡。如果手里有两张以上的信用卡，就可以利用各卡不同的结账日来拉长还款时间。白白用银行的钱买自己需要的东西，而自己的钱可以在免息期内作投资，为自己创收益。

（3）巧用信用卡积分获得实惠

目前，各个银行都会给持卡人计算消费积分，不同的积分水平可以换取不同价值的礼品。有些银行还会在一些重要的节假日进行信用卡促销活动，比如多倍积分、刷卡送礼、刷卡折扣、积分抽奖等等。我们平时留心一下这些活动，就可以获得很多惊喜，得到更多实惠。深圳发展银行2007年推出一款可用积分抵还月供的信用卡，将所获积分经过返点折现后，直接抵扣当月的房贷月供，使消费者从中得到了实惠。

（4）巧用联名卡

很多银行为了加强与商户的联系，往往会推出联名卡。这类卡除了可以换取消费积分，还有一个更大的好处就是购物可以打折。这种折扣不同于商家的日常促销，联名卡的性质跟会员卡的性质基本一致。

（5）巧选银行

各银行由于经营方式、规模等不同，对银行卡的相关收费也不尽相同。比如，银行卡年费有的银行收，有的则不收；异地取款有的银行按1%收费，有的则完全免费；另外，用银行卡汇款的手续费标准也有很大差距，有的最高收50元，有的最高仅收10元。所以，根据自己的情况和银行网点的布局，选一家相对方便、实惠的银行，也能达到省钱的目的。

（6）巧用信用卡记账

所有消费都用信用卡刷卡(包括网上购物)，到了月底，把信用卡账单打印出来，就是整月的消费记录。然后进行总结分析，看看哪些消费是非理性消费，哪些是合理消费，在下月消费的时候，重点注意。

11 投资避免利息税的方法

许多领域投资都要收取利息税，目前有几种投资不收利息税，可达到增加投资收益的目的。

（1）国债

国债属于风险几乎为零的投资品种，国债的利率略高于同期的银行存款，并且免征利息税。所以，将较长一段时间不用的存款转为购买国债是比较合算的。

（2）教育储蓄

《个人所得税实施办法》第5条规定，教育储蓄免征个人所得税。教育储蓄为零存整取定期储蓄存款，最低起存金额为50元，本金合计最高限额为2万元。

开户对象为在校四年级(含四年级)以上学生，开户时储户与金融机构约定每月固定存入的金额，分月存入，存期分为一年、三年、六年，只有凭存折和非义务教育的录取通知书原件，或学校开具的证明原件支取到期存款时才能免税。

(3)人民币理财产品

以光大银行推出的阳光理财B计划二期产品为例，一年期理财收益为2.8%，三年期理财收益为3.3%，五年期收益4.2%，收益率分别为同期定期存款(整存整取)的1.41倍、1.31倍和1.5倍，且理财收益不用缴纳利息税。

(4)货币市场基金

货币市场基金是指一种开放式投资基金，主要投资于到期期限在一年以内的国债、金融债、央行票据和AAA级企业债、可转债等短期债券，以及债券回购、同业存款、商业票据等流动性良好的短期金融工具。目前，申购与赎回货币市场基金时不用支付手续费。

(5)购买保险

购买部分险种不但能获取高于银行存款的收益，而且还可规避利息税。另外，现在许多保险公司推出了分红保险，既有保险作用，又能参与保险公司的投资分红。

(6)金融债券

根据《个人所得税实施办法》的规定，个人取得的国家发行的金融债券的利息免征个人所得税。

(7)将存款转入股票账户

按照有关政策规定：个人股票账户的保证金统一由证券公司集中管理，由银行以证券公司的名义开具专户，不作为个人的一般储蓄账户，因此证券保证金的利息(按活期储蓄存款利率计算)不用交纳个人所得税。

居民将手中的活期存款转入到股票保证金账户中，不但可照常获取利息，而且不用缴纳利息税，若申购新股成功，还能赚取一笔可观的利差。如此一来，存款不用投入到风险较大的股票二级市场，又可赚取银行活期利息收入，相当划算。

12 对付银行的省钱小诀窍

（1）巧用异地无卡续存

为了吸收存款，部分银行对某些银行卡品种的异地存款免收手续费，比如工行的牡丹信用卡等，灵活利用好这一政策可以达到免费汇款的目的。如果有个人汇款、生意往来等资金转移需求，你可以和收款人都办一张这种异地存款免费的银行卡，使用频率不高也可以借用亲戚朋友的。你给对方汇款的时候，凭对方的卡号可以在当地同系统银行办理异地无卡续存业务，资金可以即时到账；如果对方给你汇款，也可以采用这一办法。这种汇款方式无论汇多少次、汇多大金额都是免费的，对那些经常给亲属汇款或生意资金往来频繁的人来说最适合不过。

（2）避免小额账户收费

很多人习惯将银行卡中的钱攒到一定金额后再转存定期存单。其实目前多数银行开通了银行卡存款自动转存定期的功能，只要和银行签订自动理财协议，银行卡中的钱达到一定金额便可自动转存为定期，当你因取款或消费发生余额不足时，银行电脑会自动支取一笔损失最小的定期存款。这样不但能提高银行卡资金的收益，而且各家银行对小额账户收费，自动转存的定期存款也算在银行卡的项下，从而可以避免因银行卡日均余额达不到要求而被收取小额管理费。

（3）节省跨行取款费

目前多数银行对跨行取款要收取每笔两元的手续费，为了节省此项开支，应尽量选择网点和ATM机数量较多的银行，这样可以减少跨行取款的机会，节省开支。另外，有的银行规定每月的前三笔跨行取款是免费的，跨行取款次数如果不是很多的持卡人，也可以选择这种银行卡，不但能节省跨行取款的开支，还可以在同城所有加入银联组织的ATM机上取款，增加选择性和方便性。

（4）使出金蝉脱壳计

当前各家银行对银行卡和存折的挂失都要收费，利用好银行制度上的缺陷可以省去挂失开支。办理银行卡后应尽量开通免费的网上银行，然后把自己的活期存折、定期存单以及其他银行卡全部挂到这张银行卡下，这样除了便于资金管理之外，此后无论是银行卡、活期存折还是定期存单丢失和忘记密码，都不用去银行挂失，在须要转出的时候，直接通过网上银行把相关账户上的钱全部转到自己的其他账户中就可以了。这一招挺绝的，有点像三十六计中的“金蝉脱壳”。

13 善于向银行“借”款

在通胀时期向银行借贷显然不划算，但是利用一些巧妙的办法，借助变相借贷的方式，就可以减少消费支出。

（1）信用卡分期付款

购买大额商品，可以选择信用卡分期付款的办法。比如工商银行和国美电器在全国范围内均有合作，规定持卡人购满1500元至5万元，选择分6期付款，免手续费和利息，如分12期，免利息，但须交纳2.5%的手续费。如在国美购买的某商品价格为3万元，分6期付款，意味着每个月支付5000元，按照8%的年通胀率计算，相当于现在一次性支付了28648元，比不选择分期付款的方式节省了1352元。

（2）用足透支免息期

与信用卡分期付款相比，这是一种相对短期的方法。信用卡透支起到了延期还款的作用，在CPI高企的时期，相当于在以后支出了较少的款项，减少的手头现金支出可以用于其他投资。但是信用卡透支要慎重，超出免息期将要付出高额的费用，得不偿失，而且有的信用卡没有免息期。免息期和最后还款期直接相关。比如牡丹国际信用卡规定了25～56天的免息期，这56天免息期是最长能达到的期限，并不是每次的透支消费都能享受。牡丹国际信用卡透支消费后，次月25日为最后还款期，若在3月1日透支消费，须要在4月25日前还清款项，即可享受最长的56天的免息还款期；若在3月31日透支消费，同样须要在4月25日前还清款项，否则只可享受最短的25天的免息还款期。

14 灵活使用保单借款功能

有些保户因临时用钱，而采取退掉保险的方式，这样一来，会损失掉相当高的手续费。其实，目前很多保险产品附加有保单借款功能，即以保单质押的项目，根据保单当时的现金价值70％～80％的比例向保险公司进行贷款。这样既解决了急需，又避免了退保时所带来的损失。

保单借款成为不少头脑灵活的投资者盘活保险资产的重要途径：不少保险客户选择质押保单，借款后用于炒股等投资，让保险账户中的“死钱”实现再升值。数据显示，2007年平安人寿广东分公司的保单借款业务创历史新高，全年共给付借款6513件，合计金额达1.2亿元，同比借款件数上升了85%，金额增加了124%。而国寿广东分公司2007年的保单贷款也达到1.3万多件，同比前一年增长了30%。

保单所有者既可到保险公司网点直接借款，又可在保险公司打印保单现金价值后，到它的合作银行申请保单质押贷款。在利率方面，到银行贷款执行银行贷款利率，在保险公司借款的利率则可能更低。

所谓保单借款，就是保单所有者以保单作为质押物，按照保单现金价值的一定比例，获得短期资金的一种融资方式。根据各公司规定的不同，可保单借款的产品一般以寿险产品居多。对于可以借款的保单，投保人只要缴纳保费在1年以上，一般便可用于抵押借款，借款的金额不能超过保险单当时现金价值的80%。

保单借款的每次借款期限一般为6个月，只要保单缴费有效，每次期满时都可以通过偿还利息再次续借，每次续借同样是6个月，而且续借的次数不受限制。因为还贷时间和金额非常灵活，借款利息都是按天计算的，所以喜欢长期投资的保户，可以长期续借。而且只要保单不超贷，即借款本利和不超过保单现金价值，保单有效，借款期间出险，同样可理赔。

提示：

保险公司提醒，保单贷款利率更改时间一般在每年的1月1日或7月1日。遇到保险公司调整借款利率，自调整日起借款利息将采用新利率，因此保户在申请借款后，一定要关注了解最新的利率信息。

15 借款省钱的六大招数

说起理财，大家或许会说那是有钱人的事，其实，借债也能理财——让借款人省钱。

比如建行陆续推出了为借款人理财的系列产品和服务，有的可以节省借款人的贷款利息支出；有的可以让借款人享受一次性付房款的折扣；有的可以节省借款人的罚息支出；有的可以减少借款人奔波次数，为借款人省下交通费；还有的可以让借款人装修享受团购价格，节省装修费用……

（1）个人二手楼循环额度贷款

借款人将所购现房抵押给建行，建行让借款人不动的房产变成流动的现金，当借款人需要资金时，可以随时动用，用多少，算多少，不用时免利息。贷款额度可随借随还，不断循环使用，帮助借款人实现买房、装修、买车、求学的理想。

案例：借款人小王要购买价值100万元的房子，现小王有50万元的银行存款，两个月后小王要装修房子、购买家具，需30万元的费用。

选择普通的二手楼贷款，小王须借款80万元，20年还清。

如选择建行的个人二手楼循环额度贷款，小王可向银行申请80万元20年的额度，但第一次只提款50万元，两个月后，再支用30万元的装修费用，则与普通二手楼贷款相比，小王可节省贷款利息支出2750.84(7335.58-4585.74)元。

（2）“存贷通”增值账户

借款人将月供还款存折账户申请为“存贷通”增值账户，账户内存款高于5万元时，建行将按照一定比例视为提前还贷(账户存款余额不变)，减少借款人实际利息支出；而在借款人需要资金时，可随时提取。

案例：王先生是一家电信公司的主管，太太是公务员，虽然家庭年收入也有近20万元，但是为了方便照顾双方父母，他们刚买了一套大房子，每个月要还5682.92元，加上生活费和各种支出，手上只有几万元“余粮”了。考虑到一家老小的不时之需，王先生也不敢提前部分还款，只能一边存着5万元活期存款，一边支付高额贷款利息。

申请“存贷通”增值账户后，王先生将家里的存款和每月工资都归集进这个账户，算了算小账，发现按照这个模式30年下来，可以节省30余万元的利息，接近贷款总利息的1/3。而且增值账户上的资金按约定比例视为提前还款，就像不用申请的提前还款一样，既能享受活期存款的便利，又能节省贷款利息支出，真是两全其美！

（3）提供不足额扣款服务

当借款人还款账户资金不足以归还本期贷款本息时，建行引进的先进贷款系统为借款人提供有多少扣多少的服务，可以为借款人节省罚息支出。

案例：2005年3月21日，建行为借款人李先生发放了期限30年50万元二手房贷款，建行给予了李先生基准利率下浮10%的优惠，李先生每月须供款2841.46元，2005年4月21日，李先生账户上只有2400元，银行扣款后，李先生尚拖欠本金441.46元，如建行不提供余额不足扣款服务，则李先生到5月20日须支付罚息17.9元，但建行提供不足额扣款服务后，李先生只须支付罚息2.78元，能节省15.12元。

（4）提供多账户扣款服务

按客户和建行约定的扣款账号和扣款顺序自动还款，客户不必辛苦转账和提现，可以减少辛苦奔波交通费支出。

（5）享受免年费

赠送双币种贷记卡并免首年年费，办卡送15000元的家庭财产保险，每年刷卡3次，可免次年贷记卡年费，省钱！在建设银行申请办理个人住房贷款业务，可节省贷记卡首年年费80元。

（6）提供快乐装修服务

建行与装修市场上知名品牌的厂商或销售商签订长期合作协议，在建行贷款的借款人，持建行信用卡或“乐当家”理财卡，购买指定品牌正价商品通过POS刷卡付款或在指定专卖店刷卡付款享受6.3至9.4折优惠，实现“零售量、团购价”的购物优惠。

16 省钱的还款方式

有两种省钱的还款方式，即等额本息法和等额本金法。以借款40万元30年为例，等本息法月还2157元，等本金法第一个月还2791元，然后依次减少，两种方法利息总和分别为376548元和303240元，相差7.3万多元，由此就得出结论：等额本金法好。两种方式真有这么明显的好坏之分吗？究竟差别在哪呢？

两种还款方式，总利息差别的原因在于欠银行的钱不一样多。银行收取利息，是按用一天钱，收一天的利息的方式进行。两种还款方式银行的计息方式、利率都是一样的，利息总和的不同，是由于等额本金法前期要多还钱，较之等额本息法，相当于少借了钱(资金有时间价值，今天1万元的价值，要大于一年后的1万元)。

要想合理地少付利息，关键是要合理地确定每个月还多少钱比较合适，这是至关重要的。选择什么样的还款方式关键看哪种是适合自己的，就是最好的。现在银行对提前还款一般都会允许，这对于借款人非常有利。年终，口袋里的钱多了，又没有较好的投资渠道，那就可以部分提前还款，减少利息支出，这当然是实实在在的省钱。

第十三章

其他方面省钱

——时尚省钱大串联

省钱是一种时尚。省钱更不意味着就要当“苦行僧”，降低生活质量，如果能把钱省在刀刃上，那么可以让省钱行为也变得很时尚。

因此，既要体恤荷包节约省钱，又要享受生活不做“苦行僧”，这是家庭“省长”们共同追求的目标。

在这里，我们收集了当下一些名人明星、富翁和普通人的时尚省钱法，将它们串联起来。通过这些省钱的思路和技巧，让家庭“省长”们既省钱又风光，日子过得红红火火。

1 名人省钱的秘诀

由无数大小明星组成的演艺圈，看上去似乎是一个挥金如土的奢华圈。表面上明星赚钱容易，花钱豪爽。不过，演艺圈内的明星并非都是如此，他们当中也有人勤俭持家，仍然保持着良好的节省习惯。

（1）张学友：吃不完打包

凭借“歌神”的名望，张学友吸金能力在“四大天王”中也是风头正劲，2007年的世界巡回演唱会让他进账颇丰，过亿元不在话下。然而张学友出席好友——嘉禾已故老板何冠昌遗孀何傅瑞娜的生日派对时走下“神坛”，宾主尽欢后，张学友就带着老婆罗美薇，将吃剩下来的食品和甜点打包带走，反倒有点他像是饭局主人的感觉。歌神虽然带来生日礼物，但是绝不吃亏，吃了饭还打包带走，果然精明。

（2）林志玲：长住天台屋

林志玲的天生丽质让诸多广告商争先恐后为她埋单，收入自然是“猪笼进水——发大了”。但是这个超级名模只有赞助商赞助时才会穿名牌，平时身上穿的衣服都很朴素，全无名牌。而且工作时身边也只有一个女助手，没有车接送，很多时候是亲力亲为，拎着大包小包的东西走场。据说，如果要公司安排车和保姆的话，是要付费的，所以一向节俭的林志玲选择了自己搞定。

另外，林志玲虽然有公司安排寓所，但她多年固定的居住地仍然是父母家——一间有30年楼龄的天台屋。如此的低调和实际，让林志玲看起来再也不像“花瓶”了。

（3）蔡依林：购物爱杀价

“小天后”蔡依林的赚钱能力毋庸置疑，唱片卖得满堂红，广告代言身价直线上升，就连在赌城作秀的价码，也能达到每小时50多万港币。早已成为圈中公认的“小富婆”的蔡依林，私下里却是超级节省，她说自己买过的最贵的衣服价值1万元，而且这还让她心痛了好久。其实，蔡依林从出道开始所赚的酬劳，全部交由父母打理，须要用钱时才跟父母要。别看蔡小姐练得一身“吸金大法”，但是买起东西来绝对不肯吃亏。有一次在香港某店，她看中了两双靴子，本以为老板会给她个面子打个折，“至少也要打8.5折吧”，然而老板偏不买账，还说一定要买很多双才有折扣，蔡小姐一听就黑着脸离开了——真没想到，赚钱赚到手软的“小天后”，居然会放下面子砍价。

（4）庾澄庆：卖废品换钱

很多人都认为当明星日进斗金，必定非名牌不买，但对庾澄庆来说，只要一双舒服的球鞋和一条牛仔裤、一件T恤就行了。在艺人中，庾澄庆算是置装费最少的一个，脚上踏的和身上穿的常常都是赞助厂商赠送的，几乎一毛钱都不用自己花。在日常生活中，庾澄庆更具环保意识，经常提醒工作人员，复印纸不要只印一面，另外一面可以回收再利用；易拉罐也不能随便丢，还可以拿去卖废品换钱。

2 好莱坞明星省钱的怪招

好莱坞明星赚来的钱也都是辛苦钱、血汗钱，他们明白自己有钱，比什么都强。以下明星都是好莱坞大腕，在省钱方面算得上骨灰级达人了。

（1）朱丽娅·罗伯茨：以衣换衣

朱丽娅·罗伯茨与丹尼·莫德婚礼前的最后一刻，她还在沃尔玛里大肆采购。超市工作人员透露，她买了热狗、汉堡、爆米花、卷心菜等，那些从千里外坐飞机来的宾客，就吃这样的食物！更夸张的是，2008年2月罗伯茨在一家二手店里看上一件有点贵的套装，竟然跟店员商量：“既然你们是二手衣店，那我拿身上穿的这件牛仔外套，跟你们交换好不好？”

（2）莎朗·斯通：有借无还

莎朗·斯通在洛杉矶地区任何一家餐厅用餐，都要求老板给她独到、特殊的贵宾礼遇。但她每次埋单时留下的小费都少得可怜，有时甚至连一毛钱也不给。莎朗·斯通每次出席颁奖盛会，她身上昂贵的钻饰行头，总是引起媒体的关注。事实上，莎朗·斯通身上穿戴的珠宝首饰，除了手上的结婚戒指是老公送的以外，其他的不是来自厂商赞助，就是她向珠宝店“借”回来的。

（3）莱昂纳多·迪卡普里奥：让女人为他埋单

一个一部影片至少可以赚进2000万美元的男人，居然每回出门用餐都让女朋友去付账，这个人就是大名鼎鼎的好莱坞帅哥莱昂纳多·迪卡普里奥。他的女友——名模吉赛尔·班森说，自己在男女朋友的关系中，比较偏男性化，与莱昂纳多出去吃饭，90%是她埋单，不过对此她不以为意。

（4）芭芭拉·史翠珊：剪下报纸上的折价券

这个歌坛大姐大果然口气比荷包大，曾要求百货公司在下班后为她延长营业时间，让她独自逛一小时。结果她只买了一件DKNY的上衣，而且这还是设计师朋友给她折扣，她才肯掏钱。更让人大跌眼镜的是，芭姐到“星巴克”喝咖啡，付钱时她竟拿出从报纸上剪下的折价券，只为节省0.5美元。不过，她的老公却很欣赏这种消费习惯，两人结婚时约法三章，婚后互赠的礼物不可超过25美元。丈夫在过六十大寿时，芭姐就买了心形礼盒，再自己动手用胶水贴上相片，她说这是专门用来放置平日传达爱意的小纸条的。

3 一个富翁家庭——适当的方法等于体面加省钱

百万富翁不仅在积累财富、成功经营企业以及创造高收入上很有成就，他们一般还拥有高效理财的家庭。大多数人在听到许多百万富翁会采用以下方式提高家庭的经济效率时会很吃惊：翻新家具而不是购置新的，更换更便宜的长途电话公司，从不通过电话购物，将鞋子换底或修补，购买杂货时使用优惠券，购买散装的家庭用品。

有人经常喜欢问：“为什么百万富翁还使用优惠券呢？这样做不过每天能节省50美分，一生又能够节省多少？”在美国，典型的富裕家庭每周在食物和家庭生活用品上的支出超过200美元，每年超过10000美元。在成年人的一生中，这个数字大约在40万至60万美元之间。但是，如果你知道将这个数字削减50%，即减至20万至30万美元，并将这些钱投资于一个位居前几位的股票基金中，根据过去几年的收益率，你所赚到的钱将会超过50万美元，你会怎么办？

绝大多数百万富翁寄希望于未来。他们很可能会对一定时期里各种活动的成本和利益进行计算以求得节省。这种行为与财富的积累有高度的相关性，而这只是百万富翁全面节俭计划中的一小块。

美国鲍伊特夫妇退休了，他们住在奥斯汀的一个漂亮的居住小区中，他们有一幢漂亮的拥有4个卧室的住房。他们拥有高达7位数的净资产。他们是一对节俭的夫妻，非常关心他们的开支。正如鲍伊特夫人所说：“我的丈夫和我生长在经济衰退时期，因而我俩都很小心我们的钱。”虽然他们现在住着一幢价值80万美元的房子里，但这些年来它增值了不少。

除了漂亮的房子，鲍伊特夫妇同样有能力购置昂贵的汽车和时髦的衣服，但这不是他们的风格。他们认为，就那些一旦购买了就会失去全部或大部分初始价值的产品而言，关心它们的价格是很重要的。这些物品的价值极不耐久。例如衣服，你今天购买了一套昂贵的衣服或礼服，它在明天的旧货市场上能值多少呢？可能是原价的10%或者5%或者更少。鲍伊特夫人从来不想在衣服上花太多的钱，它们在价值上折旧太快。它们就像在某个人的净资产上挖了个窟窿。但是她总希望看上去穿得好些，她的办法就是在打折商店购买那些正在打折的名牌服装。鲍伊特夫人和鲍伊特先生拥有许多名牌服装，它们大多是从打折店购买的。如果买来的衣服有什么不合身，她和鲍伊特先生会采取40%的百万富翁都采取的方法解决此问题——请人将衣服进行修改。当他们在身体发生变化使他们原本合身的衣服变得不再那么合身时，他们也会这样做。通过这种方式，鲍伊特夫妇节省了不少钱，同时在穿着上又显得非常体面。尔后，鲍伊特夫人将省下的钱用于价格“极其持久”而实际上会增值的物品，比如可以称为古董的老式家具之类，对于鲍伊特夫人来说，购买这些东西，既实用，又有投资价值。这些东西会随着时间的流逝，而变得弥足珍贵。

想不到吧，真正的百万富豪是这样算账的。

4 超级省钱迷希丝实现百万之路

希丝·兰道尔同她的丈夫已经认识十年了。她的丈夫斯科特在加州大学伯克利分校研究生院已经待了5年，现在他正准备向博士学位发起挑战（还有两年拿到该学位）。两年前，他们可爱的儿子——雷蒙德出世了。

女主人希丝有一个特点，就是热衷于探求个人理财方面丰富多彩的方法，她最擅长的莫过于发现新的省钱和投资的途径。

“我总是能够在财务状况方面保持兴趣。”她这样说，“我天生就爱这样。” 这是一种很积极的理财观念。因为现在家中就靠她一个人养家糊口。然而事实证明，她的精明不仅没有让这个三口之家陷入财务困境，相反，他们正朝着财富积累的方向大步前进。

关于家庭理财，希丝心中有一本明细账。作为加州大学伯克利分校环境健康安全方面的专家，她的收入每年维持在65000美元左右，而斯科特通过自己学业之余，在博物馆和科学中心担任咨询顾问也能有每年10000美元的进账。

这样的收入在美国来说只能算是中等水平，但是即使这样，他们的生活依然要优于普通的美国家庭。“我们尽量削减开支，人们总是以为我们牺牲了很多，但事实上我们感到非常自由。”的确，他们现在的生活并不奢侈，但非常安逸。

他们将依靠希丝的个人收入来维持家庭当成了一个游戏，而且这个游戏玩得十分精彩。他们依然缴纳免税退休金，他们依然拥有自己的房产，他们依然向着百万富翁的方向进发……

（1）在每一个缝隙中觅金

希丝最大的优点就在于她能够非常仔细地找出最省钱的方法："信息就在那里，那要看你是否能够找到它并合理利用。当一个人找到一份工作的时候，他首先要关注自己的福利和待遇，从头至尾仔仔细细地考量。要学会在每一个缝隙中发现金钱！"

希丝也是这样做的。她充分利用伯克利分校提供的"儿童护理退还账户"。这是美国国家税务局明文规定的一项措施，它能够灵活地让雇主主动替雇员缴纳一份儿童护理费用。

现在，平时准备自己学位的丈夫斯科特担当起照料小雷蒙德的责任。在五个工作日中，他负责两天，另外三天花钱雇保姆。这部分开支是每月600美元。伯克利分校能够替他们承担一部分，而且这部分费用不记在希丝的工资内。这样的话，不仅不用支付照看婴儿费，还能让她少缴纳每月200美元的税收。

同样，这对夫妇还拥有个人健康护理退还账户。但因为他们健康护理的费用很低，所以这部分节省并不是很多。

另外值得一提的就是希丝的交通津贴，她有自己的私家车，但希丝宁愿乘坐湾区捷运系统BART(Bay Area Rapid Transit，是完全由电脑操作的地铁)，费用是每月28美元，而单单在伯克利停车场的停车费用就是这个数目的两倍！

（2）房贷利率中精打细算

几年前，这对夫妇刚刚30岁出头，他们选中了一所位于加州瑞奇蒙德市附近的一所房子。"这是一所普通的寓所。但是在东湾区，这个地区的房价适中，关键是适合我们。"他们算过一笔账，如果把家安在差不多距离的艾尔•赛利托市，同等大小的房子（三卧两卫）要多花5万～10万美元。所以，他们最终决定在东湾区定居，该房产总共花了19.7万美元。

接下来就是还抵押贷款了。斯科特从他曾经工作过的橙县科学中心贷款中再借款，在这个过程中，抵押贷款的利率经过了两次调整。夫妇俩从两次降息中也省下了一笔可观的资金。

一开始是8.25%的利率，他们总共要每月支付1800美元，包括税收和抵押保险等在内。到2002年6月，利息变为6.25%，而且当时房产正在上涨，他们的房价上涨了20个百分点。这样他们的私人抵押贷款保险也被降低了，他们每月还款降为1450美元。

2003年6月，他们再次调整了抵押贷款方式。他们现在的抵押贷款期限是30

年，7次付息，利率是4.25%，他们每个月的还款降低到1275美元。

到目前为止，如果算一笔细账的话，他们总共省下了10万美元之多！现在，这对夫妇的总资产已经达到了大约40万美元。而且不久以后，斯科特先生找到工作后，他们的收入将成倍增加。如果一切顺利，百万富翁的梦想在五年后就能实现。

在美国，勤俭持家，规律投资，是中产阶级家庭致富唯一行之有效的方法。

5 全美最省钱家庭的省钱经

美国周末的一档电视节目，介绍一个七口之家（孩子们的年龄从10岁到21岁）是如何靠每年支出35000美元生活的。（电视节目中隐去了真名）管他们叫做亚利桑那“俭”(Economides)家，这个诨名对他们很合适，他们一家都是超级节约狂。

在他们平均年收入只有33000美元的时候，他们用9年时间付清了房款。当然，能成功完成这个也是因为房子有一笔首付。

史蒂夫•俭说他自己是家里的CEO(Cheap Economizing Officer，节俭官)。他是一位自由职业的绘图设计师。他和妻子Annette运作着家庭的生意“家用节约”，这是一个网站，还提供新闻组，教人如何过节俭的生活。

他们每月在食物和日用品上花350美元。这里面包括了纸张、卫生用品和个人必需品。

冰箱对他们来说必不可少。他们每月用几天时间做好全家的饭，每次在冷冻柜里存上13到17顿饭。

下面让我们来分享美国最节约家庭省钱的妙招：

（1）大量省钱是从认真仔细地计划开始的

如果打算省上相当一笔钱，你必须从计划开始，建立一套机制，包括制定预算、想很多点子、收集折扣券、制定采购清单、买任何东西前反复检查清单。你必须事先计划你的菜单，注意家里的存货，作产品和价格调查，好知道哪样东西的价格最合适。

“俭”一家说：“坐下来计划要吃什么须要花点儿时间。但你可以吃得更好，省更多的钱，让你的生活压力更小一些。”

（2）好的组织习惯帮你达成成功的金钱管理

组织得更好一些，你就一定能省很多笔钱。最省钱家庭把事情做得井井有条，做事没有条理，最后会让你付账迟了、丢了折扣券、缴费晚了、忘记支票了，诸如此类。

（3）每个超级节省狂都是精明的立场坚定的采购员

如果你铁了心要做一个节省狂，那就别害怕砍价到底。你购物的时候有多认真？记住，拿到底价是个力气活儿。例如，等待大减价、砍价、寻找最便宜的卖家、问各种问题等等，为了得到好价钱你必须有决心才能做到这些。为了省钱，你有这个决心吗？我见过一些最厉害的买家中途放弃。是的，包括我自己。

（4）有效沟通，省钱是全家的事

“俭”家沟通得很好，就像是一个二人世界的小家庭。很明显，为达成节俭生活的目标，“俭”夫妇像一对搭档一样互相弥补。他们的沟通能力，可远不是在购物的时候为了砍价玩欲擒故纵的把戏那么简单。

（5）保持团队合作，两个人一起节约比一个人干要好

如果两个人下定决心，为了共同的目标互相支持，那么就更可能成功达到目标。

（6）作出牺牲，牺牲的成果会越积越多

“俭”家给出的一些例子，却说明小处的节省也能越积越多。他们在小件东西上养成的节省习惯，帮助他们打好了基础。在每样东西特别是小东西上省得越多，他们就越训练有素，产生了滚雪球般的效果。

这儿是他们的一些小技巧：“我们不去Mall而是在二手商店和委托商店买衣服，买二手家具，在超市里使用折扣券，自己理发(除了Annette)，从本地的图书馆借免费电影来看。”

（7）决定节约的优先度，简单和节约只是生活方式的一种选择

看起来，要想做到像最省钱家庭这样精通节约之道，必须得花时间并且专心去做。时间也是金钱，而且作计划并主动去过节约型生活也须要花一些时间，因此解决金钱对每个人有多重要需要每个人自己决定。你愿意在节约上花上多少时间？

（8）坚定决心，省钱须要履行承诺、遵守纪律和专心致志

最省钱家庭发誓不增加任何债务。他们认为不值得用信用卡，即使这样会带来方便。他们只是不用信用卡。诱惑无处不在。即使他们看到邻居买了新家具，他们也不会去攀比，去买些类似的东西回来。

“选择不用信用卡有时也会有反弹。比如，刚结婚那会儿，当丹麦家具车停到我们的公寓，给隔壁邻居送来新家具的时候，我们会觉得很沮丧。还有一次，六年以后，我们(因为决定不用信用卡)只能买小房子，房款也付得差不多了，可许多朋友开始买第二套或者第三套大得多的房子了，我们坐在那儿怀疑，是不是我们的计划有什么不对头。这两次，经过一番深思，我们平静下来，坚持我们的决定，在我们自己的能力范围内生活，不用信用卡。”

有钱人在对待金钱方面是十分有条理的。不会在没有用的东西上浪费一丁点钱，但在觉得有必要投资的东西上一点也不会吝啬。

6 家庭新好主妇省钱圣经

日常生活上，家庭主妇所坚持的守则是：能免就免，该省则省；若非实在需要，再便宜也不得浪费。如此用心节俭，精打细算，则一元可做三元的用途；无形中，等于增加了两倍的收入，日子就比较好过了，这个理家的女人才算是一个会过日子的女人。

其实，生活中，当家的女人是很会节俭的，她们有自己的方法去节俭生活中的点点滴滴，别看这不算什么大事，那可以为整个家庭省出一笔不小的财富。比如顺手关水龙头，洗手擦肥皂时，要关上水龙头。不要开着水龙头用长流水洗碗或洗衣服。看见漏水的水龙头一定要赶紧拧紧它，这样又省钱又不浪费水，又可以做一个巧妇，女人总有自己的一套。

家庭用水要尽量做到一水多用。例如：淘米水可以用来洗菜，同时有利于去除蔬菜表面的农药，洗菜水亦可用于冲厕、浇花；洗澡水、洗衣水、洗脸水、洗脚水可以用来拖地，亦可用于冲厕。淘米水也可以留下来洗脸，既可节水又可美容，省下了一些买化妆品的费用。

将卫生间里水箱的浮球向下调整两厘米，每次冲洗可节水近3升，按家庭每天使用4次算，一年可节约水4380升。

洗衣：不管是手洗还是机洗，一定要先用少量水加洗涤剂或肥皂、洗衣粉等充分浸泡一段时间，先洗去污渍，再用清水漂洗若干次。机洗时水位不要定得太高，要利用程序控制选择合适的水位段，一般以刚淹没衣物为宜。而且要适量配放洗衣粉，过量的洗衣粉不会使衣物干净多少，只会增加漂洗难度和次数。漂洗时要注意增加漂洗次数，每次漂洗水量宜少不宜多，也以基本淹没衣服为准，每次漂洗完后，尽可能将衣物拧干，再放清水。节俭的女人就是这样用水的，她们不但能把一个家理好，还可以为家庭节约一笔开支。

生活中用冰箱是很常见的事，节俭的女人会把冷藏室的温度设在5摄氏度，冷冻室设在-6摄氏度，冰箱处于最佳工作状态，也最省电。冰箱最好放在通风、阴凉处，距离墙面要在20厘米以上，这样有助于散热；尽量减少冰箱的开门次数，缩短开门时间；太热的东西不要立即放入冰箱；冰箱内的东西不要放得太满；水果、蔬菜及水分较多的食物，要用塑料袋或保鲜膜包好后再放入。她们的节俭精神在生活中随处可见。

在做饭的时候，微波炉做米饭省电省时，将米倒入微波炉专用的玻璃煮锅里，倒入适量清水，盖好盖子，将放米和水的玻璃煮锅放入微波炉，中高火，定时7分钟。就这么简单！

一般电饭锅的功率是900瓦，用时20分钟，耗电0.3千瓦时；而微波炉功率是700瓦，用时是7分钟，耗电不到0.1千瓦时。微波炉做的米饭颗粒完整，整体软硬适中，而电饭锅做的米饭有的地方软，有的地方硬，而且时常还有糊锅的现象。你不妨以后做米饭时试一试微波炉吧！

炒菜时，开始下锅时火要大些，火焰要覆盖锅底，但菜熟时就应及时调小火焰，盛菜时火减到最小，直到第二道菜下锅再将火焰调大，这样省气，也减少空烧造成的油烟污染。熬汤、烙饼用文火煮食物香，食物沸腾之后，可把火关小，保持微沸即可；蒸东西时，蒸锅水不要放得太多，水升温较慢，要先用小火，等水温升高后，再开大火烧，这样省水又最大限度地节约了煤气，一般以蒸好后锅内剩半碗水为宜。选择直径较大的炊具能减少热量散失，同时达到节气的目的。炸过鱼虾的油炸茄子好吃，炸过鱼虾的花生油用来炒菜时，常会影响菜肴的清香，但只要用此油炸一次茄子，即可使油变得清爽，而吸收了鱼虾味的茄子也格外好吃。

充分利用白纸，尽量使用再生纸，用过一面的纸可以翻过来做草稿纸、便条纸。拒绝接受那些随处散发的宣传物，制造这些宣传物既会大量浪费纸张，又会因为随处散发、张贴而破坏市容卫生。

一个勤俭的女人每月会卖一次塑料废品、废纸、废玻璃、废金属。不少废塑料可以还原为再生塑料，而所有的废餐盒、食品袋、纺织袋、软包装盒等都可以回炼为燃油。

多做点家务可以少去健身房，这样不仅家变得干净漂亮，人也可以变得健康美丽。

一个聪明的妇人懂得艰苦朴素、勤俭节约，这样的女人才算是一个贤妻良母。

7 时尚女人超级省钱法

现今的大环境，经济危机严重。就连奢华的时尚圈也开始走节俭路线。追求时尚的女白领开始捂紧荷包，不敢再乱花钱。毕竟，生存的压力越来越大，工作不是那么好找，钱不是那么好赚。

做女人，要懂得用智慧把传统的节俭和现代时尚思维相结合，使生活变得如鱼得水。这就如同给都市的时尚生活带来了新鲜的空气和阳光，让你忽然明白：低成本，原来也可以过得如此时尚。

在此，也不妨一起来分享一下时尚女人省钱经：

（1）尽量不打车。现在的地铁越来越四通八达，而且还有个最大的好处：绝对不堵车。

（2）非要请客吃饭时，选择西餐、日餐、韩餐。中档价位的西餐比中餐其实要便宜，而且西餐吃得较少且氛围较浓，不仅宾主尽欢，也得了实惠。

（3）多逛二手网站。一般家庭只有一个孩子，很多衣服还没有来得及穿，他就长大了，还有朋友送的小玩具、小摇车，把这些东西放到网上的二手网站上，交易成功，是一笔意外的收入呢。

（4）常逛生活小店。常逛的生活杂货店，小巧的家饰用品总是让人爱不释手，利用年终特卖时，以一半的价格就可以带回家。

（5）动手DIY。婚前花大价钱追逐的名牌，现在想来就是败家。把这些服饰作些许改动，珠片、小钻、镶花，雍容华贵之气依然逼人而来。

（6）在家中做SPA。去美容店做SPA，一次还可，长期就是一种浪费。其实浴盐、天然精油、木桶，很容易在市场上买到，同样的东西，同样的效果，但价格相差甚远。

（7）买家庭号装。家里常吃常用的东西，如每日全家人都喝的牛奶，经常用的洗衣粉、卫生纸等，一定要买家庭号装才合算。

（8）折扣券或剪报。不要以为杂志或报纸上赠送的折扣券无用，事实是，大部分的各种折扣券都可以让你不用花太多的钱而享受到娱乐。

8 白领丽人过冬省钱的招数

在种种压力之下，曾经被视作高消费典型群体的白领当中，正在诞生一群省钱高手“抠抠族”。因此，“白领”也多了个新的意义，工资白领，能省多少省多少，全部留起来。

张茜大学毕业一年多，在北京的一家公司从事审计工作，曾经每月收入8000多元，在平常人眼里，她的日子应该过得挺滋润。

不过2008年情况发生了变化，股市暴跌，资产“缩水”，房价下滑，连中午吃的快餐也涨了10元钱。最令人郁闷的是，就在同时，公司为了节约成本，宣布员工减薪，张茜名列其中，收入减至6000元。

现在，所有的账面已经很清楚了，每月要基本开销，要扣除2300元的商业贷款，在工资短期内没有可能迅速上涨，生活成本还在继续增加的前提下，要筹出20万元的结婚费，张茜只有靠省。

如果只能省，那就要省得快乐些。这是张茜的想法，是很多和张茜一样正在省钱的小白领的想法。张茜从来不认为省钱是件丢人的事。她至今未走进影院看电影，也不会花几百元去吃浪漫的烛光晚餐。她说她虽然省钱，但从不刻薄自己，省钱省得很开心。

怎么让自己的开销缩减，张茜自有一套：

（1）不要轻易扔掉家中的闲置物品。不少白领论坛、社区论坛流行“以物易物”，有空上去逛逛说不准就能换到需要的东西。

（2）不要错过商场、超市、餐饮店免费办理会员卡的机会，这可以得到更多优惠价。

（3）不要轻易出手买新款衣物，看中新款不妨忍一忍，等一等。节日以及周年庆等日子，商场一般会有打折促销等活动。

（4）多逛逛服装批发市场，如北京的动物园、木樨园，小店卖150元的衣服，在这里很可能60元就成交。

（5）下载网上记账软件，了解钱花在什么地方了，砍掉无谓的开支。

（6）傍晚下班时去买菜，通常此时超市的新鲜肉菜都有促销价。

（7）能用Skype、QQ等网络电话的就别用手机，能发短信的就别打电话，能发飞信的就别发短信。网络电话能节省一大半话费。

（8）尝试一下“拼生活”，上下班拼车、购物拼单团购，将原来一个人的开支分摊省钱。

（9）外出旅游前，多上网搜搜“攻略”和优惠资讯。一般航空公司会在旅游淡季推出特价机票，目前受金融海啸影响，外汇汇率下降，欧元、澳元贬值，出国游也更加优惠。

（10）学会网上购物，例如买书等，网上通常会有3～8折优惠。

（11）减少唱K、大吃大喝等腐败活动，倡导健康、文明、节俭的聚会，例如爬山、逛公园、打羽毛球等。

（12）用移动手机的不要白白浪费积分，放过期了很可惜的。另外每月话费比较多的，一定要去参加移动换手机的活动，很合算的。

9 经济不景气的时期，主妇快乐省钱计策

现在经济的不景气让主妇们头疼，想要高品质的生活，又想好好省点钱。所以，我们要学习主妇省钱计策。

（1）落实“计划性消费”，减少逛街次数并降低购买欲。

（2）骑自行车或搭乘公交车、地铁等大众交通工具，尽量不开车。

（3）不泡澡，改为淋浴，并收集洗澡水，冲厕所、拖地。

（4）使用回收废弃食用油制成的“环保再生皂”。

（5）以国内旅游取代国外旅游，选住环保旅馆。

（6）舍弃高价食材与水果，改吃自行种植的蔬菜并选购低价水果。

（7）与好友换穿二手衣或选购二手衣，环保又省钱。

（8）淘汰家中老旧电器设备时，尽量选购具有变频节能功能的家用电器，节省电费支出。

（9）自行烹煮餐点与夏日茶饮，减少在饭店吃饭的次数与购买冷饮花费。

10 六大时尚省钱招数

在日常生活中，你是不是也有这样的感觉：其实也没买什么东西，但是打到工资卡里的钱转瞬即逝。想过你每个月花在购买各种杂志上多少钱吗？那些又厚又重的杂志也许只是送了你一个没用的小化妆包，你抽屉里不是还仍有十几个没用的小包吗？既然你的朋友或同事也会买，为什么不借来看呢？而且，不看又有什么关系呢？别担心自己跟不上时尚的脚步，家有Google和百度，万事不愁。

下面是六大时尚省钱招数，让你参考。

（1）打时间差

打时间差是省钱的基本招数。最小领域如分时电表，把集中用电时间稍微

推后一点至晚上10时以后，错开日常的用电高峰，即可以享受半价的优惠；最典型的领域是出游，“黄金周”出游由于和全国人民挤在了一起，耗时耗力还要支付更贵的门票，常常让人苦不堪言，而改变的方式也很简单，利用带薪休假，将假期推迟一到两个礼拜，看到的风景当然就不一样喽！而买折扣机票选择早晚时段乘客较少也相对优惠，至于到钱柜去享受几小时的折扣欢唱，到高档餐厅喝下午茶，换季买衣服，则切切实实地是牺牲睡觉时间节省金钱了。

（2）打“批发牌”

个人的力量是有限的，而集体的力量是无限的。团购就是打“批发牌”的最佳体现。一个人砍价没有多少竞争力，但几个人几十个人联合起来砍价就是另外一回事了，这也是大多团购能避开商家直接和厂家谈判的重要原因。小的如家电器材，大的如汽车，都可以在团购中得到更多的价格优惠。其实，其他的一些消费，比如说家里装个阳台窗，你不妨也自主联合几个朋友一起谈判，拿个实惠价格呢！

（3）牺牲部分生活舒适度

新节俭主义的前提是不降低生活质量。在这个前提下，适当牺牲一点舒适度，能够节省几张钞票，当然也是可行的事。比如说卡拉OK，晚上黄金时段的消费是全价，价格不菲，而你只要牺牲一下早上睡懒觉的时间，呼朋唤友地在清晨赶到钱柜，价格便只有3折，酣畅淋漓之后，是不是觉得很值得呢？

拼装电脑和品牌电脑的差价则完全是牺牲舒适度换来的。品牌电脑在高价格的同时，几乎提供“傻瓜服务”，电脑送到家就可以进行常规操作，尤其适合儿童或者初学电脑者使用，而且品牌保修可以让你少许多担忧。拼装机的这一切就要自主进行了，某种程度上，这也是节省金钱的代价啦！

（4）时间、精力换来金钱

早就提出过理财更多是辛苦活，要节俭，当然也需要一定的时间、精力。收集广告就是劳神劳力的事情，这可能需要你号召家人来共同进行，超市的优惠卡、报纸上的折扣广告，还千万记得到网上下载打印肯德基、麦当劳的优惠券，所有这一切都需要专门的工具来收纳，不是有心人很难做到。

基金转换的省钱窍门也是须要耗费时间、精力的，你毕竟要在正常手续之外多一道周折。卖了房子租房住的人为此要花更多的时间和精力，可以想象，要跑中介跑银行跑交易中心跑下家客户，一趟下来早就让人叫苦不迭，许多人也有换房或者租房的想法，但畏惧这一番折腾，也就维持了现状。看来财富还是青睐勤劳的人，要不然上百万元的现金，怎么就到了他手上呢？

（5）利用先进科技工具

代表人物是网络一族。例如团购过程中网络就起到了相当大的作用，它把有共同需求的网友集中起来去讨价还价，如果仅靠朋友之间的口头传播，显然没有这么大的号召力。如网上汇款就既有时代特征又有实际优惠。其实看一下建行的“速汇通”优惠措施也可以明白，电话银行划转汇款费用八折，网上银行划转费用六折，科技含量越高越合算。

网上投保的方式简单易行，一些条款简单的险种，如意外险、旅行险、家庭财产险等都适合网上投保，省去跑保险公司的“腿脚费”还可以打折买保险，当然合算。在基金销售中，网上购买比起传统的银行、证券公司代销渠道，也有0.5个百分点左右的费率优惠，而且赎回的时候到账时间更短。科技缩短了金融机构和客户之间的距离，也节省了金融机构在营销方面的成本，而节省下的这部分，就变相返还给投资者啦！

（6）当“换客”也能赚钱

“垃圾只是放错位置的资源”，这话说得多妙啊！是的，把自己不喜欢的、家里闲置不用的东西清理出来，去换回自己需要的东西，这是很多省钱达人的好主意。但是你知道吗？当个“换客”也是有讲究的，今天我们研究研究，什么样的东西更容易换。

暖水袋是花了5元钱买的，没用就等于浪费了5元。手套的价格大约在10元以内，用上了就等于省下了钱。看完的书可以换其他书看，电影碟片也是一样，以旧换旧，但是内容都是新的。良性循环，可以省下更多钱。

现在有些网站提供的服务更周到，会有同城换物等项目。只要你有足够细心和耐心，就一定能够找到适合的“换客”，把自己没用的东西处理掉。但是有一点也要提醒大家，交换的时候一定要向对方详细地询问物品的信息、新旧程度、功能等等，免得换到手里不称心，同时发帖时也要把自己要交换的物品介绍清楚，方便对方考虑，这样也更容易促成交易。